适恰教育十二年实践探索

SHIQIA JIAOYU SHIERNIAN SHIJIAN TANSUO

徐正伟 ◉ 著

苏州大学出版社
Soochow University Press

图书在版编目(CIP)数据

适恰教育十二年实践探索/徐正伟著. —苏州：苏州大学出版社,2019.12
ISBN 978-7-5672-3063-7

Ⅰ.①适… Ⅱ.①徐… Ⅲ.①高中-教育研究 Ⅳ.①G632.0

中国版本图书馆 CIP 数据核字(2019)第 296868 号

书　　名	适恰教育十二年实践探索
著　　者	徐正伟
责任编辑	申小进
助理编辑	刘　冉
出版发行	苏州大学出版社
	（地址：苏州市十梓街1号　215006）
印　　刷	丹阳兴华印务有限公司
网　　址	www.sudapress.com
邮购热线	0512-67480030
销售热线	0512-67481020
开　　本	700 mm×1 000 mm　1/16
字　　数	223 千
印　　张	14
版　　次	2019 年 12 月第 1 版
	2019 年 12 月第 1 次印刷
书　　号	ISBN 978-7-5672-3063-7
定　　价	55.00 元

凡购本社图书发现印装错误，请与本社联系调换。服务热线：0512-67481020
苏州大学出版社邮箱　sdcbs@suda.edu.cn

前 言

1995年，柳斌在给教育部中学校长培训中心成立五周年的题词中指出："我们应当认识、理解并牢记这样一句话：一个好校长就是一所好学校。"苏联著名教育家苏霍姆林斯基说："有怎样的校长，就有怎样的学校。"担任苏州工业园区第二高级中学校长伊始，我备感身上的担子千钧。为了胜任本职工作，我苦练内功，大胆改革创新，勇于实践探索，将具备多才多艺的影响力、率先垂范的感召力、真情投入的情感力、建章立制的激励力、人际关系的协调力作为自己的职业追求。在工作中，我拓宽了认识的广度，提高了开展工作的精度，拓展了思考问题的远度，加深了研究问题的深度。我带领学校沿着正确的发展方向披荆斩棘、乘风破浪，办人民满意的教育，取得了骄人的办学业绩，赢得了上级教育行政部门的肯定，获得了广泛的社会赞誉，走出了一条高质量办学的逆袭之路，使学校驶入跨越式发展的快车道。

苏州工业园区第二高级中学坐落在风景旖旎的阳澄半岛旅游度假区。学校始建于1956年，2001年被评为江苏省重点中学，2003年转评为江苏省三星级普通高中，2008年1月正式晋升为江苏省四星级普通高中，2013年高质量通过江苏省四星级高中第一次复审，2019年又高质量通过江苏省四星级高中第二次复审。唯亭校区投资2.42亿元进行的三期改扩建工程完工，投资3.87亿元的星湖街新校区正式启用，"一体两翼"学校格局形成，一所高端、大气、现代化、教育质量优异、办学特色鲜明的高级中学映入人们的眼帘。

2001年，我国第八次教育改革启动，向应试教育说"不"，向素质教育发展，其中，课程改革是这次改革的中心环节和改革重点，人们习惯将其称为"新课程改革"。我校以当仁不让的气概投入到新课程改革的洪流之中，争做时代的弄潮儿，认真学习新课改的文件、理论，深入分析学校存在的问题和办学优势，勇敢地探讨学校发展道路，经过反复地论证，形成共识：要克服应试教育的弊端，把素质教育落到实处，培养学生的创新精神和实践能力，发展学生的个性，提高学生的素质，就要改变学校办学同质化现象，走内涵发展和特色发展的道路，进行改革，首先是课堂教学的改革。2008年提出打造"适恰课堂"，进行学科教学特色建设，在取得成功经验的基础上，2010年推广到德育工作中，进而提出"适恰教育"的构想，正式开始了适恰教育的实践探索。

顾名思义，"适恰教育"是适合、恰当的教育。适合谁？是适合中国特色社会主义现代化建设对人才需要的教育，是适合信息化时代要求的教育，是适合我校实际情况的教育，是适合学生学习和发展需要的教育。适合国情和时代要求是我们的立足点，适合校情是我们的特色，适合学生是我们的着力点。怎样才能做到恰当？学校的办学理念要恰当，适合的才是最好的；学校的管理制度要恰当，学校的体制和机制要能最大限度地调动广大师生工作和学习的积极性；教育、教学的策略、方式、方法、手段要恰当，要适应教育的规律、学生身心发展的特点、学生学习的规律，有利于促进学生素质的提升。基于上述认识，我们明确了办学思路：第一，确立了办学目标——全面贯彻党的教育方针，认真落实立德树人根本任务，培养国家需要的有社会主义觉悟的、有文化的、德智体美劳全面发展的社会主义建设者和接班人。第二，确立了办学方向——克服应试教育片面和短视的弊端，培养时代需要的具有创新精神和实践能力的人，促进学生全面发展、个性发展、持续发展，使学生具备适应终身发展和社会需要的必备的品格和关键能力，提高素养，进而提高素质。第三，确立了学校办学特色——努力克服办学一刀切和同质化现象，充分利用学校的教育资源优势打造学校"科技创新教育"特色品牌。第四，确立了办学战略——以适恰教育统领、整合学校的改革，遵循因材施教和教育公平的原则，开展"一把钥匙开一把锁"的针对性教育，以增强教育的针对性，产生教育的实效性，提高教育质量。第五，确立了办学基点——适恰教育的前提是了解学情，动态地了解学情，及时、恰当地施教，把"以学定教"的教育理念贯彻到学校实际的教育工作中，以"适合"创造出"最好"。

适恰教育是一种理想的教育，追求教育的理想、开展理想的教育是我们的价值追求，发展好每一位学生是我们办学的宗旨。我校开展的适恰教育具有如下特点：第一，聚焦学生的发展——把学校创办成育人的圣地，促进学生身体、知识、技能、思想品德、心理、人格等方面的全面发展，培养学生的核心素养，提高学生的素质，按照"跳一跳摘桃子"的原理，运用最近发展区理论，引导学生在原有的基础上最大限度地发展。第二，正确处理学生共性发展与个性发展的关系——在班级授课制框架下，在促进学生共性发展的基础上，采取分层教学、办学多元化、国际教育、拔优、补差、临界生转化、心理辅导、校本课程、研究性学习、学生社团等行之有效的措施，最大限度地开发学生的潜能，促进学生全面而有个性地发展。第三，追求教育的公平——不可讳言，我国当前的教育存在着不公平现象，表现在地区之间的不平衡、城乡之间的不平衡、学校之间的不平衡、学校内部教育不平等。学校内部教育不平等的实质是没有给予不同的学生以恰当的教育。解决学校内部教育不平等问题，满足每一位学生学习和发展的需要，这恰恰是适恰教育实质所在。第四，特色办学——我校沿着"特色项目—特色学校—特色品牌"的发展路径，开展"科技创新教育"的特色建设，既有广泛的群众基础和骨干队伍，又有众多的项目平台和抓手，经过悠久历史的积淀，取得了骄人的业绩，促进了学生科技素养的提升，创建了航空课程基地，"雏鹰计划"飞行员课程班招生，成为我校"科技创新教育"特色的新亮点。第五，差异教育——每一位学生都是独特的生命体，我们以差异教育理论为指导，通过对学生课堂表现、作业、考试卷、交友、行为表现、个性等方面的深入细致调查研究，真正了解每一位学生，采取恰当的方式、方法，开展针对性的教育，以达到最佳的教育效果，促进学生最大限度地发展。第六，丰富教育资源——开展适恰教育，学校作为供给方，必须提供丰富的教育资源，否则，学生的自主选择、多样化教育将是一句空话。为了给学生提供优质而丰富的教育资源，我们从学校、教研组、教师等不同的角度进行资源库的建设和课程开发工作，充分满足学生自主选择和多样化发展的需要。

我校适恰教育实践探索的过程就是学校全面改革创新的过程。在"求是唯真、崇文扬善、创新臻美"办学理念的指引下，从校园文化、制度文化、精神文化、行为文化四个维度，以丰富性、人文性、"三不四特"精神、执行力为特点，进行真、善、美学校文化建设，奉行发展好每一位学生的办学宗旨，践行"适合的才是最好的"教育理想，从学校的办学理念、管理体制、课程开发、教师发展、教育教学方式的转变等方面进行全面的改革，使办学理念、规章制度、课程、教育教学行为相匹配，使教育、教学协调与整合，教学相长，相得益彰，"发展教师—发展课程—发展学生—发展学校"水到渠成。

本书共有九章。第一章为适恰教育的理论建构，表明我校适恰教育的实践探索是在先进的教育理论指导下进行的，具有一定的理论高度和深度。第二章为适恰教育实践探索概述，既是对我校适恰教育理念的概括叙述，又是对我校适恰教育办学模式的建构。第三章为适应适恰教育的学习型教师共同体建设，教师的专业化发展是办学的基础和关键，因而首先要发展好教师。第四章为适应适恰教育的学校自主课程体系建设，课程是教育教学的载体，课程的质量反映着办学的水平和质量。第五章为打造适恰课堂，抓住课堂这个办学的中心环节，加强学科教学的特色建设。第六章为开展适恰德育，本着成人成才的办学思路，探索智慧育人的新途径。第七章为在适恰教育实践探索中开展学校文化建设，本着文化兴校的办学思路，培育学校精神，铸造学校发展的精神动力。第八章为适恰教育的典型案例，反映我校适恰教育探索的实践活动。第九章为适恰教育的成效，是我校适恰教育实践探索的成就。九章内容构成一个完整的体系。

徐正伟

目 录

第一章 适恰教育的理论建构 / 001
 一、目的论：每个人的发展 / 001
 二、课程观：彰显个性和选择性 / 003
 三、教学观：尊重差异、个性指导的情境性教学 / 005
 四、学生观：以生为本，以学生为中心 / 007
 五、发展观：特色与个性 / 009
 六、评价观：适合的才是最好的 / 011

第二章 适恰教育实践探索概述 / 014
 一、适恰教育的内涵 / 014
 二、适恰教育的探索过程 / 017
 三、适恰教育的内容体系 / 019
 四、适恰教育的建构举措 / 023
 五、适恰教育的师资队伍建设 / 029
 六、适恰教育的评价 / 030

第三章 适应适恰教育的学习型教师共同体建设 / 034
 一、校本研修：教师专业化发展的有效途径 / 034
 二、从校本培训到校本研修 / 036
 三、当前校本研修中存在的问题 / 040

四、湖畔书院：校本研修体系的建构 / 044

　　五、常态化、微型化、校本化教科研 / 058

第四章　适应适恰教育的学校自主课程体系建设 / 062

　　一、适恰教育课程体系 / 062

　　二、基础型课程建设 / 066

　　三、课程资源建设 / 073

　　四、科技创新教育特色课程建设 / 077

　　五、航空飞行课程建设 / 085

第五章　打造适恰课堂 / 090

　　一、适恰课堂提出的背景 / 090

　　二、适恰课堂打造的原因 / 092

　　三、适恰课堂教学模式的建构 / 097

　　四、适恰课堂的课题研究 / 104

第六章　开展适恰德育 / 118

　　一、为什么要开展适恰德育？/ 118

　　二、如何开展适恰德育？/ 121

　　三、开展适恰德育的六大举措 / 126

　　四、卓有成效地开展适恰德育 / 130

　　五、适恰德育的课题研究 / 134

第七章　适应适恰教育的学校文化建设 / 145

　　一、学校文化建设的科学定位 / 145

　　二、以丰富性为特征的校园文化建设 / 147

　　三、以人文性为特征的制度文化建设 / 148

　　四、以"三不四特"为特征的精神文化建设 / 150

　　五、以执行力为特征的行为文化建设 / 152

六、学校文化建设的课题研究 / 156

第八章　适恰教育的典型案例 / 173
一、学科教学特色建设案例 / 173

二、课堂教学案例 / 181

三、班级管理案例 / 185

四、学校特色建设案例 / 189

第九章　适恰教育的成效 / 195
一、教育质量节节攀升 / 195

二、办学特色日益彰显 / 198

三、师资队伍迅速成长 / 199

四、学校的美誉度显著提高 / 200

后记 / 210

第一章

适恰教育的理论建构

一、目的论：每个人的发展

在马克思看来，"全部人类历史的第一个前提无疑是有生命的个人的存在。"[1]人的理想存在状态是自由而全面地发展，是自由个性的实现。人的自由而全面地发展，不仅成为马克思的理想，也成为人类的理想。而每个人的自由发展是一切人的自由发展的条件。

每个人需要层次的多维度发展促进人的全面发展。需要是人的本能，是人从事一切实践活动的内在条件。现实生活中的个人，既有自然需要，又有社会需要；既有物质需要，又有精神需要。个体不同的需要层次构成了人的整体需要体系。每个人的全面发展既是人的自然需要的发展，又是人的社会需要的发展；每个人的全面发展既是人的物质需要的发展，又是人的精神需要的发展和人的整个需要体系的全面发展。

每个人能力与素质的全面发展促进人的全面发展。人的能力是一个复杂体系，从根本上说是人的本性呈现。能力系统既包括体力，又包括脑力；能力系统既包括自然力，又包括社会交往能力，还涵盖审美能力等。人类社会健康而全面的发展，就是要规避不同地域、不同种族、不同工种

---

[1] 马克思，恩格斯. 德意志意识形态［M］∥马克思，恩格斯. 马克思恩格斯选集：第1卷. 北京：人民出版社，1995：67.

在生存条件、生活状态及活动范围方面的断层与异化。当人们共同的社会生产能力成为他们的社会财富的时候，任何人都没有特殊的活动范围，而且都可以在任何部门内发展。这就依赖于每个人的能力得到充分而完整的发展，从而能够实现个体以社会联合的方式对全部生产力和社会财富进行占有和享受。

每个人社会关系的普遍发展与全面发展促进人的个体的全面发展。社会关系是人的发展的重要层面，个人社会关系的普遍发展描述的是个人发展广度，全面发展描述的是个人发展深度。在个体自由的未来社会阶段，每个人的社会关系不仅是从主体实践活动生产出来的，而且是能够为主体自身所占有和享受的，是联合起来的个人全面占有和共同控制的社会关系。这样的社会关系才能彰显为真正的"人"的关系。人的全面发展的任务就是把人从物化的社会关系状态中解放出来，把人从一个纯粹的经济动物提升为自然界和自己的社会关系的主人。经历了普遍发展和全面发展后的个人，不仅可以自主享受不断生成的社会关系，而且每个人就是社会关系本身。在那里，每个人都是自由人，而且人们相互之间也能够自由相处。

实现每个人的全面发展是马克思人学理论的精华，也是马克思所追求的最高理想和目标。每个人都获得自由而全面的发展，这既是无产阶级和全人类实现最终解放的基本前提，也是马克思主义的全部学说（特别是他的哲学思想）的最高价值体现，更是马克思主义者毕生追求的终极理想目标与最高原则。中国特色社会主义本质上要求促进人的全面发展，而人的全面发展也在价值取向上全面展现了中国特色社会主义的本质属性。中国特色社会主义所谋求的发展是"以人为中心"的发展，它在实现社会的全面发展及人与自然协调发展中，处处体现了人民主体性的思想，强调一切发展都要以广大人民群众的根本利益作为出发点和落脚点，发展依靠人民，发展为了人民，发展成果惠及全体人民，一切发展都是为了实现人民的愿望，满足人民需要，维护人民利益。

人类对实现理想社会的自觉追求，实质上就是追求人的全面自由发展。社会的发展就是人的发展和为人的发展，社会发展的总体取向、终极趋势就是人的自由、全面发展。社会发展与人的发展的协调一致，既是事物发展的辩证本性的内在要求，也是人类社会文明进步与演进的必然归宿。人的发展不仅仅是社会发展的内在要求与应有之义，而且，从最终意义上说，人的发展也是社会发展的终极指向。社会发展的所有成果最终都要通过人的发展来反映，社会发展的一切方面最终都要通过人的能力的发展来显现，社会文明的提高都要通过人的素质的提高来映现，社会发展的得失成败当然最后也要由人的发展状况来衡量。

二、课程观：彰显个性和选择性

课程是对学习目标、内容和进程、学习活动及其方式方法等进行的总体规划和设计。以学科为中心组织课程教学与学习，是工业生产和科技发展的客观要求，在教育教学中曾经发挥过重要作用，但也存在着明显的缺陷。以学科为中心的课程是人类理性主义的外在表征，它强调纯粹理性而不是经验感知，强调价值中立而不是价值负载，强调学科的理论性、系统性和专业性及学科知识的科学化阐述和逻辑化建构，而丧失了对学生接受能力和认识现状的考虑。[1]知识本位的课程观要求学生掌握制度化学科的内容和体系，这甚至已然成为教育目的。课程不强调人类认识结构的优化组合及整体经验的有机生成，而只是要求对一种僵化、烦琐、单一知识的简单认识和机械记忆。在学生学习效果考核上，则更多表现为对要求背诵内容的复核程度和转移能力的考核，学生只需要把智慧、精力和时间全部放在书本里，就算完成了对人之为人存在价值的建构和彰显，但对学生当下的生活世界、情感世界持知识本位课程观的人则漠不关心、弃之不理，学生沦为毫无主体性可言的被动、异己的存在。它期待通过对教学科目这一工具性形态的传递和授受来完成对人类经验的整体描述和薪火传递。多年来，中国基础教育课程呈现出比较明显的知识本位的理性主义倾向，知识的标准化、统一化支配着课程设计和课程实施。

马克思说过，整个人类历史无非是人类本性的不断改变而已。因此，对于一个国家或民族来说，社会的进步首先要以人的转型为前提。一个世

---

[1] 王洪席，郝德永. 课程隐喻的教育学意义缺失与超越 [J]. 全球教育展望，2007，(3)：11.

纪来，人类正酝酿着一场"人的革命"，这场革命必将成为我们所面临的21世纪的主题，它将关联、牵动着整个社会的变革与发展。罗马俱乐部报告指出，一个新型社会只有在其形成过程中有新人产生时，或更确切地说，只有当今占优势的人类各结构彻底变革时，才能出现。[1]知识本是学习者主动建构的，教学应以学生为中心。离开了人的主观建构，不可能有知识的学习过程。

学习是认知主体依靠自己的经验主动建构知识的过程，知识是这种主观活动在大脑中生成的结果。因此，课程不仅是预先设定的目标或计划，更是学生运用自己的头脑形成对事物或现象的理解和解释的过程，是学生发现问题、探索问题、解决问题的过程。离开了学生的主观建构和主动建构，就不可能有知识的学习过程，这就强调了课程实施过程中学生的主角地位：学生有责任就自己的经验加以意义的诠释并去主动建构，通过合作与探究，反省原先的知识并建构出更为恰当的知识。现代课程是通过参与者的行为和相互作用而形成的，不是那种预先设定的课程（除非是从广泛和普遍的意义上而言）。作为一种模体，它自然没有起点和终点，它有界限，有交叉点或焦点。建筑在模体基础上的课程模式是非线性、非序列性的，它由各种交叉点予以界定，充满相关的意义网络。课程越丰富，交叉点越多，构建的联系越多，意义也随之越加深化。[2]因此，课程作为过程，意味着进程、运动和变化，不是作为客观的目标或学习内容摆在学习者面前由学生去内化，而是包含着学生参与课程的科目学习的经验的变化、丰富和演进。[3]

教育的目的在本质上首先是培养"人"，是为了学生的成长、为了学生的发展，而不是培养"人力"或达到任何目的的工具。教育指向是"人"而非其他，离开了人，教育就失去了安身立命之本，"目中无人"不是教育。蔡元培先生认为："教育者，养成人格之事业也。"[4]学生应该在

---

〔1〕鲁洁. 走向世界历史的人：论人的转型与教育［J］. 教育研究，1999，20（11）：3.

〔2〕多尔. 后现代课程观［M］. 王红宇，译. 北京：教育科学出版社，2000：230.

〔3〕金生鈜. 理解与教育：走向哲学解释学的教育哲学导论［M］. 北京：教育科学出版社，1997：152.

〔4〕蔡元培. 一九〇〇年以来教育之进步［M］// 中国蔡元培研究会. 蔡元培全集：第2卷. 杭州：浙江教育出版社，1997：371.

知识掌握的过程中实现知识价值的转化,获得丰富的精神,养成完美的个性,形成健全的人格。教师也在课堂教学过程中发展专业素养,实现人生价值。

三、教学观:尊重差异、个性指导的情境性教学

传统教育以为教育的任务就是把某种客观的现成知识传递给学生,这是一种"单向沟通"或是"告知"的教育观点。这种认识论的错误就在于,把"学科知识"和"学生知识"视为二元对立的关系,强调学科知识的真理性是现成的,学生的认识仅仅是对于真理的肯定而已。[1]因此,现代教育中发生的很多所谓正式教学多是脱离特定情境的。这类教学缺少现象与本质的联系,抽象了知识内涵,割断了知识本质与事物表征的联系,使得学习形式化、抽象化、简单化,学生不但在学习过程中没有机会与人类伟大的历史文化进行神交,更没有时间走入现实生活中去,进行实实在在的交流。[2]最后往往是只能应付考试,而不能迁移至复杂的情境中用于真实问题的解决。这种灌输式控制权力强调对教材知识记忆的精确性,剥夺了教师的教学自主权,剥夺了学生思想自由的权利,压制了学生的需要、兴趣和个性的发展。[3]

谁也无法否认,意义的解释总归是人在理解,是主体在理解。而人都是历史和世界中的人,主体都是情境中的主体。这种历史性或情境性,不但构成了主体的前理解,而且从根本上说,我们的理解能力来自我们在某种情境中的参与程度,因为是情境使理解具有了意义,离开了情境,任何理解都可能是模糊或含混的。[4]恰如意大利哲学家、历史学家克罗齐关于历史研究所说的,一切历史都是当代史。学习其实也是这样的:X 在情境

---

〔1〕 钟启泉."知识教学"辨[J].上海教育科研,2007,(4):6.
〔2〕 宋洁藁,冯文全.应试倾向对学校德育的负面影响及对策[J].中国德育,2006,1(12):18.
〔3〕 李斯颖.教育全球化背景下我国课堂中权力与权利的变化[J].山西师范大学学报(社会科学版),2007,(1):145.
〔4〕 邓友超.教育解释学论纲[J].教育理论与实践,2006,26(12):3.

C 中被认为是 Y。学习不可能摆脱或超越学习者所处的生活的时间和空间位置，学习情境必须在现实客观世界的意义上是真实的和全面的。

学习总是与一定的社会文化背景即情境相联系的。在实际情境下或通过多媒体创设的接近实际的情境下进行学习，可以利用生动、直观的形象有效地激发联想，唤醒长时记忆中有关的知识、经验或表象，从而使学生能利用自己原有认知结构中的有关知识与经验同化当前学习到的新知识，赋予新知识以某种意义；如果原有知识与经验不能同化新知识，则要引起顺应过程，即对原有认知结构进行改造与重组。总之，通过同化与顺应才能到达对新知识意义的建构，而同化与顺应离不开原有认知结构中的知识、经验与表象，情境创设则为提取长时记忆中的这些知识、经验与表象创造了有利条件。现代教学主张"在问题解决中学习"，教学应该围绕实际生活情境中的问题展开，而不是围绕学科进行。这样，教学不再是知识的简单传递，而成为知识的处理与转换。因此，教学过程必须重视师生、生生之间的相互作用。由于每个人都在以自己的经验为背景建构对事物的理解，所以只能理解到事物的不同方面，这样，合作学习、研究性学习、交互式教学被现代教学所提倡。

认识其实是一种适应性活动，所有的知识都是一种暂时的理论，都是一种对现在问题的猜测性解释，其中混杂着错误、偏见、梦想和希望，都是有待于进一步检验和反驳的，或者说是向进一步的检验和反驳开放的，而不是问题的最终答案，相反，它会在人类进步中被不断抛弃，但同时又会出现新的假设。因此，知识不可避免地具有主观性、价值性和情境性，根本就不存在所谓的超时空的普遍真理，也没有永恒的规律和纯粹客观的知识，有的只是暂时的、相对的真理和相对的规律，知识始终有待再考察、再检验、再证实。在教学过程中，学生学习的间接经验、学科知识一般表现为概念、原理、定律和公式所组成的系统，主要是一种理论知识，是比较抽象、不容易理解的东西。学生要把这种抽象的理论知识转化成自己的知识，就必须要有自己在以往的活动中积累的或在现实的活动中获得的生活知识和直接经验作为基础。[1] 而且，知识在各种情况下的应用并不

---

[1] 余文森. 优质教学的教学论解读[J]. 教育研究，2007，28（4）：68.

是简单的套用，具体情境总有自己的特异性。因此，学习知识不能满足于教条式的掌握，而是需要不断深化，把握它在具体情境中的复杂变化，使学习走向思维中的具体。[1]

四、学生观：以生为本，以学生为中心

长期以来，在比较封闭的环境下，知识因为更新缓慢而呈现凝固性的特点，从而具有"前喻文化"的取向，人们知识的获得主要来源于课堂中教师的传授。[2]"师者，所以传道、授业、解惑也"，从根本上决定了"讲解—接受"的教学模式，教师以知识或真理的化身形象出现，把课程知识原原本本传递给学生，并保证知识信息在传递过程中的安全。在这种教学模式中，教师是作为教育者的面目出现的，因此不可能不成为教育的中心，而教育的培养对象——学生则被边缘化了。这也使得教师不能理性地分析教育行动的终极目的和意义，从而最终失去了改造和自我改造、洞察实践合理性的精神动力。

传统教育中的课堂，实际上是一个克隆知识的场所，"知识的傲慢"让教育的正义性失去了保证，甚至滑向反道德的危险境地而成为一种"恶"。[3]课堂教学本质上的"目中无人"，使得学生成为被动接受知识的容器，不是被当作"人"来培养，而是被当作"人力"来"生产"，对学生身体上的处罚、心理上的打击、情感上的冷落、人格上的羞辱、权利上的剥夺等问题，会因为知识的传授而披上合法的外衣。在这个过程中，学生的个性受到压抑，学习的主动性没有被充分调动起来。这样的学校教育也许能够成为知识的"集散地"，但同时也许会成为学生精神成长的"屠宰场"。

---

[1] 张建伟，陈琦. 从认知主义到建构主义[J]. 北京师范大学学报（社会科学版），1996，(4)：82.

[2] 李斯颖. 教育全球化背景下我国课堂中权力与权利的变化[J]. 山西师范大学学报：社会科学版，2007，(1)：145.

[3] 李召存. 反思知识教学的认识论基础[J]. 全球教育展望，2006，(11)：18.

灌输式教学强调以教师为中心的被动接受过程，以及文字符号的记忆；建构式教学强调以学生为中心的主动建构，以及有意义内容的理解。学生是一个个独特的经验存在，并把其经验带入学校，不同的学生把不同数量和性质的经验带到学校。这些经验既构成了他学习的基础，又包含着作为成人的教师若"无法理喻"也就不能真正回答的问题。[1]学习是具有目标指向的活动，不同的个体以自己的经验为背景建构同一事物获得的意义也是不同的。只有当学生保有浓厚的学习兴趣、稳定的学习情绪、强烈的学习动机时，他们才能愉悦地、有效地学习，从而使学生个体在日益竞争的社会里，不断增强自身实力，体现自身价值。因此，基础教育课程改革强调尊重学生，强调以生为本。

基础教育课程改革以来，人们逐渐接受了这样的思想：知识只能是在接受者处于积极建构的状态下才能形成。虽然儿童不是小成人，但学生并不是等待教师描绘的"白板"，他们当然拥有正常的普通经验，包括正规学习前的非正规学习经验和科学概念学习前的日常概念经验，即使遇到从来没有接触过的问题，他们往往也可以基于相关经验，依靠其认知能力，形成对问题的某种解释，或者推导出某种合乎逻辑的假设。所以，教学不能无视学生的这些经验，不能从外部装进新知识，而是要把学生现有的知识经验作为新知识的生长点，引导学生从原有的知识经验中"生长"出新的知识经验。只有当学生真正认识和理解了知识的有限性、条件性和相对性，形成一种开放和建构的知识观时，他们才能够大胆采取批判性、反思性和探究性的方式进行学习，这种学习才会从根本上促进学生的发展。[2]

学习是一个与情境紧密联系、由学生自主建构的活动，教学不是知识的传递，而是知识的处理和转换。因此，教师不能简单地作为知识的呈现者，而应该重视学生自己对各种现象的理解，倾听学生的想法，洞察学生这些想法的由来，以此为根据引导学生丰富或调整自己的理解。这不是简单地告知就能奏效的，而是需要与学生共同针对某些问题进行探索，并在此过程中相互交流和质疑，了解彼此的想法，彼此间做出某些调整。只有

---

[1] 邓友超. 教育解释学论纲[J]. 教育理论与实践，2006，26（12）：3.
[2] 余文森. 优质教学的教学论解读[J]. 教育研究，2007，28（4）：68.

当课堂能使每个参与者都有能力对自己的成长负责时，这个课堂才会变成一种真正的学习文化的空间。

在一般意义上，作为成年人的教师，不仅具有更多的知识，而且因为经过重建具有了在质上不同于学生的知识，所以，教师应该成为教学过程的组织者、引导者、帮助者、促进者，[1]精于把课程知识与自己、学生的经验（包括具有教育性的生活经验）结合起来，敢于用时代的鲜活经验重构具有"未完成性"的教参和教材，乐于和学生发展共有知识，善于在参与中引领学生并与之进行有意义的经验互动。[2]在很多时候，教师同样会感受来自学生从儿童视角对事物的创新性的理解。我们不要天真地以为一个高中物理教师在解决"用一个气压表测量大楼的高度"之类问题时，能够比高中学生给出更丰富多彩的答案；绝大多数语文教师一定不能填出"雪化了以后变成了春天"这样岂止是创新更是富于诗意的优美语句来。一个好教师应该努力设计一种让学生感到无忧无虑，又可以探索、表达、分享思想、计划和产品的自我完善的空间，来创造意义建构的领地。[3]只有基础教育践行者的教师成为教育的研究者，课程改革才有希望，学生个性才能张扬，教师最终也才能解放自己。

五、发展观：特色与个性

《中国教育改革和发展纲要》明确要求中小学要"办出各自的特色"。学校的"特色"强调学校在办学风格、办学风貌方面与同类学校相比所表现出来的显著差异性，而"出色"强调的是学校在办学效益方面与同类学校相比所表现出来的优质性。因此，学校特色就是学校在长期的教育实践活动过程中形成的独特而优质的办学风貌或教育风格。在实践中学校并非单纯追逐标新立异，学校更要注重内在品质的真正提升和整体发展目标的达成。

---

[1] 张华.课程与教学论[M].上海：上海教育出版社，2000：476.
[2] 邓友超.教育解释学论纲[J].教育理论与实践，2006，26（12）：3.
[3] 斯特弗，盖尔.教育中的建构主义[M].上海：华东师范大学出版社，2002：270.

完整的学校文化精神是学校特色发展的核心与灵魂。根据学校特色发展的内在要求和目前学校特色发展面临的不良文化生存环境，学校文化精神的重建只能以人本身的存在与发展作为核心价值，以理性与人本作为主导文化精神。这具体表现在学校文化的以下三个层面上。

精神文化层面。从与传统农业文明相适应的凭借习俗、经验、常识、习惯的重复性实践和重复性思维转向与现代工业文明相适应的、以理性和科学知识为基础，凭借人的主体意识、参与意识的创造性实践和创造性思维；从无视人的生命价值、意义转向重视人的发展、精神生活的充实及生命境界的提升；从知识授受转向知识启蒙和知识创新；从追求玄学、崇尚权威转向追求真理、崇尚科学；从控制服从转向民主平等；从保守封闭转向开放合作。

制度文化层面。从基于血缘、宗法、情感的传统学校管理体制与运行机制转向基于理性、人道、民主、法治的现代学校管理体制与运行机制，从基于血缘关系、宗法关系和天然情感关系的人际交往转向基于理性、人道、平等、民主的人际交往。

物质文化层面。从传统的偏重伦理政治教育转向注重科学技术教育，从单纯注重外在于人的硬件建设转向为发展丰富的个性创造物质要素，从单纯追求校园建设的审美价值转向注重校园环境的育人价值。

学校特色发展应立足于人本身的存在与发展这一核心价值和理性与人本两大主导文化精神，从学校文化的整体性入手，建立现存学校文化模式的重建机制，从而为学校特色发展和学校全体成员创造适合的生存与发展方式。强调人本身的存在与发展这一核心价值，就是要改变当前学校教育领域严重存在的教育工具化倾向，使教育重新回到人自身的发展这个原点上来。强调理性精神，就是使个体不再满足于自在的"是什么"，而是以"为什么"和"应如何"的自觉态度来对待学校的管理和教学；强调人本精神，就是充分重视人的主体意识、参与意识和创造性，以人的自由和全面发展作为人的活动的目的和学校教育现代化发展的尺度，从而赋予人的活动以自觉的价值内涵。

学校所具有的特色的精神实质在于学校独特的文化模式。将学校特色理解为学校在教育教学实践过程中所形成的一种个性化学校文化模式。各种学校特色都体现出学校各自不同的文化模式，这种文化模式在学校的建设发展和学生的个性发展方面都印染上了深深的痕迹，这种观点帮助人们认识到了学校在谋求特色发展中的深层内涵，有益于人们从更为整体和深刻的层面上去关注学校的特色发展。但是，这种观点也容易使人们忙于建构一种独特的学校文化模式，因一种新颖的文化模式的建构而遮蔽或模糊了学校办学中各种鲜活、生动、具体的课程教学活动，从而导致学校片面地追求表面的模式认同，最终损害了学校的实际办学效果。

六、评价观：适合的才是最好的

中央全面深化改革领导小组审议通过的《关于深化教育体制机制改革的意见》提出，要"营造健康的教育生态，大力宣传普及适合的教育才是最好的教育、全面发展、人人皆可成才、终身学习等科学教育理念"，这才能真正回应群众的教育关切，满足人民美好生活需要，推动教育需求和人才培养的健康发展。倡导适合的教育理念，发展适合的教育，就是要致力于解决过去没有解决或者没有解决好的以及在教育发展过程中出现的新问题，解决人民群众对更好教育的要求与教育发展不平衡不充分之间的矛盾和问题。适合的教育就是以学生为根本，以符合教育规律为前提，以发现差异为核心的最公平的教育。

适合的教育是以学生为本的教育。适合的教育是以人民为中心的发展思想在教育领域的具体实践，也是"以人为本""因材施教"理念的生动体现。适合的教育就是要适合学生，让每个学生都能接受公平而有质量的、适合自己的教育。适合的教育应该是学生知识、能力、素质与社会角色的适合，培养德智体美劳全面发展的社会主义合格建设者和可靠接班人。让教育适合学生，就是要发现差异、尊重差异，引导学生找到适合自己的成长成才路径。要坚持以学生为中心推进教育教学改革，致力于培养学生创新、实践能力和社会责任感。适合的教育，首先要明确"适合谁"。就教育而言，适合的教育最基本也是最根本的起点是适合学生，这一点毋庸置疑。顾明远教授认为，为学生提供最适合的教育，使每个学生都能健康成长的教育才是最好的教育。此外，明确适合什么样的学生显得尤为关键。我们既要针对每个学生的个性，又要兼顾学生整体的共性。换言之，适合的教育不仅要适合不同类别的学生，还要适合整体上所有学生。一方面，适合不同类别的学生，主要是深入地或具体地了解每个学生，使每个学生都能够得到关怀与理解，追求教育的个性化发展；另一方面，适合所有的学生，体现出教育共性的特点。苏联教育家马卡连柯推行的"平行教育影响"就是通过个人来影响集体，通过集体来影响个人，达到个人和集体的交互影响，进而实现个人的发展和集体的发展。只有使每一个学生融入集体活动之中，他们才能学会互相尊重，学会互助合作。每个学生都不是孤立存在的，他们在集体中享受生活与学习。

适合的教育是符合教育规律的教育。《国家中长期教育改革和发展规划纲要（2010—2020年）》明确告诉我们，尊重规律就是为每个学生提供适合的教育的前提，即"适合的教育"就是符合规律的教育。英国教育家怀特海提出"教育的节奏"，他把教育的节奏当作是教育的一个特定原则，不同科目和不同学习方式应该在学生的智力发育达到适当的阶段时采用。在此基础上，成尚荣先生认为，适合学生体现了教育的节律和原则。教育的节律不只是教育的节奏，而且体现了教育的规律，适合学生的教育一定是适合生命规律和发展规律的教育。苏联心理学家维果茨基提出的"最近发展区理论"，将学生的发展分为自己解决问题现有的、实际的水平与通过协助可能的、潜在的发展水平之间的差距。尊重学生的身心发展规律应当让学生处在最近发展区，重视学生现有水平，要适合学生不断生成的状态。

适合的教育是发现差异的教育。发现差异是适合的教育的核心。美国哈佛大学心理学家霍华德·加德纳提出人类至少存在8种智能，包括语言智能、逻辑数学智能和空间智能等，其中每一种智能代表区别于其他智能的独特思考方式。适合的教育应当尊重学生的独特性，视生命个体的不同是一种合理性存在，视学生个体内和个体间的差异为宝贵的教育生态资源，这是差异教育的逻辑起点。成尚荣先生强调：看到差异，就是看到个体；抓住差异，就是抓住机会；利用差异，就是利用资源，适合的教育是有差异的教育。要想实现适合的教育，我们需要正视差异，尊重每个个体的个性化发展，不能带有个人偏见；要想学生的差异得到充分的发展，就必须让学生发现自己的不同,在自己的特长和兴趣上得到最好的发展。适合的教育的主体是受教育者,发现差异不仅仅是教师了解学生,对学生做出判断,挖掘每个学生的潜能,而且是让学生学会自由选择、自主判断、自我评价,以发现自己的闪光之处。

适合的教育是公平的教育。教育公平包括教育机会公平、教育过程公平及教育结果公平。相对于让每个学生拥有相同的教育机会或提供相同的教育资源,充分发挥每个学生的潜在能力才是最公平的教育,才能真正遵循教育规律,把握教育的使命。不同的人对适合自己的知识需求与文化理解不会完全相同,教育者所实施的教学内容、手段及方法应当适合不同的人的需要,尽可能达到每个人能接受的文化水平。倘若对全部的人予以相同的教育,就很难适合每个人的文化水平,那么教育就是专制和不公的。有许多人将适合的教育等同于因材施教,认为只不过是换种表达而已,其实不然,二者具有相似的理论基础但却不尽相同。适合的教育更强调受教育者的主体地位,注重学生的自主性,教育是由学生来选择的,而因材施教是教育者作为主体做出判断,无疑有害于学生的个性化发展。只有符合每一个学生的学习实际,适合每一个学生的教育,才是科学的、最优化的、高效的教育,才是真正有质量的教育,才真正称得上是面向全体学生,确保每一个学生健康成长和全面发展的公平的素质教育。

适合的教育是全社会共同参与的教育。教育是一项系统工程,要积极构建政府、学校、社会、家庭联动的格局。政府要落实好教育优先发展战略,进一步优化教育布局,提供丰富和多样化的教育资源,推动各级各类教育平衡充分发展。学校要积极探索富有特色和符合规律的办学之路,建立以学生为本的新型教学关系,更加注重多样化发展,通过科学化、个性化的课程体系,多元化、系统化的评价方式,持续推进素质教育、特色教育。全社会都要积极参与和支持适合的教育,不唯分数,不唯名校,不唯学历,为学生提供人人能成才、人人有平台的环境和氛围。家长要克服家长制作风,与子女构建有温度的伙伴关系,从子女的兴趣、特长出发,引导和尊重其选择,营造良好的家庭环境。

在适合的教育中,学生将创造精彩的人生,教育也将迎来更加美好的未来,人民对更好教育的需求将能得到更好满足。

第二章

适恰教育实践探索概述

一、适恰教育的内涵

我们教育人都知道，在教学中，针对一个具体的内容，教师讲得很认真、很明确，可是，有的学生还是不能掌握，教师反复强调，有的学生还是不会。教师很郁闷，问题出在哪儿？有的学生在毕业若干年以后，回顾自己成长的历程时，往往脱口而出："某某老师说的那句话深深地打动了我，从此我努力学习，从而有了我今天的成就。"这位老师讲了很多的话，为什么这句话管用？这位老师是面对很多学生讲这句话的，为什么偏偏在这位学生身上发挥了奇特的效应？这位老师教育成功的秘诀是什么？有时候，老师教育的愿望是善良的，动机是纯真的，态度是苦口婆心的，方法是正面说理的，为什么起不到良好的教育效果，甚至事与愿违？例如，一位女学生长相漂亮，学习成绩也好，与一位长相不好，表现也不好的男学生谈恋爱，老师做这位女学生的思想工作时说："中学时代是学习的黄金时代，要心无旁骛地学习，谈恋爱会影响学习，你不要拿前途命运开玩笑，即使谈恋爱也要选择一个值得你爱的人，某某男同学长相差，表现也差，我真想象不出你竟然爱上他。"这位老师的谈话完全站在该女学生的角度，真心为她好，可是，这位女学生从此与这位老师产生矛盾，这又是为什么？

学校是培养人才的专门场所，教师是培养人才的专门职业，学校和教师的工作对象是学生，工作目标是让学生成才。每一位学生都是一个独特的生命体，其家庭的社会地位、经济收入是各异的，其生活的环境、接受的教育、早期的经验、遗传的禀赋是不同的，因而学生的知识储备、兴趣爱好、学习态度、学习风格、性格特征等方面不同。教育的策略、方式、方法、手段只有与一个个个性鲜明的生命体对接，进行心灵的碰撞，才能迸发出生命的火花，才能发挥"一把钥匙开一把锁"的作用，教育才是有效的，这样做才能克服教育的无效，甚至负效的问题。教师的认真授课为什么没有在一些学生中产生预期的效果，教师一句不经意的话为什么能在某位学生身上产生奇特的效果，老师出于善良愿望进行的教育为什么事与愿违，根源在于其教育不一定适合每一位学生的情况。我国古代伟大的教育家孔子就同一个问题对3个学生采用不同的教育，教育的魅力就在于适合不同学生的情况。首先是一个学生观的问题。每一位学生都是独特的生命体，是自己的主人，是学习和发展的权利拥有者，以学生为主体的学生观是我们开展有效教育的基点。其次是一个教育观的问题。学校教育只有一个中心，也只能有一个中心，那就是发展好每一位学生，学校的各项工作都要围绕着这个中心而展开。再次是一个教学观的问题。"以学定教"是建立在对学生的真正了解的基础上的，只有对学生开展认真、细致、动态的深入调查研究，真正掌握每一位学生的状况，开展针对性的、恰当的教育，才能开展理想的教育，实现教育的理想，开展幸福的教育，收获幸福的教育人生，办人民满意的教育。

　　顾名思义，适恰教育就是适合、恰当的教育。适合谁？是适合中国特色社会主义现代化建设对人才需要的教育，是适合信息化时代要求的教育，是适合学校实际情况的教育，是适合学生学习和发展需要的教育。适合国情和时代要求是我们的立足点，适合校情是我们的特色，适合学生是我们的着力点。怎样才能做到恰当？学校的办学理念要恰当，适合的才是最好的；学校的管理制度要恰当，学校的体制和机制要能最大限度地调动广大师生工作和学习的积极性；教育、教学的策略、方式、方法、手段要恰当，要遵循教育的规律、学生身心发展的特点、学生学习的规律，有利于促进学生素质的提升。

基于上述认识，我们明确了办学思路：第一，确立了办学目标——全面贯彻党的教育方针，认真落实立德树人根本任务，培养国家需要的有社会主义觉悟的、有文化的、德智体美劳全面发展的社会主义建设者和接班人。第二，确立了办学方向——克服应试教育片面和短视的弊端，培养时代需要的具有创新精神和实践能力的人，促进学生全面发展、个性发展、持续发展，使学生具备适应终身发展和社会需要的必备的品格和关键能力，提高素养，进而提高素质。第三，确立了学校办学特色——努力克服办学一刀切和同质化现象，充分利用学校的教育资源优势打造学校"科技创新教育"特色品牌。第四，确立了办学战略——以适恰教育统领、整合学校的改革，遵循因材施教和教育公平的原则，开展"一把钥匙开一把锁"的针对性教育，以增强教育的针对性，产生教育的实效性，提高教育质量。第五，确立了办学基点——适恰教育的前提是了解学情，动态地了解学情，及时、恰当地施教，把"以学定教"的教育理念贯彻到学校实际的教育工作中，以"适合"创造出"最好"。

适恰教育是一种理想的教育，追求教育的理想、开展理想的教育是我们的价值追求，发展好每一位学生是我们办学的宗旨。我校开展的适恰教育具有如下特点：第一，聚焦学生的发展——把学校创办成育人的圣地，促进学生身体、知识、技能、思想品德、心理、人格等方面的全面发展，培养学生的核心素养，提高学生的素质，按照"跳一跳摘桃子"的原理，运用最近发展区理论，引导学生在原有的基础上最大限度地发展。第二，正确处理学生共性发展与个性发展的关系——在班级授课制框架下，在促进学生共性发展的基础上，采取分层教学、办学多元化、国际教育、拔优、补差、临界生转化、心理辅导、校本课程、研究性学习、学生社团等行之有效的措施，最大限度地开发学生的潜能，促进学生全面而有个性的发展。第三，追求教育的公平——不可讳言，我国当前的教育存在着不公平现象，表现在地区之间的不平衡、城乡之间的不平衡、学校之间的不平衡、学校内部的教育不平等。学校内部教育不平等的实质是没有给予不同的学生以恰当的教育，解决学校内部教育不平等问题，满足每一位学生学习和发展的需要，这恰恰是适恰教育实质所在。第四，特色办学——我校沿着"特色项目—特色学校—特色品牌"的发展路径，开展"科技创新教育"的特色建设，既有广泛的群众基础和骨干队伍，又有众多的项目平台和抓手，经过悠久历史的积淀，取得了骄人的业绩，促进了学生科技素养的提升，创建了航空课程基地，"雏鹰计划"飞行员课程班招生，成为我校"科技创新教育"特色的新亮点。第五，差异教育——每一位学生都是独特的生命体，我们以差异教育理论为指导，通过对学生课堂表现、作业、考试卷、交友、行为表现、个性等方面的深入细致调查研究，真正了解每一位学生，采取恰当的方式、方法，开展针对性的教育，以达到最佳的教育效果，促进学生最大限度地发展。第六，丰富教育资源——开展适恰教育，学校作为供给方，必须提供丰富的教育资源，否则，学生的自主选择、多样化教育将是一句空话。为了给学生提供优质而丰富的教育资源，我们从学校、教研组、教师等不同的角度进行资源库的建设和课程开发工作，充分满足学生自主选择和多样化发展的需要。

二、适恰教育的探索过程

2001年开始的中国第八次教育改革是我校开展适恰教育的契机。这次教育改革是中国对世界范围内教育改革浪潮的积极回应，是建设教育强国的再起航，掀起了中国教育的一场革命。它要革"应试教育"之命，开启"素质教育"新时代，并以"新课程改革"的鲜明特色载入史册。李岚清（时任国务院副总理）在全国基础教育工作会议上的讲话中指出：全面实施素质教育，涉及的问题很多，情况也比较复杂，我们既要有全面系统的政策导向，又要紧紧抓住核心问题和关键环节，采取有力措施，力争取得突破性进展。他提出要突出抓好的核心问题和关键环节有四个方面：一是推进课程改革，二是改进和加强德育教育，三是改革考试评价制度，四是建设高素质的教师队伍。在这四个核心问题和关键环节中，课程改革又是重中之重，因为课程是整个基础教育改革的核心内容，集中体现了党的教育思想和教育观念，是实施培养目标的施工蓝图，是组织教育教学活动的最主要依据，牵一发而动全身，是杠杆的支点，是整个教育改革的切入口。

在教育改革的浪潮中，是随波逐流，还是争做弄潮儿？苏州工业园区第二高级中学给出了响亮而明确的答案：抓住教育改革的契机，勇敢迎接、面对新的挑战，在改革创新中谋求内涵发展、特色发展，办好人民满意的教育，担当起时代的使命。为此，全校教师掀起了学习的热潮，学习第三次全教会的精神，学习《基础教育课程改革纲要（试行）》的精神，学习教育改革相关文件的精神，学习新课程的理论，针对学校存在的问题，大胆提出学校改革的方案，积极探索课程改革。2008 年，在全国率先提出"打造适恰课堂"的理念，进行学科特色建设。2010 年，把"适恰课堂"探索的成功经验推广到德育工作中，进而提出"适恰教育"，这与教育部制定的《国家中长期教育改革和发展规划纲要（2010—2020 年）》提出的办"适合的教育"不谋而合，增强了我们探索适恰教育的信心和勇气。江苏省教育厅葛道凯厅长关于开展"适合的教育"的讲话和号召，更增添了我们探索的主动性和积极性。

2014 年，教育部发布《关于全面深化课程改革，落实立德树人根本任务的意见》，首次在官方文件中提出核心素养，2017 年修订的课程标准规定各个学科的核心素养培养目标，我国的第八次教育改革进入培养核心素养的新阶段，使培养目标具体化。核心素养是学生应具备的、能适应自身终身发展和社会发展需要的必备的品格和关键能力。它以培养全面发展的人为核心，分文化基础、自主发展、社会参与三个方面，综合表现为人文底蕴、科学精神、学会学习、健康生活、责任担当、实践创新六大素养，细分为人文积淀、人文关怀、审美情趣、理性思维、批判质疑、勇于探究、乐学善学、勤于反思、信息意识、珍爱生命、健全人格、自我管理、社会责任、国家认同、国际理解、劳动意识、问题解决、技术应用 18 个要点。根据各个学科的特点，又制定了各个学科的核心素养，规定通过学科教学达成具有学科特点的学生应具备的、能适应自身终身发展和社会发展需要的必备的品格和关键能力。随着教育改革的深化，我校的适恰教育探索也进入新阶段——培养学生的核心素养。

随着我校教育教学质量的不断提高，办学特色的日益鲜明，我们也不断对适恰教育进行总结和反思。在江苏省四星级高中第一次复审时，我们把学校开展适恰教育的实践探索进行了初步梳理；2018 年，在申报苏州市教学成果奖时，我们把学校开展适恰教育的实践探索进行了初步总结；2019年，在江苏省四星级高中第二次复审时，我们把学校开展适恰教育的实践探索进行了系统总结，形成著作。它既是对我校办学历史的系统总结，又是我校继往开来的宝贵精神财富。随着"低进高出，高进优出"的"二中现象"屡次出现，随着办学水平和质量的不断提高，"二中模式"日益走向成熟，将会对更多的学校产生辐射作用。

三、适恰教育的内容体系

（一）适恰教育课程体系建构

为适应适恰教育的需要，学校积极建构适恰课程体系。（图2-1）学校课程是国家意志的体现，是学校教育水平与质量的体现，是学校办学的载体，是实施教育教学的施工蓝图，在学校办学中具有重要地位。我校的适恰课程体系由基础型课程、拓展型课程、研究型课程构成。基础型课程为必修课程，每一位学生必须学习，掌握基本知识，培养基本能力，形成基本素养。拓展型课程由必修拓展课程、自主选修课程、校本课程构成。必修拓展课程为德育课程，面向全体学生，以促进学生道德水平的提高、心理健康及人格健全。自主选修课程为必修课程的延伸，学生根据自己的兴趣、爱好、专长自主选择，形成自己的特长。校本课程是学校的特色课程，由吴文化课程、科技创新教育特色课程和国际教育课程构成，打造学校的特色品牌。研究型课程是把研究性学习提升到课程的地位，重点培养学生的研究意识、创新精神、研究能力和实践能力。

适恰教育课程体系有以下四大亮点。

第一，对基础型课程而言，在完整贯彻国家意志的基础上，根据学校的教育资源和教师的特长进行二度开发，张扬教师的个性，形成教师独特的教学风格，提高教学有效性，进行学科教学特色建设。

第二，实行德育工作课程化，建构内容完整、三个年级衔接、系统的学校德育课程体系，并编写学校德育校本教材，把德育工作纳入学校课程体系，并与教学有机整合，使学校教育教学工作形成一盘棋，这是适恰课程的一大亮点。

第三，在普遍开展研究性学习的基础上，对项目化学习进行探讨，把研究性学习提高到课程的高度，培养学生的问题意识、批判思维能力及创新思维能力，提高学生的研究能力，提升学生的科学素养，打造科技创新教育的特色品牌。

第四，适恰课程体系的建设，克服了各种课程各自为政的弊端，整合了各种课程的功能，使各种课程的功能充分发挥，又无缝对接，教育的合力作用得到最大限度的发挥。

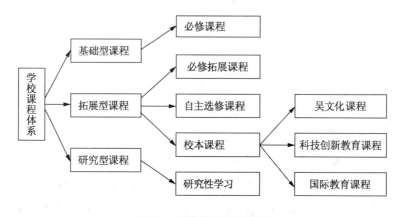

图 2-1　适恰教育课程体系

（二）适恰课堂的教学实施

适恰课堂充分体现教育的目的论，学校把学生看作独特的生命体，根据学生个体的智力水平、知识储备、兴趣爱好、个人专长、身心特点开展个性化教学，以满足每一位学生学习和发展的需要，提升学生的核心素养，促进每一位学生的健康发展。在适恰教育的理念下，学校建构了"情境导入、问题导学、师生探究、拓展生成、素养训练"的适恰课堂教学模式。（图2-2）

学校适恰课堂的建设有以下五个特点。

第一，以人为本。把每一位学生看作独特的生命体，在教学中关注学生之间的差异，讲授有梯度，提问有差别，作业有弹性，指导有针对性，科学处理好共性与个性的关系，教学符合每一位学生的情况，全体学生通过学习都能有所提高，真正实现教育的公平。

第二，以学定教。适恰课堂要满足每一位学生的学习需要，促进每一位学生的发展，其前提是教师了解每一位学生的情况。学校从深入细致研究学情入手，通过学生的课堂表现、作业、试卷、作品等了解学情，把适恰课堂建设建立在坚实的学情调查基础之上，做到对路与到位。因为提高了教学的有效性，教学的结果会表现在效果、效率、效益上。

第三，以"适合的才是最好的"作为教育理念。以"没有最好、只有更好"为价值追求，教学设计表现在目标的完整性，知识、技能、认识、情感态度与价值观全覆盖，教学的内容、方式、方法、手段统筹考虑，充分发挥教师的教育机智，开展智慧的教育，在差异教学方面下功夫，契合每一位学生的需要，对学生进行思想的交流，情感的互染，心灵的碰撞。

第四，以多元智能理论为理论指导。发现学生的优势智能，关注学生个性化、多样性的需要，把学生之间的差异作为教育的契机和资源，使学生的优势智能得到有效地开发，不拘一格培养各方面具有专长的人才。

第五，以情境教学、问题教学、研究性学习为主要教学方法。通过情境创设，增强教学的直观性，学生亲临其境，进行真实情境下的学习；通过问题导入，激发学生的思维，激发学生学习的主动性、积极性和创造性，培养学生思维的敏捷性、深刻性、批判性和创造性品质；通过研究性学习，引导学生像科学家从事研究那样学习，发现问题，分析问题，解决问题，把被动的听课变成主动的探究，学生参与的广度明显扩展，深度明

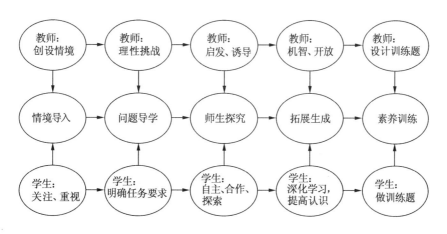

图 2-2　适恰课堂教学实施

显加深，效度明显提高，研究意识、研究能力、思维品质都有长足的发展，学习能力的提高为终身学习奠定了坚实的基础。

适恰课堂以其理念的先进性，实践的独到性，措施的有效性，极大地促进了学校教育教学水平的提高。

(三) 适恰德育教育实施

学校全面贯彻党的教育方针，落实立德树人根本任务，以"育人为本、德育为先、责任为重"作为学校德育工作的价值追求，着力构建"方向正确、内容完善、年级衔接、载体丰富、常态开展"的学校德育工作体系，积极实施课程育人、文化育人、活动育人、实践育人、管理育人、协同育人教育策略，开展符合德育规律和学生成长规律、适应社会发展要求、贴近学生生活的适恰德育教育。从深入细致的学情调查入手，以德育系列主题活动的形式落实，以系列制度做保障，增强德育工作的针对性，提高德育工作的实效性，关注学生的自我认识、自主管理、自我教育，帮助学生学会做人、学会做事、学会合作、学会关心、学会感恩，营造全员、全程、全方位育人的新局面。学校的德育工作在实践中改革，在改革中创新，经历了由自主德育到适恰教育的发展历程，从而开创了德育工作的新局面。

学校实施"一规划、一体、一艺、一本书、一劳动"构成的"五个一"工程，即每位学生通过高中三年的学习，要制定一个生涯规划，擅长一项体育项目，掌握一门艺术，每学期读透一本好书，拥有一种劳动技能。为此，学校举办阳光体育节、读书节、艺术节、劳动节、生涯规划暨心理健康节五大校园节日活动。形式新颖、内容真实、生动活泼、针对性强、实效性强的适恰德育，克服了德育工作空洞说教的无效，增强了德育工作的丰富性和生动性，让学生在读书实践中体验了学习的乐趣，在歌唱中发出时代最强音，在艺术学习和创作中滋养美的心灵，在体育锻炼中释放青春的活力，在劳动的汗水中得到"劳动最光荣"的沐浴，在规划自己的人生道路时豪情满怀，"读书声、呐喊声、欢笑声、歌唱声"响彻校园，成为二中一道亮丽的风景线。（图 2-3）学生真正告别了星期一"苦海无边"，星期二"黑暗漫漫"，星期三"仍在煎熬"，星期四"即将出圈"，星期五"胜利大逃亡"的苦涩，星期天就渴望着回到"幸福的校园"，高三毕业了还对母校依依不舍，情切切，意绵绵，无绝日。

开展适恰德育是学校德育工作的重大举措，其出发点是克服德育工作空洞说教而缺乏实效的弊端，按照"一把钥匙开一把锁"的原理，本着因材施教和公平教育的原则，使教育适合每一位学生的实际情况，进行心灵的碰撞，促使学生产生情感的共鸣，思想的认同，帮助学生建构真善美的价值判断标准，形成正确的世界观、人生观、价值观，把践行社会主义核心价值观内化为学生的自觉，真正解决"培养什么样的人"和"怎样培养这样的人"的根本问题。

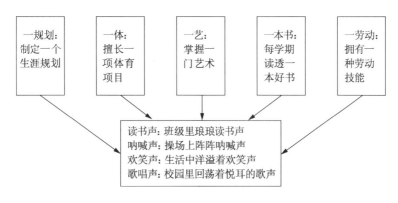

图 2-3 "五个一"工程，"四声"风景线

四、适恰教育的建构举措

（一）适恰教育组织管理

教育的一刀切、同质化、单一化现状，不利于每一位学生潜力的充分开发，不利于每一位学生最大限度的发展，时代呼唤教育的差异化、个性化、多样化。学校以多元智能理论为指导，以差异教学为方法论，本着因材施教和教育公平的原则开展适恰教育的实践探索，并申报江苏省教育学会"十二五"重点课题"课例研究推进适恰课堂的实践研究"，进行理论的升华，形成了生本、自主、善导、高效的适恰教育模式，使之具有理论建构的完整性，实践建模的可操作性。

在适恰教育办学模式建构的过程中，组织管理居于基础的地位，起着保障、检查、评估、促进的作用。学校为了使适恰教育卓有成效地开展，非常重视组织管理工作，建构了完整的、系统的组织管理网络。（图2-4）其中，校长室总负责，进行顶层设计，谋篇布局，做到目标明确，要求明确，责任明确，措施有力。教务处、德育处负责实施，教务处和德育处作为学校的中层管理部门，教务处主任、德育处主任作为学校中层管理人员，起到连接校长室和教师之间的桥梁作用，充分发挥主观能动性，根据学校的动态发展状况，开创性地开展工作，机动灵活地贯彻适恰教育要求。年级部负责落实，学校本着"接地气，有朝气"的思路，实行扁平化的管理，把年级部建成管理的实体，实现管理重心下移，全面管理适恰教育的开展。教师具体落实。校长室的顶层设计，教务处和德育处的实施，年级部的管理，保障了教师在日常的教育教学工作中落实适恰教育，教师根据适恰教育的理念和要求，以主人翁的姿态，改革创新，大胆探索，使适恰教育生动活泼地开展，有效落实。学生自主发展。学校的适恰教育紧紧围绕着学生发展这个中心，满足每一位学生学习和发展的需要，采取行之有效的针对性措施，培养学生的主体意识、主动精神、自主学习能力，促进学生自主发展。在这一组织管理网络中，师资发展处负责指导，督导室负责评估，使这一网络形成严密的体系。

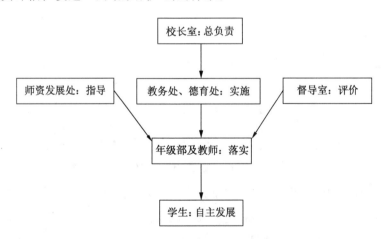

图2-4　适恰教育组织管理

（二）适恰教育实施步骤（图 2-5）

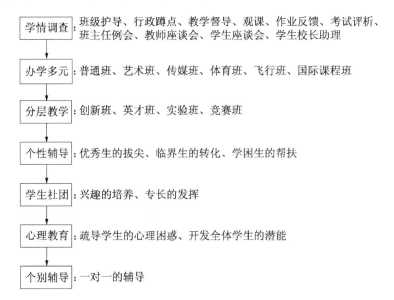

图 2-5　适恰教育实施步骤

（三）适恰教育操作流程（图 2-6）

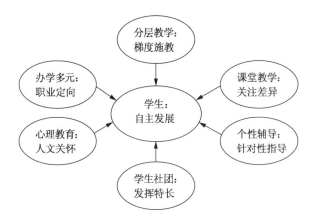

图 2-6　适恰教育操作流程

(四)适恰教育个性化指导

适合恰当的教育,科学有效的教育,发展好每一位学生的教育,是每一所学校、每一个教育人的理想和追求。但这种理想的教育不会自然而然形成,它需要教育的智慧。这种教育的智慧表现为对人类社会发展趋势的正确把握,对教育规律的自觉运用,对发展中学生的深刻了解与理解,对每一个教育问题的及时发现与科学有效的解决。在教育实践中充分发挥教育机智,实质是解决教育的对路与到位问题。这种教育智慧的形成来自深入细致的调查研究,来自对教育现象的及时把握与认真分析,来自先进教育理论的指导,来自对他人教育经验虚怀若谷的学习和借鉴,来自教育教学实际工作中的探索与反思,实质是实事求是。

学校处于苏州工业园区的边缘,由于"中招"政策的调整等因素,学校生源质量陡降,到了没有退路的地步,面临的问题是发展、发展、再发展!面对新常态,具有"老黄牛精神"优秀传统的二中人,以"不怀疑,不抱怨,不放弃"的态度,以"特别能吃苦,特别肯钻研,特别善合作,特别讲奉献"的行为作风,顶着困难上,在奋斗中求生存,在创新中谋发展,坚定开展适恰教育的信念,咬定青山不放松,走上了由弱变强的逆袭发展之路。

学校适恰教育的办学模式是从学情调查开始的。我们坚信学生是学习的主体、发展的主体,以学定教是有效教育的基点,把深入细致的学情调查作为学校开展各项工作的起点,把学情作为学校制定规章制度、采取具体措施的立足点。学校通过班级护导、行政蹲点、教学督导、观课、作业反馈、考试评析、班主任例会、教师座谈会、学生座谈会、学生校长助理等途径,全面、动态地了解学情,为科学有效的施教提供依据。(图2-7)

图2-7 适恰教育个性化指导

适恰教育的表现之一——办学多元化。适恰教育是适合恰当的教育,最终的落脚点是适合每一位学生情况的教育，像我国古代伟大的教育家孔子那样进行一对一的教育是最理想的。但在班级授课制体制下，普遍开展一对一的教育是不现实的，在对学生进行集体教育的前提下，依据多元智能理论，根据学生的兴趣爱好、学科专长，开展特色教育则是可行的，办学多元化就是适恰教育的表现之一。学校组建普通班、艺术班、传媒班、体育班、飞行班、国际课程班，满足学生特色发展的需要，不仅培养了专门的人才，而且促进了学校特色发展，以及教育质量的提高。

适恰教育的表现之二——分层教学。我们在办学实践中发现：在一个班级里的学生学业水平参差不齐，在课堂教学中存在"好的吃不饱，差的吃不了"的现象，造成教育资源的极大浪费，制约着课堂教学的效果。为此，学校依据因材施教原则，根据学生的学业水平，为不同发展层次的学生设立创新班、英才班、实验班、竞赛班，按照学生的不同程度确立教学的起点和深度，既解决了学习成绩好的学生"吃不饱"的问题，也解决了学习困难学生"吃不了"的问题，使不同发展程度的学生都学有所得。在成就感的积累之下，学生找到了自信，从而创造出"低进高出，高进优出"的"二中现象"。

适恰教育的表现之三——个性化辅导。学校的生源状况决定着适恰教育的发力点。学校的优秀学生凤毛麟角，属于稀有资源，弥足珍贵，一定要把他们培养好；更多的学生处于高考成功的临界点，培养好他们就能获得大面积的丰收，是提高升学率的生命线，一定要把他们培养好；还有部分学困生，他们尽管有发展的愿望，但在学习中困难重重，畏难情绪的积累容易自暴自弃，如果不把这些学生培养好，不仅是这些学生的不幸，而且会干扰学校正常的教育教学秩序，我们抱着"不让一个人落下"的态度，一定要把他们培养好。为此，学校重点做好优秀生的拔尖、临界生的转化、学困生的帮扶工作，在认真排查的基础上，把他们分别组织起来，定时间、地点、人员、责任、措施，进行有效的辅导。2019年高考，一本上线率达到34%，二本上线率达到94%。

适恰教育的表现之四——组建学生社团。组建学生社团，学生社团卓有成效地开展活动，是学校适恰教育的重要内容。学生社团是学生的群众性组织，如果放任自流就不会发挥学生"自我教育，自我发展"的应有作用。学校根据学生的兴趣、爱好、专长,在学生自愿的基础上,把学生组织在相应的社团里,共组建拂煦文学社、金音合唱团、心理学社、英语会话学社、舞蹈队、健美操队、篮球队、排球队、足球队、乒乓球队等29个学生社团。责成专门教师负责指导,安排活动时间、场地,指导学生自主组建管理组织,制定规章制度,设计活动计划,安排活动内容。在社团里,学生青春的理想得到放飞,青春的活力得到展现,运动场上有龙腾虎跃的身姿,元旦迎新晚会有精彩的演出,练歌房里充满着美妙的旋律,在各项比赛中捷报频传,学生的运动技能、艺术技艺、学业专长得到有效发挥,个性得到张扬,整个校园充满活力和魅力。

　　适恰教育的表现之五——心理健康教育。学校充分认识到学生的健康不仅是没有疾病,还包括良好的适应能力及情绪的完满状态,所以学校高度重视对学生的心理健康教育,把心理健康教育作为促进学生发展的增长点。学校从两个维度开展心理健康教育。从消极心理学的维度,设立"心晴工作室",由学校的专职心理教师、接受过专门培训的兼职心理教师值班,为有心理问题的学生及时提供心理咨询服务;从积极心理学的维度,由学校的专职心理教师和外聘专家定期为学生开设心理健康校本课程和讲座,开发学生的潜能,促进全体学生的发展。学校建构了三级心理健康教育网络,德育处设有专门负责心理健康教育的领导,每个年级部配备专兼职心理教师,每个班级的班委会设1名心理委员,及时掌握学生心理动态,并制订危机事件评估及预警处理方案,对心理事件及时处理。近20年来学校未发生过一起心理危机事件,学校被评为苏州市首批心理健康教育特色学校,学校"心晴工作室"被评为最佳心理咨询室,戴佳玲老师被评为最美心理教师。

　　适恰教育的表现之六——个别辅导。学校适恰教育的个性化指导侧重于面上的工作,主要抓优秀生的拔尖、临界生的转化、学困生的帮扶三项工作,而个别化指导则是做好点上的工作。本着"一把钥匙开一把锁"的教育原则,开展一对一的帮助,针对每一位学生的不同情况采取针对性措施。如针对学习习惯不良的学生,进行及时纠正,培养良好的学习习惯;针对学习动力不足的学生,激发他们的学习需要,激活他们的学习动机;针对学习自觉性不够的学生,加强对他们的督促;针对学习效率不高的学生,在学习方法方面对他们给予指导;针对听课困难的学生,指导他们加强预习，解决听课的困难；针对能听懂课但作业做不好的学生，教育他们不能仅仅满足于听懂课，要进行过度学习，深入地理解；针对有心理困惑的学生，对他们及时进行心理疏导工作，让他们放下包袱，扬帆再起航。

五、适恰教育的师资队伍建设

(一) 湖畔书院，谱写教师培养新篇章

学校设立湖畔书院，推动教师培养进入全局部署、梯度推进、系统化、规范化的新阶段。(图2-8) 健全教师培养的机制，制定《苏州工业园区第二高级中学教师发展五年规划》等文件，规范培养途径。保障教师培养经费，每年列入学校预算，不低于教师工资比例的2.2%。设立名特师工作站、名师工作室、教科研中心组、学术委员会、教育论坛五大平台，助推名优教师培养。针对青年教师、骨干教师、名优教师三大人群，开展"青蓝工程""攀登工程""名师工程"三大工程，分别由湖畔书院的"启蒙部""小成部""大成部"实施。学校的教师培养工作计划周详，主题鲜明，形式多样，效果显著，既开阔了教师的视野，又激发了教师的求知欲，更促使教师把学习当作生活的必需品，在校园内形成了浓厚的学习氛围，促进了学习型教师共同体的成功建设。

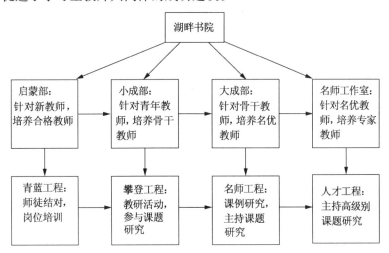

图2-8 湖畔书院

（二）常态化、校本化、实效化推进学校教科研工作

学校高度重视教科研工作，确立"科研兴校"学校发展战略，制定《苏州工业园区第二高级中学教育科研五年规划》《苏州工业园区第二高级中学课题管理制度》《苏州工业园区第二高级中学教科研奖励条例》等文件，规范、激励教师的教科研工作，已经成功申报了 28 项省、市级学校发展的宏观研究、学科建设的中观研究、问题解决的微观研究课题。学校立足于促进教师专业化发展、学科特色建设，提高办学质量，开展研究工作，形成了常态化、校本化、实效化的学校教科研特色，促进了教师的专业化发展，促进了教育教学质量的提升，促进了学校办学水平和办学质量的提高，被评为苏州工业园区教育科研特色学校、苏州市教育科研先进学校。

学校贯彻"在使用中培养，在培养中使用"的原则，以精神奖励为主与物质奖励为辅的方法，采用自主学习与集中学习相结合，专家引领与同伴互助相结合，在教学中培养，在科研中培养，在交流中培养，在校外挂职锻炼中培养，在国际交流中培养，在学历进修中培养等组合拳，为骨干教师的迅速成长创造一切有利的条件，使学校的骨干教师培养工作走上了快车道，一大批年轻教师脱颖而出，一大批名优教师茁壮成长。他们在评优课、基本功竞赛、教育科研等方面屡屡获奖。他们以举行公开课、示范课、学术讲座等形式活跃于省市及全国的教育舞台上，他们以硕士生导师、兼职副教授、"国培计划"授课专家等身份出现在各个大学的殿堂里。

六、适恰教育的评价

学校适恰教育的评价包括以下六个部分。

第一，课堂教学评价。我们精心设计了适恰课堂评价表，把适恰课堂的要求变成具体的量化指标，引导、推动全校教师积极建构适恰课堂，使适恰课堂真正成为特色课堂和高效课堂，促进学科建设的发展，促进教学质量的提高。（表2-1）

第二，生涯规划评价。学校实施"五个一"工程（制定一个生涯规划，擅长一项体育项目，掌握一门艺术，每学期读透一本好书，拥有一种

劳动技能），开展生涯规划教育，认真分析自己的优点、缺点，采取针对性的措施，制定经过努力能够实现的生涯规划。这样的生涯发展规划符合自己的实际情况，具有激励学生发展的作用。

第三，学生综合素质评价。实行学生综合素质发展档案袋制度，制定《苏州工业园区第二高级中学学生综合素质综合评价实施细则》，对学生的道德品质、公民素质、学习能力、交流与合作、运动与健康、审美与表现六个方面进行动态的综合评价，以促进学生综合素质的发展。

第四，对教师的评价。为了促进教师的专业化发展，学校制定了《苏州工业园区第二高级中学教师考核细则》，每年对教师的德、能、勤、绩进行全面考核，把考核的结果作为评先选优、职称晋级、提干的依据。为了增强教师的责任意识和使命担当，促进教师积极工作，开拓进取，全校形成了争先创优的良好局面。学校实行"青年教师自愿岗制度"，激励青年教师敢为人先，做教育改革的弄潮儿，经过教育教学的历练迅速脱颖而出。

第五，对学校管理人员的评价。重视党建，引领、提升领导团队的管理水平，教育党员干部坚守理想信念，不忘初心，牢记服务宗旨，明确岗位职责，挂牌上岗，做好事，带好头，实行"党员干部示范岗制度"，以践行"情与教育相伴，爱与服务同行"的管理理念。学校静心抓管理，潜心抓质量，沉心抓落实，以身作则，认真治学，勤勉治校，以"说话让人喜欢，做事让人感动，做人让人想念"作为团队建设要求，营造了干部想干事、能干事、干净干事的健康氛围。

第六，学校适恰教育的评价。学校充分运用评价的引领、检查、督促功能，最大限度地发挥以评促发展的作用，激发全体师生的主人翁意识和发展的内部需要，把发展的需要变成发展的动机，在适恰教育探索实践中，遵循"发展教师—发展课程—发展学生—发展学校"的路线，使全体师生"在竞争中合作，在合作中竞争"，竞争产生活力，合作形成合力，为了共同的愿景，众志成城，当仁不让，书写奋斗的人生，共谱学校发展新篇章。

表 2-1　适恰课堂评价表

\multicolumn{5}{c}{苏州工业园区第二高级中学适恰课堂评价标准}
执教人		年级	学科	课题		
项目	\multicolumn{3}{c}{评　价　要　点}	得分	点评
教学目标 10分	明确、全面、具体，包含知识、技能、情感目标（6分）				
	合理、恰当，符合学生认知水平、个体差异（4分）				
教学内容 15分	容量恰当，难度适中（5分）				
	注意知识的拓展，引入学科最新研究成果（2分）				
	结合学生的生活经验，满足学生的个体差异（5分）				
	努力开发课程资源，充分利用生成资源（3分）				
教学方式 20分	启发、诱导式讲解，培养学生自主学习能力（5分）				
	组织有效的合作学习，展现会话、交流的教学过程（5分）				
	创设问题情景，鼓励质疑、创新，培养思维品质（5分）				
	关注个体差异，有针对性地解决问题（5分）				
教学指导 20分	突破重点，浅化难点，优质，高效（3分）				
	以学定教，以教促学，差异教学，公平施教（3分）				
	语言清晰、流畅，富有启发性和感染力（3分）				
	对学生评价中肯，区别对待，具有激励性（3分）				
	指导学生科学的学习方法，帮助学生学会学习（4分）				
	富有教学机智，充分利用每一个教育契机，有效生成（4分）				
教学态度 15分	热情、大方、亲切（3分）				
	以引导者、合作者的角色关爱每一个学生（4分）				
	努力构建尊重、民主、和谐、平等的课堂文化（5分）				
	努力营造宽松、愉悦、竞争的学习氛围（3分）				
教学手段 5分	恰当利用多媒体辅助教学，进行现代化教学（3分）				
	多渠道提供丰富的信息，进行丰富的教学（2分）				
教学结果 15分	知识、技能、情感教学目标达成度高（4分）				
	学生参与的广度、深度和效度充分显现（4分）				
	学生乐学、学会、会学、学好，产生愉悦情绪体验（4分）				
	作业内容适量，难度适中，有梯度，有弹性（3分）				

续表

项目	评 价 要 点	得分	点评
教学特色	凸显学科特色，形成独特教学风格，酌情加分（5分以内）		
简要描述			
总分等第	总分：　　　等第：优秀　　良好　　合格　　不合格		

第三章

适应适恰教育的学习型教师共同体建设

随着信息化社会的发展、基础教育课程改革的不断深入,社会各界对优质教育的呼唤不绝于耳。优质教育需要优质的教育资源,对教师的专业化发展提出了更高的要求。为了应对这一要求,学校通过校本研修进行学习型教师共同体建设,成立湖畔书院,将教师的教学、研究、培训有机融合,阶梯化、规范化、系统化地开展校本研修,切实促进教师专业化发展,为优质教育提供了优质的教育资源。

一、校本研修:教师专业化发展的有效途径

新课程改革对教师专业化发展提出新的要求。从宏观的课程改革背景来看,近年来,伴随着基础教育课程改革的推进与深化,课程体系在课程内容、实施、评价和管理等方面都较原来的课程有了很大创新和突破,对中小学教师的专业化发展也提出了更高的目标与要求。正是在此背景下,首先,为了适应基础教育课程发展的需要,开展校本研修应时而兴,是达到这些目标及要求的有效途径之一。其次,由于教师的教育教学活动主要在学校进行,而且教师在教育教学中会不断面临许多新问题,校本研修可以有效促进教师不断地解决教育教学过程中的具体问题。再次,校本研修是教育理论与教育实践紧密结合的桥梁,可以加快教师专业化发展。所以,教师参与校本研修,可以有效地促进其专业化发展。

校本研修是教师专业化发展的有效途径。不断深化的教育改革对中小学教师专业素质与教育教学质量提出了更高的要求，教师需要持续更新自身的专业知识与专业素养以适应新时期的要求。目前，教师专业化发展面临着前所未有的挑战，而校本研修作为有效应对这一挑战的最佳途径之一，可以加快教师专业化发展的速度。通过校本研修，教师持续不断地学习、研究，及时解决教育教学过程中层出不穷的新问题，及时获得先进的理念、专门的知识和精湛的技术，更新自己的专业知识和能力结构，提高教育教学质量，适应新要求。

校本研修是教师专业化发展的一种平台，无论从工作的层面还是学术的层面，都还有待进行科学的理论构建和实践探索，建立起系统理论指导下的实践操作模式，使之成为教师专业成长的有效途径。

叶澜教授指出，一种职业能否被称为一种专业，并不仅仅以学历或对业务提出的一定的要求为标准，它是由与职业性质相关的综合性要求来决定的。以课程为核心内容的教师培训，可以而且必须以课程为契合点，将教师的专业发展同课程改革的需要统一起来，使两者相得益彰。因此，教师专业要保持连续的、高质量的发展，就必须改变教师的知识、态度和工作方式，还要改变教师的工作环境和组织结构。校本研修是立足于改变教师的教学工作环境，促进教师专业可持续发展的有效途径。

"发展校本教研，应该让校本教研成为教师发展的内在需要。"[1]这是在教育部基础教育课程发展中心主办的"以校为本"教研制度建设项目交流会上顾泠沅教授提出的观点。顾泠沅教授认为校本研修既是教师教学方式、研究方式的一场深刻变革，同时也是教师学习方式、历练方式的一场深刻变革。教师不应该是一个孤独的职业，教师职业的欢乐和痛苦需要一个群体来共同分享和承担。通过与自己、与同伴、与理论、与实践的四种对话，寻找差别，跨越研修的门槛。

在课改的大背景下，现在倡导的校本教研，在继承传统优秀教研经验的基础上融入了新的内涵。课程改革专家组认为，当今的校本教研应对课程改革的挑战，发生了如下四个方面的转变："一是从技术熟练取向到文

---

[1] 朱海宾. 校本教研引领教师的原动力[N]. 现代教育报，2005-02-28.

化生态取向。二是从研究教材教法到全面研究学生、教师的行为。三是从重在组织活动到重在培育研究状态。四是从关注狭隘经验到关注理念更新和文化再造。"[1]

早在1904年,杜威曾说过,培训教师的问题事实上是职业培训的一般性问题。可是,在项目预研过程中进一步发现,教师职业人文含量高,常以经验知识为主,甚至讲究艺术性;教师还须在自己的反复活动中进行行为自省与调整的跟进才能见效;教师的专业知识,除了文本理论知识外,还须拥有那些默会的、不可言传的和镶嵌于情境之中的实践智慧。[2]因此,校本研修中应该十分重视教师知行合一的认知方式。加拿大学者Ruth Hayhoe评价中国校本研修时,赞誉它为中国认识论中的精髓。这正是我国教师千百年来所践行的——在"行"中"知","行"和"知"齐头并进。同时,校本研修更应该特别关注教师的情感需要与体验。因为认知离不开情感。教师是一个完整和有人际关系的人,也有七情六欲、酸甜苦涩,也符合人类的群居性特点。教师不应该是一个孤独的职业,教师职业的欢乐和痛苦需要一个群体来共同分享和承担。因此,校本研修活动应该能够为教师创设一个安全的、信任的、允许犯错的氛围,不要把校本教研活动中的反思会议变成"检讨大会"。

二、从校本培训到校本研修

20世纪90年代末,国内学者引进了针对中小学教师继续教育的校本培训理论,从此"校本培训"一词在我国教育界广泛传播。后来,有学者在此基础上提出"校本研修"的概念,在对其内涵进行研究时认为,"校本"即一切从学校实际出发,"研"即常规教研和专题教育科研,"修"即教师自我培训、自我进修、自我反思与自我提高。

从校本培训转变到校本研修,其本源就是要从根本上改变教师在培训

---

[1] 朱海宾. 校本教研引领教师的原动力[N]. 现代教育报, 2005-02-28.
[2] 佚名. 让教师在教育行动中成长:顾泠沅教授解答校本教研的内涵、定位以及推进工作中的策略[J]. 校长阅刊, 2005, (9): 38.

中的被动地位,从而突出教师的自主学习和自主发展。

(一) 校本培训和校本研修的不同

关于什么是校本培训,欧洲教师教育协会 1989 年有一个界定,指的是源于学校课程和整体规划的需要,由学校发起组织,旨在满足个体教师的工作需要的校内培训活动。它具有四个特点:一是校本培训的出发点解决的是学校提出的要求,二是校本培训的主体是学校,三是校本培训的目标是满足个体教师的工作需要,四是培训地点在学校内部。

校本研修是近年来提出的一种教师教育新形式。"校本"的含义是立足本校校情,开发和利用本校资源,解决本校问题。校本研修是以教师任职所在学校为基本场所,以促进本校教师、学生和学校的发展为本,以结合本校和教师本人的教育改革实践开展研究性学习为基本方式,以建立教师为主体,包括专业人士和学校领导在内的学习型组织为交流平台,以改善教师的教育行动为直接目标,以提高教师的专业修养水平和教育质量为根本目的,促进教师自主成长的一种教师教育形式。它是一种集学习、教学和科研三位为一体的学校及教师行为,是一种基于教师教育教学实践、来自教师、服务教师的专业发展活动,是一种对教育教学经验的理论提升过程。

校本培训和校本研修在实践过程中存在着很大不同。首先是目标定位的不同。校本培训的目标虽然也是促进教师的专业发展,但在操作过程中容易导致直面问题不足,强调理论有余,进而造成"空对空"的理论说教。而研修活动中直面的问题针对性强,在强调促进教师专业化发展的同时,以教学实际中的问题为抓手,在解决教学中问题的同时以提高自身教育理论水平为目的,最终逐渐实现教师专业化发展。其次是两者的主体不同。在校本培训中,学校或培训者是培训的主体,他们决定了培训的内容、形式,教师只能处于被动接受的状态;校本研修则强调教师是活动的主体,是组织者,他们可以依据自己的工作实际来选择研修的内容、形式和方法,而学校只起到一个策划、引导的作用。再次是培训与研修的形式不同。目前校本培训形式主要还是"我讲你听""我说你记"的单向传递方式;校本研修则是以开放、对话、交流、分享的形式进行的,它更突出了校本研修的人文性、科学性和合理性。

由此可见，校本研修是一种为满足学校发展和教师成长的需要，由学校合理引导和规划，以教师为主体，旨在以满足学校与教师专业化成长为目的的、广义的学习和研究活动。

（二）校本研修的价值分析

1. 教师专业化——教师教育的价值取向

教师专业化发展是世界性的发展趋势，把教师专业化发展看成教师培训的出发点和归宿已成为共识，教师专业化发展的方向、主题和核心内容则是教师的专业发展。美国卡耐基促进会的《国家为培养 21 世纪的教师做准备》和霍姆斯小组的《明天的教师》两份报告均强调："公共教育质量只有当学校教学发展成为一门成熟的专业时才能得以改善。教师专业要保持连续的、高质量的发展，就必须改变教师的知识、态度和工作方式，还要改变教师的工作环境和组织结构。"[1]而校本研修是立足于教师的教学工作环境，促进教师专业可持续发展的有效途径。

2. 实施新课程——应对课堂教学新困境

随着新课程改革的推进，新课程的问题和困惑也将在教学实践中产生，教师急需应对的策略，急切呼唤富有活力的教学研究制度和教师培训方式。故此，立足学校开展培训和研究，使每一所学校都成为促进教师个人实践与反思、教师之间交流合作及获得专业指导的基地，就要切实抓好校本研修工作。

3. 学习型学校——建设学习型教师共同体

学校作为教师工作实践的主要场所，应创设一切便利条件，充分发挥教师个体创造力和群体合作力，形成学习氛围，将学校建成学习型组织，将学校教师队伍建设为学习型共同体。共同体不是一盘散沙，而是一个有机的整体；不是各自为政，而是有共同的愿景；不仅是一枝独秀，而且是共同发展；不仅是理性的结合，更有情感的契合，在竞争中合作，在交流中互鉴，在发展中相互提携。

---

[1] 王祖琴. 继承与超越：从"校本培训"到"校本研修"[J]. 现代中小学教育，2006，22（10）：50.

4. 走向师本化——转换教师培训方式

教师本身也是学习者。近一个世纪以来，教育理论关于教师的研究经历过"重教师行为""重教师个性特征和人格品质""重教师思想观念"三个阶段，从早期关注各种参与教学活动的要素之间的联系，到关注教师的行为效能，再到重视教师的思想信念研究，其重心可以说日益聚焦在教师的教学意识、价值观、信念与愿望等深层次的内在思想活动上。与此相对应，培训的范式也从训练走向开发与发展，从重视教师个人成长转向教师个人成长和教师共同体发展的和谐统一，从学校开展的短期、分散培训转向各部门协作的连贯、系统的培训，从师范院校、教育学院为主培训转向校本教师培训，从游离于工作之外的培训转向立足岗位的多形式培训。

(三) 校本研修的基本特征

1. 以学校为研训基地

教师的专业化发展主要是在学校教学和课堂生活中产生的。学校的发展必然要依靠将校本培训、校本管理、校本研究、校本课程开发融为一体的校本教师教育。学校是教师发展的立足之地，是工作和生活的主要场所，教师正是通过课程与教学这一领域的劳动与创造来实现自身发展的。当代关于教师专业化发展的研究也一直强调，教师在学校教室里进行的实践与研究是最富成效的进修。

2. 以专业人士引领为保障

顾泠沅教授的研究成果表明，校本研修促进教师专业化发展的基本路向可以分为两个维度：一是现代教育理念、教育观念和教育技术的理解和掌握，并内化为教师专业素质的一部分，在教育教学实践中转化为教师自觉的行为；二是教师在教育实践中遇到各种实际问题和点滴经验在理论层面上的提升，提高教师专业素养，使教师成为研究者。在这两个维度的实施过程中，都应该加强同伴间的互相指导，也需要注重专业人士在理论、经验和方法上的专业引领；在进行案例教学讨论的同时，还需要对教学行为进行全过程的反思。因此，校本研修在立足校本，超越校本的同时，还需要培训机构的丰富资源支撑和专业人士的介入帮助。

3. 以教师行动中的反思为根本

反思是一种逆向思维，是对已经做过的事情进行再思考。思考的内容是过去的事情，思考的目的是为了把以后的事情做好，所谓"前事不忘，后事之师"，它本质上是一种积极的学习活动。教师作为反思学习的主体，如果能够科学自主地思考自己过去亲身经历的事情，从中总结经验教训，有意识地改变自己的行为和行为潜势，无疑有助于自身的可持续成长。在校本研修中，教师从自身遭遇的实际问题出发，借助专业人士和同伴的力量，不断尝试解决问题的办法，并通过不断反思逐渐改善自己的教育教学行为。

4. 以实践问题的解决为导向

每个教师都有自己在实践中积累的知识和智慧。在校本研修过程中，教师从日常教育教学中找到并提炼出值得研究、能够研究的真实问题，从专业人员、经验丰富的专家型教师、相关理论和同伴研讨中找到解决问题的策略、方法，最终运用到实践中去。这种问题导向，源于发现问题，归于问题的解决，实际上是教师研究意识的自觉，教师在研究的过程中提高了自身的研究能力和素质。

三、当前校本研修中存在的问题

在专家们的建议及中小学教育改革实践的要求下，校本研修活动正在如火如荼地进行，然而，现实中的校本研修还存在着许多有待深入研究的问题。

（一）教师的校本研修主体观念不清晰

"新课程需要教师不断对自己的教学行为、教学模式进行自我批判、自我揭短和自我改进。而校本研修正是保证教师持续的、深层次的、全面的改进和发展的有效形式。校本研修是以教师为主体，以学校为基地的教学研究活动，其目的在于通过各种研修活动形式，把学校和教师从某种思维模式和形式的桎梏中解放出来。但是这个解放是一种自我解放，是根植于主体的内在需要的，取决于教师的主体观念是否清晰。"[1]因此，教师

---

[1] 蒋文昭. 新课程背景下校本研修的问题与对策 [J]. 焦作师范高等专科学校学报，2007，23（1）：57.

主体性的发挥程度就成为校本研修取得成效的关键。但在对教师的访谈中了解到,大多数教师参加校本研修活动还处于"要我培训"的被动阶段。在学校中,教师平时工作量过大,加之迫于教学质量的压力,教师需要将大量时间和精力投入到具体的提优补差工作中去,校本研修活动的时间很难得到保障,研修的质量自然也受到影响。许多教师即使参与了校本研修活动,也是被动有余,主动不够,研讨往往缺乏心思,浮于表面,看不到深层次的东西,实际上学而无物,学而无用,并没有找到符合教育教学工作规律的好方法。学校领导非常重视而教师热情不够的"一头热"是个普遍存在的现象,这就影响了校本研修的实效、深度和水平。在与教师的访谈中还发现,随着教师教学年限的增加,自觉研修的内驱力有逐渐下降的趋势,35周岁左右是一个明显的转折点。在校本研修中,表现最突出的往往是工作不久的教师,他们抢着上课,争着发言,成为研修活动的主角。而年龄大的教师在"把机会让给青年教师"口号的掩盖下,逐渐退出研修舞台,造成了教师职业的早衰现象,也导致了教育资源的很大浪费。

(二)校本研修的内容与形式缺乏适应性

校本研修的内容应该以教学实践和教师的实际需求为立足点,扩展教师的视野,解决教师在教学工作中的困惑与需要。然而,目前学校的校本研修活动与教师的期望存在一定的差距,呈现出内容零散、随意、空洞、缺乏针对性和差异性等问题。比如学校没有考虑不同教龄的教师在校本研修内容需求上的较大差异。教龄在10年以下的青年教师渴望在先进教育理念、教育教学基本技能、专业新知识、现代信息技术、教育科研知识和方法等方面获得提高,而现有的校本研修内容未能充分满足青年教师的需求。教龄在10—25年的教师处于中年阶段,更新知识结构的愿望十分强烈,并且因为在信息技术方面与青年教师相比普遍缺乏,从而产生了比较迫切的提升要求。中年教师晋升职称的愿望很强烈,需要一定的研究成果作为条件,他们希望在教育研究方法、技术等方面得到有效的帮助。教龄在25年以上的老教师则希望尽快更新自己的教育观念以便跟上时代的步伐,他们对信息技术的需求也表现得比较明显,这既反映出老教师与时俱进的愿望,也提示在对老教师开展的校本研修内容中,应加大先进教育理念和现代信息知识与信息技术的分量。

在形式上，校本研修绝不是以往教研活动的翻版，但目前的校本研修仍然停留在以往教研组活动的简单层次，把教研活动的备课听课、年度考核的论文、教师的读书活动、专家讲座等视为校本研修的全部，就一些细微的零碎的项目进行初级的探讨，既没有系统的规划，又没有明确的目标，研修的主题并未立足于本校教育实践的问题和师生发展的需要，更多的是完成上级的要求，教师缺少互动、交流、沟通，活动形式化、表面化，实效差。

（三）校本研修的专业引领不到位

实践证明，有成效的校本研修一般不是完全由中小学独立支撑的，而需要一个由三方要素共同构成的支撑系统。这三者分别是教师个人、教师集体、课程专家。教师个人要发挥主体性；教师集体要提供互助，彼此成为批判性同事；骨干教师和课程专家要发挥专业上的引领作用。专业引领在校本研修中的作用是不可忽视的，而目前制约校本研修深入、有效进行的主要因素之一就是校本研修缺乏有力的引领者。

信息技术的发展使得教师较容易从网上获取一些资料，但是，如何根据自己的教学特点和对象利用好网上资料，如何运用新的教学理论来指导教学工作，如何捕捉课堂教学中出现的具体问题，并针对这些问题在校本研修活动中进行深入的研究探讨，等等，教师需要有更直接的指导。我们通过访谈得知，教师对课程专家的专业引领持肯定态度并抱有很大的期望，希望教研员和其他专家能以合作者、指导者的身份参与具体教学活动的各个环节，体现其专业引领作用。

课程专家熟悉课程理论，通晓课改政策，是校本研修的引领者。但是，众多中小学都要开展校本研修，仅靠目前仅有的少量课程专家来引领显然不现实。而且中小学普遍存在着经费不足的状况，难以与专家、学者建立长期的协作关系，请课程专家指导、引领校本研修也只能是偶尔为之。而学校自身的骨干教师虽然熟悉本校情况，但是目前能够承担起校本研修的引领者角色的并不多。例如，一些骨干教师自身的教育观念并不先进，在进行校本研修活动时，新思想、新视角的介入较少，出现了故步自封、僵化的状况，使校本研修的效果大打折扣，只停留在浅表状态，难以满足新课程教学的实际需要。

（四）校本研修制度和保障机制亟须加强

"区域性校本研修有效策略的实施需要学校自组织的形成，但在校本研修初期，教育行政部门健全的制度保障是必不可少的，也是其他任何力量不可替代的。"[1]制度的目的在于促进和引导而非强制，故研修制度的制定中必须考虑以下因素：第一，立足于学校实际。要一切为了学校教师发展，立足于本校教师的实践，充分调动教师参与的主动性和能动性。第二，科学性。制度的内容必须是科学规范的、符合规律的。各种制度应保持目标一致，各种制度之间相互关联、相互支持，覆盖研修活动全过程和相关方面。第三，过程性。过程比结果与方法更为重要，参加研修不能只是为了通过考核，完成任务。教师形成良好的学习与工作方式，学校形成良好的学习研修氛围更为重要。第四，激励性。进岗履职，考核奖励、晋级评聘与校本研修相应要求挂钩，所制定的制度要有激励教师不断进取的功能。第五，操作性。制度要切实可行。

良好的管理制度是校本研修工作有章可循、有法可依的关键。但是自上而下的制度文本，实际执行中缺乏保障和促进机制，缺乏有效的监督，教育行政部门、教师任职学校、相关专业支持机构在研修中的责任不明确，所有这些都制约着校本研修的有效性。因此，学校应该承担起对教师进行校本研修的责任与义务，应当担负起校本研修工作的管理职责，建立和完善相应的管理体系，包括为每一位教师建立起定期研修制度等，明确对教师进行校本培训的时间和活动形式，为教师建立专业发展个人档案，详细记录教师的发展需求、中长期研修规划、阶段性的个性化研修计划、研修过程记录、教学案例、有关研修的反思日志、参加研修的评价及教学工作所取得的进步等情况。把教师参加校本研修的情况与其考核挂钩，严格执行教师继续教育证书登记制度，探索校本研修的成果与教师专业化发展机会挂钩的途径与办法，科学地看待校本研修功利性的问题。

---

[1] 高正绪．区域性校本研修有效策略的实践与研究［J］．新课程研究，2008，（3）：27．

四、湖畔书院：校本研修体系的建构

百年大计，教育为本；教育大计，教师为本。教师是立校之本，是提升学校核心竞争力和可持续发展的基础。本着"打造智慧之师，唤醒成长自觉"的教师培养愿景，通过阶梯化、规范化、系统化的校本研修体系，努力打造一支师德高尚、业务精湛、结构合理、充满活力的教师队伍。学校地处底蕴丰厚的阳澄湖、青剑湖畔，故设立湖畔书院，开展校本研修，研习为人之道、为学之方。

（一）学校规划是教师专业化发展的基石

要实现教师专业化发展，首先要通过学校整体的规划设计，拟订教师发展方向与目标，设计开展问题研究、行动研究等策略方式，在教育研究和教育实践中提升教师的创新能力、道德力量、教育智慧及反思能力。根据学校"十三五"发展规划制定《苏州工业园区第二高级中学校本研修规划（2016—2020）》《苏州工业园区第二高级中学教师发展五年规划（2016—2020）》，根据这些规划制订相应的每年研修计划。

1. 校长是学校教师专业成长的设计者

校长作为学校的负责人，肩负着教师专业化发展的重要责任，要成为教师发展的领头雁。校长要确定学校教师发展的整体目标定位，规划教师专业化成长之路，这样才会让学校这片藏龙卧虎之地，变得龙腾虎跃。校长要有较高的站位，要树立发展性的教师成长理念，高度重视教师专业化发展，将此纳入学校整体规划。同时，校长也要帮助每一位教师在不断的规划与理性的思考中，认识自我，规划人生，能在学校发展环境下主动地确定个人的专业发展规划，制订个人阶段性专业发展计划，分析自身优缺点，剖析成绩和不足。校长对教师专业成长的动态过程要有监测，要进行阶段性评价。

2. 学校规划的发展理念

教师的工作场所是学校，教师的专业发展在学校，学校是教师专业化发展的主要阵地。这个专业成长过程，是教师在不断地调整、重新审视各种价值观及理想信念的过程。学校对教师专业化发展的规划及要求，很大程度上决定着教师专业化发展的达成效果及今后进一步发展的方向，学校不断满足教师专业化发展的要求，教师才能获得专业发展的更大成功。有利的文化环境，适宜的发展条件，强大的发展驱动力，是帮助教师实现发展的必备条件。对学校而言，积极创建教师专业化发展的环境，探索教师专业化发展的方法及有效途径，是创办教师专业化发展学校的必然要求。学校需要发展，学校打造教育品牌，核心的要素就是教师队伍建设，一支师德高尚、业务水平精湛的教师队伍在学校发展中的作用极为重要。同时，学习型的社会要求构建出高效的学习体系，打造出具有学习精神的学习型组织，做好学校教师专业化发展规划，也是学校不断深化改革，提升学校整体实力的需要。

学校整体的、前瞻性的规划，是教师专业化发展的必备条件。规划教师专业化发展的目标，探索教师专业化发展的有效途径和方法，从而不断促进教师专业化发展。在制定学校专业化发展规划时，应本着以下几条发展性理念。

第一，立足校本。所有教师的发展方向与目标都是根据学校的现实情况而设立的，同时也服务于学校的实际教学。苏州工业园区第二高级中学确立了以学校为中心，以教师为主体，以自我反思、同伴互助、专家引领相结合的校本研修模式，通过对日常教育教学行为进行持续的规范、改进，在过程中形成实践智慧。

第二，基于问题。以课例为载体，以问题为核心，着眼于教师教育教学中的实际问题，培养教师的问题意识，引导教师在实践中发现问题，在学习中思考问题，在研究中解决问题。

第三，重在发展。教师专业化发展坚持以人为本的原则，立足点为人的发展，在注重整体目标设计的同时，注重教师的个性发展，充分调动教师主动参与、自主学习的积极性，开发教师的潜能，使教师享受个体主动发展带来的幸福与快乐。

第四，走向共生。改变传统学科教研形式单一、分散的不足，在过程中以个体为基础，以合作为补充，引进共生理念和平等对话机制，创设平等、合作、共享的研究氛围，注重教师群体中的互相学习、共同成长。

3. 建章立制，为教师专业化发展提供保障

为保障教师专业化发展的顺利进行，不流于形式，学校成立了相关的专业发展领导小组和工作小组，由分管校长担任组长，师资发展处具体落实，各部门通力合作，形成教师培训工作的整体合力。为了保障教师专业化发展的顺利实施，各项规章制度的制定要能为专业发展工作保驾护航，学校制定并不断完善相关制度，如《苏州工业园区第二高级中学教师发展行动计划》《苏州工业园区第二高级中学教师校本培训制度及实施方案》《苏州工业园区第二高级中学湖畔书院教师培训方案》《苏州工业园区第二高级中学先进教研组考核细则》《苏州工业园区第二高级中学教科研奖励条例》《苏州工业园区第二高级中学"青蓝工程"实施和考核办法》《苏州工业园区第二高级中学教师读书行动计划》等制度措施，使教师培训有配套的科学管理、评价标准、激励机制和保障制度，同时也明确了教师培训的总体目标和各阶段的培训任务，促进了各年龄层次教师的专业化发展。各项制度应是基于学校发展的基础上、由大家共同商定的。在开展有效教学研究、同伴互助、专业引领的过程中，能够有效地保障和促进其进行和开展，形成良好局面。同时，坚持"培训就是最大的福利"，学校要把大量的物力、财力投入到教师专业化发展工作上，把着眼点都放在提升和发展教师上。学校鼓励教师进修，为教师学习开绿灯，组织教师参加各种有利于教师专业提升的必修课、选修课；学校为教师订阅教学刊物，为每个备课组订阅教学期刊；在制度上对年轻教师、骨干教师、班主任等给予一定的倾斜；对于课题研究需要支出科研经费给予倾斜；教师出版个人著作、发表个人论文，学校在经费上予以保证；教师代表学校参加各种文体活动，学校负责费用；等等。

同时，学校努力让规划与制度融入教师心中。制定的各项规章制度，能有管理约束的作用，但是，做好教师工作，不能仅仅靠这些制度，还要坚持用情感去管理，用爱心来换回自觉，树立榜样，用力量去感染教师，凝心聚力，用齐心协力的意志来带动团队。一句话，教师在制度面前要有充分的自主权。学校出勤制度、教学巡查制度、全员听课制度、先进教研组评比制度、教师读书研究制度等，都是在学校教师民主协商之下共同制定的。加大力度完善教学奖励制度，提倡"团队捆绑式"评价，常规管理

工作做到周检查、月小结、月通报，使教师明确自己的优势与不足，及时调整，对教师的管理就能做到墙上无制度，胸中有规范，使专业发展的意识融于内心。

(二) 湖畔书院校本研修体系架构

学校根据教师队伍不同的发展层次和发展需求，在湖畔书院下设启蒙部、小成部、大成部，分别实施"青蓝工程""攀登工程""名师工程"三大工程，让教师在教育教学反思中提升自我，在同伴互助中发展自我，在专家引领下完善自我，引领教师获得最大程度的专业化发展。湖畔书院遵循的基本原则有以下几条。

第一，全面性原则。研修内容的设计，要从教师的实际需求出发，覆盖到专业理念、专业知识、专业能力和学校教育管理等方面，努力做到连续性与阶段性相结合，理论素养提升与教育实践能力提高相结合，教育发展的客观要求与教师教育实际需求相结合。在研修层次上，重点推进青年教师培养、骨干教师提升、名师队伍打造，进一步丰富研修形式，增强研修实效。

第二，多样性原则。不断创新研修形式，增强研修实效，促进培训者与受训者之间、受训者之间、学科之间的对话、交流与合作。采取集中培训与个体研修相结合，专题辅导与讨论交流相结合，专题报告与观摩教学相结合，理论学习与课例研讨相结合，分层次、多渠道地对教师进行培训。

第三，实效性原则。坚持问题导向和问题驱动，紧密结合当前教育改革与发展中的热点、难点问题，紧密结合广大教师的实际需求，切实转变现代教育思想理念，鼓励教师形成个人的教学主张。

第四，激励性原则。通过建章立制，把教师研修工作纳入教师年度绩效考核工作中，做到有计划、有实施、有反馈，有总结，对在研修工作中表现突出的教师个人给予表彰，鼓励教师不断学习、不断超越。

湖畔书院下设三个部，兼顾不同年龄层级教师的专业发展需求：

启蒙部·青蓝工程：通过师徒结对发挥骨干教师、专家型教师的教育教学优势、示范和引领作用，通过传、帮、带，指导新上岗三年内的初任青年教师在较短时间内尽快适应教育教学岗位的基本要求，实现师德修养、教学水平和教育能力的同步提高，站稳讲台，站好讲台，成为一位合格教师。

小成部·攀登工程：面向任教三年以上，年龄在35周岁以下的青年教师，以校内外名师引领与个人研修相结合的方式，使其进一步提升学科教学水平，培养较强的教育科研意识和一定研究能力的骨干教师，为形成独特的、个性化的教学风格奠定基础。

大成部·名师工程：面向"攀登工程"中业绩突出的骨干教师，积极为其搭建高层次的平台，通过"请进来，走出去"的方式，建立工作室等，将校内培养和校外培训有机结合起来，培养出德才兼备，有一定社会影响力的，学生满意、家长满意的优秀教师，成为学校教育教学的领军人才，打造教学智囊团，充分发挥团队的领衔作用、示范作用、激励作用、辐射作用，提升名师品牌影响力。

（三）湖畔书院校本研修目标和内容

教师的教学对象是学生，课题研究的问题是如何提高教学水平，从而更好为学生服务，提高服务水平。因此，校本研修的研究目标是多元化的，它的体现不只是理论的学术成果，更主要的是通过科学的课题研究，提升教师的教学专业水平，促进教育教学工作，从而提高教育教学质量。

总的来说，教师专业化发展中的校本研修大概可以分为这样几方面：研究教育教学中把握教学的能力，研究教学实践中产生的问题和如何解决问题，研究教育科研如何开展，研究如何促进教师个人素质能力（如读书、写作、教育反思能力等）的提高。其中教育实践是指教师对课堂的驾驭能力，对学生状况的分析能力，对教育目标的预设能力，对教学内容的准确把握能力，对教育方法的灵活运用能力。教育科研能力是指对教育过程中的各种问题与现象，能结合教育实践进行深一步的探究与思考，分析其产生的原因及对策，用科学的、合理的答案去理解它。反思能力是在不断的实践过程中形成的一种对自我的剖析、理解、追问的能力，是在理论学习与教学实践相结合，从而促进个体主动发展的过程中习得的。

1. 明确师德培养主题

在教师的专业化发展中，提高师德修养居于首要地位，只有具有高尚的师德才能为人师表，所以对教师理想价值观方面的培养是必不可缺的。

教师具有更高的哲学思想和精神追求，同时，社会也赋予教师更多的职责与要求，因此，教师的职业道德教育应放在教师队伍建设的首位，成为教师专业化发展的首要任务。为此，学校开展师德专项建设，深入开展"树正气，正师风，修师德，比师表"等主题教育活动，倡导全校教师"树师表，言传身教；立师志，乐于奉献；修师德，善于育人；练师功，精于教学"，争做社会信任、家长满意、学生喜欢的"信得过教师"，对教师的履行岗位职责能力、和家长的沟通能力、依法执教的能力、教师团队中的协作能力等都有严格的规定与要求，特别是在为人师表、廉洁从教方面，对教师提出了严格的要求，并签订师德承诺书。

2. 提高教师教学策略及实践技能

学校校本研修的重点工作就是如何落实新课改，如何更好地聚焦教学，校本研修不能浮于表面，否则就是形式主义。有效的校本研修活动必须与教学相结合，校本研修的过程就是发现、总结、研究、解决课堂教学中存在问题的过程。因此，在进行校本研修的过程中，要善于营造研究的环境与氛围，在研究的过程中发展，在实践的过程中提高，达到以研促教、以教促研的转变。每个领导都是教学领导，都有负责的学科，要和各位教研组长一起走进课堂，在听课、评课中掌握教学的直观信息，然后面对面地组织教师进行课堂教学研究，提炼相关信息，增强与教师的交流和沟通；通过各种教学研讨活动，有力地促进教师教学能力迅速提升，教师在进一步熟悉课程标准、教材教法，初步掌握教育教学规律方面有迅速的提升，并逐渐形成自己的教学风格。课堂教学中的教研重在思考，不仅有课前的备课准备，还有课中实施的问题与困惑，更有课后的延展与反思，在研讨过程中不仅需要肯定成功之处，更多的是就教师在教学中的一些关键问题，教学中的热点、疑点问题，进行激烈的争论和研讨、有智慧的碰撞，教研过程是教师不断反思、研究、提升的过程。反复的训练让教师的教学能力得到锤炼与提高，同时，教师也把关注点落在了更好地改进教学方法上，更多地关注教学实效性，提升教学策略的研究，提升教学效果的思考，真正地使教学过程成为研究过程。

3. 丰富积淀教师的理论修养

教师底蕴丰富，才能游刃有余地驾驭教学工作，而素养的提升来源于不断的学习。教师队伍整体素养的提高，是学校各项工作的重中之重，也是教师专业化发展的瓶颈问题。"学习是发展的源动力"，本着为教师发展，为教师学习开绿灯的思想，在学习的实效性上下功夫，对于教师学习和研究安排了固定的时间，安排了"微教研·高考试题"分享会、"学课标，说教材"解读会、课堂必备的教学技能培训会、如何撰写教学设计等深入教学、能直接提升教师技能的培训学习活动，受到教师的普遍欢迎，在教师中产生了积极的影响。教师接受了学科培训之后，感觉有底气了，因为有了更多的了解与运用，对于教学能力驾驭的信心更强了。为了更好地学习研究，提升教师理论与反思水平，学校组织教师参加各种校本教育自修课程及必修课程，学习名师大家的个人成长经历及论文论著，组织定期的业务理论学习，为教师带来更新的观念及较好的做法，帮助教师把理念转化为教学行为，更好地切实达成教学目标。在这些研讨活动中，好的教学方法得到了进一步的实践与运用。

4. 提升教师教科研能力

一个学校要走得更远，一定要坚持"重科研，有特色"的理念，将科研与学校整体工作紧密结合，发挥科研的引领作用。在课题研究中，学校紧紧抓住提升教师专业素质的牛鼻子，用激励努力点燃教师发展的激情，想方设法为教师创造成长的平台。科研是一项复杂的综合性很强的教学研究工作，需要具备必要的知识及方法，科研的相关培训尤为重要。落实"科研知识、专业素养、职业技能"三个层面的校本科研培训，使教师在进行课题研究时，有章可循，有法可依。对于解决教师在开展课题研究时遇到的各种难题，如资料不足、缺乏理论指导等，学校倾尽全力予以指导。站得更高，才能看得更远，教师的科研水平需要专业的指导。因此，学校定期邀请专家进行"如何开展教科研"等专题讲座，为学校的教科研顺利开展注入强大动力。"科研就是生产力"，当教师习惯把科研的良好氛围转为工作的热情，将课题研究融入日常教学中，教科研意识已经在不断地树立起来。教师不断地用科研的方法去思考问题，课题研究成为工作中的推动力，同时，以学促研，以研促学，在研究中学研究，以研究带研究，在研究中实现研究。学校全面鼓励教师，不断激发教师参与教育科研的积极性和主动性，不断提高教育科研的水平和能力，使科研走入教师的工作，让科研成为教师的一种内在需要。

（四）湖畔书院校本研修形式

校本研修是教学研究主要活动，贯穿始终，按照集中式和分散式两大类研修进行安排。每年寒暑假学校都组织教师进行集中校本研修，教学的各个节点如开学初、学期末及学校安排的大型主题教研活动都会安排集中研修的内容。在日常教学进程中，主要进行以教研组或学科组为单位的教研活动，基本上属于分散式教研活动。在教育教学过程中进行针对性强的校本研修活动，为工作注入动力。从形式上说，大体有以下几种。

1. 讲座论坛式

讲座是长期以来各种学习研修中比较常见的形式，也是最为直接的一种方式，因为这种形式既能单向沟通也能双向互动，信息量大，因此成为培训的常用方式。学校每学期都有专题讲座，让学习成为工作的必修课程，让工作学习化，让教师有质量地工作学习。论坛的形式使教师清晰准确地获得所需理论，最为直接快捷。定期组织各种为教师所喜闻乐见、启迪心智的教师交流活动已经成为教师的常态化必修课，开展各种交流论坛，有陈述碰撞教师教学观点的"湖畔论坛"，有以书会友、共同成长的"读书沙龙"，更有实际案例、以点透面的"唯真讲坛"，各项学习交流论坛，让学习和交流成为生命的需要。

2. 专家引领式

教师的职业是一个需要不断学习、不断提升的过程，学习是教师的职业常态化。倡导"终身学习，全程学习，团体学习"，提出每位教师争做学习型教师、研究型教师，积极组织教师们参观学习或观摩名家录像，走近名师，更新资源。这些措施使教师学习了新的教育理念，不断提高自身的教研水平和教学能力，有力地促进了教师由经验型教师向研究型教师的转变。人的学习是不断模仿、创造、超越的过程，教师职业自身要面对无数新的挑战，因为，当下的教育教学和往日相比，教材在不断地变化，学生在不断地变化，家长在不断地变化，众多的"新"摆在教师面前，教师很难要求自己每样都能一一把握到位。教师是普通人，也需要不断学习和不断帮助、引领。针对不同层次的教师，学校随时发现问题，随时解决，随时整理记录，为教师结好帮对小组，形成团队，让教师尽快成长，共同发展。

3. 研讨沙龙式

坚持"教学即教研,工作即学习"的原则,学校大力推进集体研讨。根据学科分成了不同年级的备课组,定期带领教师按照进度梳理教学的重、难点,按照"三定、四统一、五步骤、六备"的要求,落实组内研讨。教师教学背景相似,教研需求有共同点,因此,在研讨时,能够紧紧围绕学校教学的所需,调查教学中各阶段存在的实际问题,互相交流,互相启发,极大地提高了课堂教学效率。

4. 课例分析式

这种课例分析式是以个人反思为前提,以同伴互助为基础,以专业引领为保障的校本教研模式。针对教学中的各种具体问题交流探讨,相互磋商,合作互动,分享经验。主题式"一课三上四讨论"不是简单的听课、评课活动,而是选择一个教学内容由同一位教师先后上课三次,同学科或同年段的教研组成员围绕共同选定的课例,在授课前准备、课中实施、课下作业、课后反馈层面分别进行四次讨论,是一种有针对性和指向性的课例研究活动。它不仅仅是一次教学活动,而且是一次深入的理论学习、深入的问题探讨和有力的实践尝试,教师在授课和听课的过程中将反思和行为跟进相结合,大胆地进行课前预设,畅谈课中的得与失,敏锐地剖析解决问题的策略,检验改进方案的合理性、科学性,无须用心营造,一种"支持、信赖、合作、分享"的教研氛围就能在教师中扎根。

5. 实践参与式

在理论培训的基础上进行实践培训,抓住教师实践教学中的关键环节,有针对性地进行以个人为主、他人为辅的参与式实践学习研究,如集体备课与个体备课,个体教案与同组互评,每个环节都有重点,抓住其过程中的精髓为教师提供各种机会。这一过程,使每位教师都成为教学舞台的主角,使每一位教师都能更充分地参与课堂教学研究。他们既能进行原创的课题设计,又能亲身参与实践,在实践中有教学的实践体会,能够很好地促使教学经验的形成,这样的教研实践的文化和教研氛围,促使教师从理论走向一线,从课堂走向学生,从个人走向团队,从封闭走向开放,是一种实践性的教学职业生活方式,教师成为成就事业、不断学习和提高的学习实践共同体。

6. 考察感悟式

没有见过就不可能有视野，没有接触过就不可能有思考。在如今一个开放性的社会里，闭关自守、闭门造车不可能带来更多的发展与进步。对于学校和教师而言更是如此，他山之石，可以攻玉。努力为教师创造外出学习的机会，观摩全国名师现场课，除了观摩学习外，更有经验交流，以此为契机，搭建平台，使教师不囿于个人教学，有更多交流切磋的机会。行动研究不再漫无目的，而是有着专家的引领，有着名校的熏陶和名师的指导，不断地进行教学、研究、思考、探究、合作，理论素养不断丰厚，思维不断碰撞，智慧的火花迸发而出。教师不再只注重表象的教学现象，而是乐于深入探索内在的教学规律，从而更有实效地解决学习和工作中存在的实际问题。

7. 个案工作坊

教育有共性又有个性，每个孩子也都有个性，对于每个教育案例来说，有其存在的独特个性，每个教师如同医生一样，对每个学生都要进行会诊。作为教师，要针对每个教育片段或教育对象的个人情况，进行把脉，确定情况，有针对性地制订出针对教育对象的个性教学方案。针对学生中出现的个别案例，在校内可以成立"个案研究工作坊"，由教师集体会诊，商讨育人对策。人数可以在3—5人，不宜过多，以问题学生为研究对象，搜集整理个案资料，调查学生的成长背景，了解他们的身心发展规律，分析诊断并制订教育方案。经过大家讨论修改后，加以完善，再次实施。在实施过程中对教育过程和效果进行追踪观察并记录，同时根据研究对象的发展情况及时调整教育策略，直到起到良好效果为止。在此过程中反思教育过程，整理研究材料，集体交流，畅谈启发，撰写教育故事，既能提高教师因材施教的能力，又能更好地服务于学生。

8. 青蓝互助式

教师按年龄阶段，分为青年教师、中年教师和老年教师，每个阶段的教师在教师专业化发展中都有各自的特点。比较有活力而又善于学习的是青年教师，是教育教学的主力军，是学校持续发展的强大动力，直接影响学校的可持续发展能力。而名师和骨干教师在学校中的引领作用尤为重要,充分发挥名师及骨干教师的辐射作用,为学校带来无限的生机。学校要求青年教师拜师学技,师徒两人要经常研究,互相听课,并在课后进一步交流、反思。开展教师结对子、互帮互学的"青蓝工程"等系列活动,为骨干教师和青年教师的成长搭设平台,实施结对帮扶模式,把不同层次的教师捆绑在一起,在日常教学中通过共同备课、研课、上课、议课等过程,共同学习,共同提高,全面地磨砺各年龄段教师,有效地促进青年教师的迅速成长,通过对青年教师的指导与带领,骨干教师也不断提升自身素质水平,发挥辐射作用,从而进到一个新的台阶,可谓一举多得。

9. 网络远程式

充分利用现代化多媒体资源,进行培训,开发校园网络平台,如校园网站、家校平台、远程网等各种网络教育资源。利用这些网络平台开展教研活动,能够拓展教研活动的时空,大大提高教研活动的效率。学校通过技术培训,提高了教师对现代信息技术的使用能力,同时,建立网络教学资源库,积累了更多更好的学习资源。学校通过网络组织教师学习,教师及时了解各类教育教学改革信息和最新的教学研究动态。学校还建立网络评价体系,不断优化教师评价和学生评价方式,建立数据库,为教师提供客观的一手资料。

(五)湖畔书院校本研修新模式

1. 校本研修制度化

教师校本研修工作是一个系统的工程,对于管理和保障措施都有一定的要求。《教学常规管理细则》对教师的日常工作进行量化,对教师的课时、工作量都进行了统一规划,特别是加大力度完善教学奖励制度,对于各项常规研修工作做到周检查、月小结、月通报。通过制订各个学科组的校本研修计划,明确工作方向及内容,在方案中规定培训内容及形式,落实措施保障。加强管理,强化各项措施落实,充分保障目标达成。划分以学科为单位的教学研究单元,明确主抓领导,实施组织与管理。规定每周的集中研修学习时间,确保教师有校本研修的时间,为教师专业化发展搭建学习平台;对教师专业化发展的形式进行规定和整合,把教师的个人自学、以学科组为单位的合作学习、学校提供的专家引领等有机整合起来,这是教师专业化发展的必要途径;注重教师专业化发展的评价制度,从多个方面检验教师的学习效果,如学习笔记、教学后记、案例评析。此外,学校为教师专业化发展制定了"五个一工程",为教师建立了个人成长记录袋,记录教师成长历程。

2. 校本研修常态化

研训一体化研究、开展校本研修是学校发展和教师成长的现实要求。踏踏实实地进行校本研修,必然能将教学工作引向深入。研修工作的突出问题在教学中,集中表现为集体备课质量不高、主题研讨不深入等共性问题。针对这些问题,学校构建了新的教研专题的研修模式:发现问题(确定专题)—集体研讨(研究问题)—解决问题(思考问题)—回归课堂(课堂实践)—再次研讨(再次生成新问题)。经历反复修订、理性思考,研修中强化对课标、对教材的学习与研究,切实完成好三个维度的教学目标。在研修中进行一系列的改进:听评课实行错时听评课,领导包年级组。集体备课要求实、细,每周一以组为单位初备,备好典型引导课,不安排主备教师,人人准备,形成共案后上课,写好反思、总结。第二次为下一周,与听评课联合成为一个完整的课例研究,开展一人公开课的"一课多构",每位教师参与同课异构两轮研讨。这样的课例研究成为学校的常态化校本教研活动。同时,成立问题库,把在教育教学过程中遇到的问题,通过梳理、筛选和提炼,使之成为一个课题。这类课题入口小,周期短,重过程,有实效,成为学校推进校本教研的一种主要方式,形成了"问题即课题,对策即研究,收获即成果"的教研局面,切实地解决了教师在具体工作中的困惑和问题,使校本研修落实常态化,实效性增强。

3. 校本研修科研化

学校教育实践中所遇到的问题是很多的,这就需要善于从教育教学工作面临的突出问题中选择适当的研究课题,进行进一步的研究。草根研究的含义就是指教师在教学实践过程中,发现了问题,形成小课题,通过自己提出问题、教学探究问题、讨论研究问题的过程进行的感悟式研究。这样的草根课题来源于实践又回归于教学实际,是一种真实有效的教学研究方式。学校严格落实"校级教研—分学科大组教研—年级学科备课组教研"三级校本科研机制。首先,问题本身就是课题,各学科组长有教研引领的责任,负责汇总教学中的突出问题,作为组内教研的专题,也就是所谓的"草根课题"。例如，上学期英语组教师发现，对学生英语听说读写的各项基本功，教师往往为了应对考试，过于注重写的训练，而对英语应有的听力、表达缺乏针对性练习，丧失了英语的学科特点，于是大家一起交流，达成共识，把"提高英语听说训练，让英语教学更有效"作为教研组研究的主题。其他各学科教研组也都有各自的研究主题，常规教研都围绕主题开展研讨活动。也就是说，教学的过程就是研究的过程，以教师的整个备课、说课、听课、评课的全过程作为教学研究的中心活动，随堂听课、校内点课、集中展示课，通过各种形式、各种主题的教学研究活动促使教师积极主动设计方案，大胆尝试教学改革，不断反思解决问题，不断总结课堂得与失，多角度全方位提升教师的自我反思能力和驾驭课堂的能力。在一个个"小课题"的科研过程中，教师们充分意识到教学研究是实现自我价值的有效途径。实践证明：草根式课题研究加快了从传统走向创新的步伐，促进了教师向研究者的转变。

4. 校本研修内涵化

开展读书工程，建立读书活动体制，设定自选和推荐读书书目，营造书香校园，促进教师多读书、读好书，切实提高自身素质。学校要指导、督促教师走上一条幸福的读书之路，将现代教育理论和个人的课堂教学紧密结合起来，使教师的专业成长经历一条"读书—教学实践—反思教学—再读书学习—再实践"之路。此外，每学期规定教师读一本教育理论书籍，并撰写读书笔记。学校领导率先垂范，校长带头把最先进的理论与大家共享，交流学习收获。在教师中有计划地开展教师论坛、教育讲坛、读书沙龙等活动，具体分为师德论坛（教师职业道德修养篇）、启思论坛（教学、学习经验反思篇）、群英论坛（亮点交流会）、特色沙龙等系列活动，让反思交流成为教师学习常态。每学期有学校推荐书目，也有教师自选书目，指导教师如何撰写读后心得与感受，使教师真正读有所获。学校为教师订阅教学刊物，为每个备课组订阅教学期刊。为了更好地激励教师读书，学校为教师做好两件事：一是提供帮助，创设一切读书的条件，让教师品读经典，使读书成为自觉，教师得到滋养和提升。二是给予赏识，从读书中得到乐趣，让读书丰富教师的生活，为教师提供精神食粮，让教师有更多的分享。

5. 校本研修深入化

教师反思是以自己的教学为思考对象，对自己在职业中所做出的行为及结果进行理性剖析与审视的过程。在实践中认识到，只有善于反思，研究才有方向，才能把研究深入进去。教研主题是"优化教学反思，提高教学效益"，关注点比以前有所拓展。以前的教研活动，教师更注重的是课后的反思和交流，忽视了课前的充分准备和预设，这样有可能会使教学效果受到影响。学校要求教师将教学研究渗透于整体的教学设计中，从备课中寻找问题—上课实施尝试—听课感悟记忆—评课优化尝试—课后反思调整，如此循环，贯穿于每个教学环节与整个教育过程当中，大幅度地提升了课堂教学效率，很明显地改善了教学实效。同时，重视教学随笔的书写，以此作为反思性研究的辅助。强调撰写随笔以问题为核心，增强思考的目的性，减少随意性，力求一个"实"字，不在乎取材点的小，一个精彩的点评，一次失误的引领，一个成功的拓展，都可作为反思的内容。要求不拘泥于学术论文的规范，而是更加自由，只要是真实感悟都可涉及。

6. 校本研修全面化

校本研修的根本目的是提高教师实施新课程的执行能力。教师要适应新课程的发展，必须要不断更新观念，而转变观念的方法只有加强自学研修，鼓励教师积极参加各级培训，特别是全员校本培训。在校本培训中，为教师提供各种营养丰富的套餐：新课程理念、各学科的课程标准、传统与现代教学方式、教师自我反思的方法等，力求更新教师的教育观，适应新课程要求。同时鼓励教师提高学历层次。学校设有奖励制度，为教师提供更多在职进修的机会，提高教师实施新课程的能力。

学校立足于教师发展的现状，开展各种教师基本素养通识培训、新课程标准培训、科研方法培训、师德师风培训、班主任管理培训。"集中讲座与自由学习，学校推荐与自由选择，专题辅导与自由讨论"相结合的方法构建了学校的自培体系，有根据未来教育大发展需求及学校可持续发展需求的重点培训，有以教学基本技能为主开展的基本功培训，有学科专业素养的专业培训。同时，各学科教学领导及学科负责人要制订各学科的教学工作计划，针对学科教学设计各种学科教学活动及学生活动，以丰富学生的学习生活，提高学生运用学科知识的能力。此外，与学校的社团开展紧密合作，进一步开展学科拓展性活动。实行学科活动登记制度，对于班级以上的学科活动开展及奖项进行记录。

五、常态化、微型化、校本化教科研

"办人民满意的教育""科研兴师""科研兴教""科研兴学""科研兴校"成为二中人的共识。学校结合校情、学情进行开创性的思维，以科学发展观为理论指导，以素质教育为主要内容，以课程改革为方向，以课题研究为抓手，以促进教师的专业化发展和提高学校教育教学质量为宗旨，健全学校教科研的体制和机制，采取常态化、微型化、校本化的校本教科研策略，全力推进学校的教科研工作，充分发挥教科研是教育第一生产力的作用，提升了学校办学品位，促进了教师的专业化发展，谱写了科研兴校的新篇章。

（一）学校教育科研工作的常态化

什么是科研？科研就是科学研究，它是对未知领域的探索，发现事物的本质和规律。什么是教育科研？教育科研就是教育领域的科学研究，是对教育未知领域的探索，发现教育现象的本质和规律。什么是学校教育科研？学校教育科研就是学校从事的教育科学研究，它是对学校教育教学实际工作中问题的思考和探索，从学校教育现象中发现问题，分析问题的实质及问题出现的原因，确定研究课题，设计课题方案，采取针对性措施，解决问题，改进教育教学工作，支持教师的专业化发展，提高教育教学质量，促进学校的整体发展的活动。学校教育科研来源于教育教学的实践，由实际的教育教学问题引起，因此，学校要把教育教学的科研工作定位于教育教学的日常工作中，教育科研进课堂，实现科研与教育教学工作的有机整合，使教育科研常态化。

所谓学校教育科研的常态化，就是学校的教育科研与教师的日常教育教学工作密切结合，为了教育教学搞科研，搞好教育科研促进教育教学，把科研变成教师的自觉行为，成为教师日常工作的有机组成部分。为了适应新课程改革的需要，提高课堂教学效率，学校申报了"三十六计与高中数学解题的研究""普通高中化学'动态生成'教学资源的实践研究""牛津高中英语分组分层教学的实践研究""城市化进程中经济技术开发区普通高中'探究—构建'型英语课堂文化建设研究""在小班环境下构建物理高效课堂教学模式的实践研究"等一批省、市级课题。为了突出学生的主体地位，促进学生积极主动参与学习，增加学生的学习体验，学校申报了"优化高中生物实验教学策略的研究""高中思想政治课体验教学的实践研究""提高高中学生综合实践能力的实践研究"等省、市级课题。为了把学校的科技教育特色做大做强，申报了"在陶行知创造教育思想引领下的学校科技创新教育的实践研究"省级课题。为了深化素质教育，促进学生全面发展，学校申报了"对苏州市高中阶段健康教育专题内容选编及学生需求现状调查研究""科学精神与人文精神融合的教育实践研究"省级课题。为了加强学校的文化建设，促进学校的内涵发展，提升学校的综合竞争力，申报了"提升学校文化自主力的实践研究"市级课题。教育教学工作中发现的问题用科研来解决，教育科研工作的开展推动了教育教学工作的改进，教育教学与科研水乳交融，良性循环，相得益彰。

（二）学校教育科研工作的微型化

考虑教师的科研水平有待提高，教师的教育教学工作任务繁重等客观原因，本着量力而行的原则，学校大力推进微型化课题研究，以便早出成果，快出成果，密切服务于教育教学实践。所谓课题研究微型化，指课题研究的切入点要小，从具体的教育教学问题入手，或从具体教育现象入手，进行深入的研究，"小切口，深分析"，用小事情做大文章。微型化课题研究的好处有以下几点：第一，可以调动教师从事教育科研的积极性。对于刚刚从事教育科研的教师来讲，一开始就进行大课题的研究，容易产生畏难情绪，不利于群众性的教育科研工作的展开，从事小课题的研究能产生胜任感，激发从事教育科研的主动性和积极性。第二，从事小课题的研究，"短平快"容易出成果，使教师尝到科研的甜头，增强成就感，增强自信心。第三，把小课题的研究成果运用于自己的教育教学实践中，改进自己的教育教学工作，提高自己教育教学的水平，有利于促进教师自身的专业化发展。第四，小课题研究是一个练兵场，教师在从事小课题研究中学会了教育科研的方法，积累了科研的经验，为从事大课题的研究做好了准备。

上文提到的学校课题都是大课题,具有宏观性、导向性和前瞻性,需要有微型课题做支撑。学校的策略是把已立项的课题分解为三个层次,名优教师主持主课题的研究,主课题下的子课题由骨干教师主持研究,子课题再分解为具体的研究项目,由一般教师负责研究,形成学校课题研究的树状结构。这样做的好处是:第一,把课题研究落到实处,形成真正的研究,避免了课题研究申报时紧锣密鼓、课题结题时手忙脚乱、课题研究过程中无所事事的假课题研究。第二,有利于形成学校教育研究的浓厚氛围,人人有研究项目。不少教师把小的项目研究做得认真扎实,取得了丰硕的成果,提高了科研能力,为以后单独申报课题提供了条件,奠定了基础,保证了学校教科研的后继有人和持续发展,使"科研兴师""科研兴教""科研兴学""科研兴校"的学校发展战略具有丰富的内涵。全校教师围绕教育教学搞科研,搞好科研促进教师的专业化发展,不仅提高了学校的教育教学质量,而且撰写了大量有质量的教育教学论文。学校通过大力推进微型课题研究,夯实了学校课题研究的基础,课题研究深深扎根于全体教师之中,扎根于全校教师的日常教学工作之中,根深叶茂,推动了学校教科研工作有序、健康地发展。

(三) 学校教育科研工作的校本化

学校教育科研的阵地在学校,学校科研的主力军是教师。各个学校的地理方位不同,各个学校的历史传统不同,各个学校的师资力量不同,各个学校的生源状况不同,学校本着可行性的原则,在教育科研的针对性上下功夫,以产生教育科研的实效性为落脚点,进行草根化的研究,大力推进教育科研的校本化工作。

所谓教育科研的校本化,是指研究从学校的实际出发,研究的问题来源于学校的教育教学实际,解决学校教育教学中的实际问题,改进学校的教育教学工作,促进学校有特色地发展。苏州工业园区第二高级中学坐落在阳澄湖畔,这里是丝绸的故乡、大闸蟹的天堂、吴侬软语的世界,有着"鱼米之乡"的美誉,小桥流水、曲径通幽的园林,处处显现出深厚吴文化的底蕴。同时,学校又处于飞速发展的经济技术开发区——苏州工业园区,经济快速发展,科技日新月异,教育繁荣,人民安康,社会事业蒸蒸日上。学校积60多年丰富的办学经验,又迎来素质教育的春天。传统文化与现代文明对接,人文与科技交汇,物质与精神同辉,为学校开展校本化教科研提供了得天独厚的条件,也为校本化科研提供了千载难逢的机遇。学校本着"国际视野,本土行动"的思路,加大校本教研的力度,制定了《苏州工业园区第二高级中学教科研指南》《苏州工业园区第二高级中学教科研管理办法》《苏州工业园区第二高级中学教科研奖励条例》《苏州工业园区第二高级中学年度考核条例》,给校本教研以制度的保障,调动教师教科研的积极性。

学校校本化教科研在以下四个方面实现了突破:第一,加强学校发展的宏观研究,为学校发展提供政策的支撑,完善学校的各项制度,进行学校精神的提炼和弘扬,重视学校内涵发展,提升学校的软实力,使学校走上了文化建校的康庄大道。第二,加强学校特色建设的研究,学校以海模制作为主要抓手的科技教育,有悠久的历史、广泛的群众基础,在国家级、国际级的竞赛中摘金夺银,享誉大江南北,形成学校的科技教育特色。为了使学校科技教育的特色更加鲜明,学校提出"项目做优,整体做强"的学校发展思路,加大科技教育研究的力度,总结丰富的科技教育经验,把经验升华为理论。第三,加强课堂教学的研究,提高课堂教学有效性,促进教学质量的提高。学校提出"运用差异教学策略,打造适恰课堂"研究目标。差异教学是满足每一位学生学习需求的教学,使每一位学生都能在原有的基础上获得发展。它关注每一位学生的发展,体现了教育的公平,有利于学生的个性张扬,促进了学校教学质量的提高。学校在高考中推进率、转化率方面在苏州市名列前茅,赢得了广泛的社会赞誉。第四,加强校本课程的开发。目前,学校开发出38个校本课程,其中,《青春的感悟》《三十六计与数学解题》《文言成语精读精讲》校本教材已正式出版。学校更重视对教材的二度开发,结合学科课程标准、高考考试说明、教师的自身优势,特别是学生的知识储备和学习能力,对教材进行二度开发,形成了学科特色和优势,造就了骨干教师和名优教师。

第四章

适应适恰教育的学校自主课程体系建设

一、适恰教育课程体系

按照苏州工业园区教育局"办好每一所学校,发展好每一位教师,教好每一位学生"的办学宗旨,根据"一校一品"的学校发展战略部署,结合学校的实际情况,学校以五星学校发展评估方案精神为指导,大胆改革求创新,走内涵发展的道路,加强学校自主课程体系建设,为学校的高品位发展带来勃勃生机。

(一)原因

我们认为,学校自主课程体系建设非常有必要。第一,新课程改革的一大亮点就是课程管理的民主化,实行国家、地方、学校三级管理,是我们进行学校自主课程体系建设的法律依据。第二,学校自主课程体系建设在学校教育改革中占有突出的位置,它反映了学校的办学理念,是学校教育教学的载体,是学校教育教学的施工蓝图,是学校教育教学质量评价的根据。第三,从课程实施的角度看,国家课程、地方课程都要由学校来实施,校本课程要由学校自主开发。各个学校的学情、教情、校情都不同,形成学校课程特色,有利于增强学校教育的针对性,达成学校教育的有效性。第四,学校开设的必修课、选修课、校本课程、研究性学习等也需要整合,使其既发挥各自的功能,又能体现学校整体的办学理念,实现学校终极培养目标。第五，走学校内涵发展的道路，提升学校办学品位，打造学校特色，张扬学校个性，都要由学校的课程来体现。学校课程建设的水平，不仅反映了学校的办学质量，也反映了学校的办学特色。鉴于以上认识，学校走自主课程体系建设的道路坚定不移。

（二）目标

学校经过几年的大胆探索和不懈努力，目前，形成了由基础型课程、拓展型课程、研究型课程组成的学校课程体系。基础型课程就是必修课，必修课是国家规定的课程，体现了国家的意志，每一个学生都必须学习，掌握基本的知识，培养基本的能力，形成基本的素质。学校严格执行国家的规定，开齐开足开好必修课。在实施过程中，我们结合学校的实际情况，对其进行"二度开发"，形成学校的教学特色。

学校的拓展型课程由必修拓展型课程、自主选修课程、校本课程组成。必修拓展型课程为德育课程，包括国情教育、心理健康教育、社会实践、社区服务等，面向全体学生，目的是促进学生的道德水平的提高、心理健康和人格健全。把德育纳入学校课程体系是学校课程体系建设的一大亮点，它不仅使学校的德育工作目的性、计划性、实效性更强，而且实现了教育教学的整合，教书与育人无缝对接，相得益彰。自主选修课程是学科必修课的延伸，就是选修课，学生根据自己的兴趣、爱好和专长自主选择。由于学生有一定的基础，所以采取高起点、广拓展、深挖掘的方式进行，培养学生的专长。校本课程是学校根据自己的资源开发的课程。我们本着"国际化视野，本土性行动"的思路，重点进行学校科技特色建设，如海模、航模、建模、车模、机器人、3D打印校本课程，与苏州的职业院校合作开展"普职融通"课程基地建设，与新西兰梅西大学合作开展飞行基地建设，与新加坡博伟国际教育学院合作开展国际课程建设，凸显了学校的科技课程建设特色。同时，开发了一些与吴文化密切相关的课程，体现乡土教育的特色，丰富了学生的精神生活，提高了学生的文化修养。

研究型课程就是研究性学习，不过我们提升了研究性学习的地位，把它上升到课程的高度。所谓研究性学习，就是学生在教师的指导下以研究的方式学习，即课题研究式的学习。课题是对问题的分析、概括和升华，课题研究是按照发现问题、分析和确定问题、设计解决问题的方案，通过搜集材料和实践解决问题的步骤进行，目的是培养学生的科学意识、科研能力、科研精神、科学素养，提高学生终身发展的能力，凸显学校的科技课程建设特色。我们每学期都组织学生确定一个课题，在教师的精心指导下，学生进行自主学习、探究学习、合作学习。

（三）过程

学校自主课程体系建设是学校内涵发展的载体，也是庞大的系统工程。我们按照统筹规划、学科特色课程建设、教师专业化发展的思路进行学校自主课程体系建设。

1. 统筹规划学校自主课程体系

为了增强学校自主课程体系建设的目的性、计划性、科学性和实效性，首先要有一个统筹规划，包括课程建设的理念、课程建设的设计、课程内容、课程实施、课程评价等。为此，学校制定了《苏州工业园区第二高级中学校本课程建设指南》《苏州工业园区第二高级中学校本课程建设制度》《苏州工业园区第二高级中学校本课程建设实施方案》《苏州工业园区第二高级中学校本课程建设评价方案》，整体的谋篇布局，为学科课程建设指明了方向。

2. 进行学科课程建设

为了建设好学校学科课程，学校明确提出打造"适恰课堂"的目标，所谓适恰课堂就是课堂教学能够满足每一位学生学习和发展的需要。教师的教学只有打动每一位学生的心灵，个体才会发生相应的反应，教学才是有效的，这是适恰课堂提出的原始动因，也是根本的目标追求。为了打造适恰课堂，我们大力开展差异教学。差异教学针对的是有个体差异的学生，体现因材施教的原则，运用"一把钥匙开一把锁"的原理。差异教学既是方法论、教学思想，又是打造适恰课堂的策略。

3. 加强教师队伍建设

有人说，一名教师就是一个课程。课程的发展离不开教师自身的专业化发展，其路径是发展教师—发展课程—发展学生—发展学校。学校建立激励机制，指导教师制定生涯发展规划，聘请专家讲学提高教师的理论水平、科研能力和人生境界，把培养和使用有机结合，提出"八个一"的要求，设立学校督导室进行检查，开展教学比武活动，开展课程开发评比活动，培养教师教学反思的习惯、读书的习惯、写作的习惯，进而形成良好的素质。

（四）意义

学校自主课程体系建设，具有自主性和体系两大特点，抓住了教育改革的核心内容，实现了中心环节的突破，占领了战略高地，促进了学校内涵发展、特色发展、持续发展。

1. 促进了学校学习型教师共同体的发展

一个师德高尚、学业精良、教育教学艺术精湛、年龄结构合理、爱岗敬业、乐于奉献的学校教师群体的形成，是办好学校的关键，也是学校发展的生命线。在自主课程体系的建设中，学校形成了学习型教师共同体，教师们为了开发特色课程，张扬自己的教育教学个性，如饥似渴地学习，把学习变成生命的一部分，极大地促进了自身的发展，诞生了一批学者型教师，更有大批的年轻教师脱颖而出。

2. 教育质量稳步提升

学校的自主课程体系建设，为高水平的教育提供了优良产品，在高考中，在生源欠佳的情况下，我们正视现实不抱怨，在开发非智力因素方面挖潜，在开发智力方面创新，发扬陪伴精神和工匠精神，创造了"在麻袋上绣花"的教育奇迹，高考的推进率和转化率连续多年领跑苏州大市，创造了"二中现象"，为苏州工业园区的教育添光彩，为人才培养谱华章，赢得了家长的信赖，获得了广泛的社会赞誉。

3. 学校科技课程建设的特色更加鲜明

学校的自主课程建设突出学校的科技课程建设特色，极大地促进了学校科技课程建设特色的发展。海模、航模、建模、车模、机器人、3D打印学生社团活动有效开展，在国际比赛中获奖，在国家比赛中摘金夺银，在省级比赛中囊括江苏省金牌的半壁江山。与苏州工业园区工业技术学校合作的"普职融通"教育，成为苏州市课程基地；与新加坡博伟国际教育学院合作的国际课程班，培养了高端应用人才；与新西兰阿德摩尔飞行学院合作的飞行课程，培养了国家亟需的飞行人才。

二、基础型课程建设

学校制定《苏州工业园区第二高级中学"十三五"（2016—2020 年）发展规划》和《苏州工业园区第二高级中学 2016—2020 年课程改革规划》，贯彻中共十九大报告关于"落实立德树人根本任务，发展素质教育，推进教育公平，培养德智体美全面发展的社会主义建设者和接班人"的指示精神，遵循国家基础教育课程改革要求，严格按课程计划开齐、开足、上好国家课程，充分开发利用校本课程，认真开展学生综合实践活动，开发国际课程。建立、健全课程开发，更新制度与机制，高质量实施各类课程，形成一批优质课程，有效推进学校课程改革，提升教育教学质量和办学品质。

（一）课程规划素养化

学校根据《基础教育课程改革实施纲要（试行）》和《江苏省普通高中课程改革实施方案（试行）》的要求，成立学校课程改革领导小组，对学校课程改革进行统一领导和部署。在《苏州工业园区第二高级中学"十三五"（2016—2020 年）发展规划》第三部分"学生兴校：培育更全面的核心素养"中明确提出：育人就要关注全体学生，把教师最光辉的一面展示给学生；教书就要以课程为抓手，把教师最智慧的一面展示给学生。育人为本，养护必备品格；以课程为核心，培育关键能力。《苏州工业园区第二高级中学 2016—2020 年课程改革规划》和《苏州工业园区第二高级中学课程改革实施方案》则对学校课程改革的建设目标、实施策略、评价体系做出了详细安排。

1. 设定科学性的课程建设目标

《苏州工业园区第二高级中学 2016—2020 年课程改革规划》设定了较为全面的课程建设目标。优化课程结构，完善课程体系，以国家基础教育课程为基础，国家课程、校本课程、拓展课程和国际课程互为补充、相互协调，最终形成了基础性、拓展性、实践性和国际性相结合的课程体系。该规划着眼于学生核心素养的全面提高，创设促使学生主动学习、积极探究的教学环境，立德树人的教育任务最终是要落实到课堂教学中，核心素养的孕育不在课堂之外，而是在课堂之中。学校加强师资队伍建设，转变教师的教学方式，依托智慧校园 OA 平台和适恰教学课堂模式，进一步改进教师教学方法与手段，提高教学质量，逐步形成一支结构合理、人员稳定、学历水平高、教学水平高的优秀的师资队伍。学校完善科学合理的考核评价体系和机制，弹性管理课程，保证教育教学工作的长效发展。

2. 研究适恰性的课程实施策略

《苏州工业园区第二高级中学 2016—2020 年课程改革规划》明确了适恰课程的实施策略。第一，整体实施推进。在课程改革实施过程中，学校对国家课程、校本课程、拓展课程和国际课程进行整体设计与全面安排，通过整合相互促进，构建必修课程和选修课程相结合、国家及地方课程和校本课程相结合的比较完整的课程框架。第二，探索适恰教学模式。高一年级抓习惯，打基础，"低起点，慢爬坡"；高二年级稳增长，防分化，"巧设问，多启发"；高三年级强心理，促冲刺，"快节奏，勤滚动"。第三，转变学习方式。倡导小组合作学习，在课堂教学中创设合作互助的教学环境；倡导个性化的学习方式，通过学习实践活动，引导学生在实践中获取，在思考中感悟，在交流中习得，在体验中探索，在探究中学习，从而达到求知的目的；从单一接受性学习转变为接受与研究性学习相结合。第四，改革教学模式。落实"目标清晰""方法得当"和"当堂练习"三个基本教学原则。合理安排课堂教学的 45 分钟时间，精讲，高效，多启发，少灌输。上好每一节课，使学生通过课堂教学、活动开展和过程管理达到培养情趣、激发动机、形成能力、保持后劲的目标。课程实施要用心抓住"问""思""展"三个环节，切实构建起与学生智力、阅历和心理相匹配的适恰课程。第五，创新教学手段。进一步推进信息技术与学科课程的整合，探索网络环境下的教学改革。继续构建并完善教学资源库，除了购置中学学科网资源库、高考学习网资源库外，着力完善学校的教育教学资源平台、电子阅览平台。通过相应的机制让每位教师自建资源库，以满足教学的需求。探索新环境下网络教学新方法、新步骤，使学生在学习中有新感受、新体验、新收获。学校提供校园网，利用苏州市网上家长学校、家校路路通网络平台，开展师生网络教学。建立推进学科课程与信息技术整合的机制，使更多的教师善用、乐用多媒体设备，提高教学的质量。

3. 构建多元性的课程评价体系

《苏州工业园区第二高级中学2016—2020年课程改革规划》认同"课程评价、教师评价和学生评价"相结合的评价体系。通过诊断性评价、形成性评价、总结性评价等方式，采用自评与他评相结合的方法，多维度充分了解教师教学、学生学习的情况，提高管理水平，使评价指标和评价方式符合课程改革的精神，成为提升学生核心素养的助推力。通过课程评价考查学生达到学习目标的程度，检验和改进学生的学习，促使学校建立和形成适合校情的课程建设制度和运行机制，鼓励教师创新，形成特色。学校以过程反馈与学生成长为依据作教学评价，以社会反响和学生反应作为师德评价的内容，以教科研前瞻意识和应用现代化教育技术能力作为师能评价的内容，引导与帮助教师提高专业素质，形成正确的教育观、课程观、学生观。学校从道德修养、日常行为、学业水平、体育成绩、社区服务、实践与创新能力等不同方面进行评价，进一步规范评价程序。通过学生自评和同伴互评、教师和班主任评价、年级部评价和学校评价、审核、张榜公示相结合，对学生的优点与不足、付出的努力与进步、发展潜能与努力方向等，做出客观的评价，通过评价激励学生成长。

（二）课程开发制度化

《苏州工业园区第二高级中学"十三五"（2016—2020年）发展规划》明确指出：国家课程、校本课程、拓展课程和国际课程，多措并举，才能全面提升学生素质。执行国家及地方课程方案，高质量地实施各类课程，加大校本课程的研究开发力度，形成具有本校特色的必修课、选修课有机结合的开放性课程体系。学校结合校情、学情，制定了《苏州工业园区第二高级中学2016—2020年课程改革规划》《苏州工业园区第二高级中学课程改革实施方案》等规范性文件，明确了新课程实施的目标任务、基本原则，建立了完善的实施组织机构，构建了相应的课程管理、课程评价、教师评价、学生评价体系，致力转变教师的教学方式和学生的学习方式，积极推进课程改革。在新课程改革实施的过程中，不断更新、完善各种制度和方案，修订出台了《苏州工业园区第二高级中学校本课程开发与更新制度》《苏州工业园区第二高级中学校本课程实施意见》等文件。

1. 充实课程改革制度

为了新课程改革继续深入开展，学校不断制定、修改、完善一系列与校本课程配套的评价制度和管理办法。学校制定了《苏州工业园区第二高级中学课程改革实施方案》《苏州工业园区第二高级中学校本课程开发、实施与评价方案》《苏州工业园区第二高级中学校本课程开发与更新制度》，形成了一套课程开发、更新制度，有力地推进了校本课程的开发和实施。学校坚持"课程规划学校管理，课程开发师生参与，课程质量教研组把关"的原则，形成了一整套动态的校本课程开发和更新机制。

为了认真执行新课程计划，顺利开展综合实践活动课程，学校制定了《苏州工业园区第二高级中学学生社会实践社区服务实施细则》《苏州工业园区第二高级中学研究性学习课程实施方案》《苏州工业园区第二高级中学学生社会实践方案》，力求做到有计划，有过程，有档案，有总结，有评价。学校按照国家课程计划开齐、开足，上好全部规定课程，学校课表上墙、上网公布，接受社会监督。

2. 强化课程改革队伍

《苏州工业园区第二高级中学"十三五"（2016—2020年）发展规划》中明确提出：强化更校本的师资培训，是学校师资建设的工作指针。建设师德高尚、结构合理、业务精良的骨干队伍，其根本是要构建具有现代教育理念、方式灵活多样、满足学校各层次教师发展的培训机制。

加强师德教育，坚持党管学校、党管教师，坚决将师德师风建设摆在教师队伍建设的首位，深入开展职业理想和职业道德教育，不断增强教师教书育人的责任感和使命感。完善师德师风考核机制，把师德考核结果作为教师聘用、评先评优、收入分配方面"一票否决"的依据。

构建行之有效的培养机制，逐步形成以特级教师、名教师为龙头，以学科带头人、教学能手、骨干教师、教坛新秀为中坚，以教师整体素质全面提高为根基的梯次结构。借助专家资源，帮助青年教师制定科学合理、有针对性的职业生涯规划。继续实施"青蓝工程"，促进青年教师的专业发展。

开展全员培训。开展多维度、全员化教师培训，确保每位教师5年内接受 360 学时的培训，其中区级以上培训和校本培训各不少于 180 学时。继续开展与高校的合作，发挥专家引领作用，邀请省内外专家来校进行校本培训。开展以提升教育教学能力和科研能力为重点的业务培训，全面提升教师专业素养。加强骨干教师培训。继续实施"名师工程"，办好名师工作室，培养一批在省市具有一定影响的中青年骨干教师。

3. 更新课程改革资源

2016 年，按照苏州工业园区未来五年的教育基本建设需求，结合学校自身的发展愿景，学校开启了新一轮改扩建工程，其中一期、二期投资 7150 万元。现已拆除了求是楼、创新楼和图书馆，拆除面积为 9576.03 平方米。新建了教学楼一幢，面积为 9636 平方米；图书馆一幢，面积为 3000 平方米；有一幢新教学楼，已于 2019 年 9 月启用。拆除体育馆和启真楼，改建一幢集艺术中心、体育馆、食堂、地下车库为一体的综合体，满足学校日常教学需要。此外，学校近年投入 32 万元进行课程基地改造，投入 15 万元组建移动式精品课堂观摩系统，投入 85 万元创设科技前沿教育实验室——海洋创客实验室，投入 21 万元在班级门口增设电子班牌，投入 133 万元将班级投影设备整体更换成希沃 F86EA 交互式智能平台。新一轮改扩建工程既可以改善学校的办学条件，又大大更新了课程资源。

（三）课程执行规范化

学校严格按照国家基础教育课程改革和上级教育行政部门的要求，制定《苏州工业园区第二高级中学课程改革实施方案》《苏州工业园区第二高级中学素质教育工作考核评价制度》等规章制度，开齐、开足国家课程，按照课程评价体现自主、合作、探究的学习理念，关注学生的学习兴趣和经验，促进学生核心素养的全面发展。

1. 严守规范，开齐规定课程

高中教育要着眼于学生全面发展及个性发展，当然也要考虑社会、家长和学生的升学考试需要。学校开设语文、数学、外语、思想政治、历史、地理、物理、化学、生物、技术（信息技术、通用技术）、艺术、体育等国家课程；提供唯亭风韵、模型制作、吴侬音乐之"三绝"、吴地艺术的传承与发展等 55 种校本课程供学生选择；开设拓展课程，组织做好综合实践活动（包括社会实践、社区服务、研究性学习），提供或学生自主组织包括金音艺术团、海模社、拂煦文学社、唯真书法社等79个社团，定期举行活动。学校还与新加坡、新西兰相关高校合作，设立中新国际课程中心和梅西大学航空国际课程中心，与国际接轨，开设国际课程。

2. 统筹安排，开足规定课程

学校学年度的教育教学工作计划明确部署国家课程、校本课程、拓展课程和国际课程的开课情况。教务处严格根据国家课程计划编排课程，明确艺术、体育、校本课程的上课时间，确保高一、高二年级学生每周有1节音乐课、1节美术课，有1个课时用于校本课程、社团活动及研究性学习的实施，各年级每周2节体育课。德育处制定学年度社会实践、社区服务活动方案，保证学生每学期都有充足的综合实践活动时间。中新国际课程班和梅西大学国际课程班由中外合作安排双语课程。国家课程、校本课程、拓展课程和国际课程全面开足，保障学生创新精神和实践能力的提升。

3. 适恰教学，上好规定课程

学校制定了包括行政干部、教研组、备课组等职能机构参与的《苏州工业园区第二高级中学教学常规管理要求》《苏州工业园区第二高级中学教师"教学七认真"工作细则》《苏州工业园区第二高级中学公开课管理制度》，设计了《苏州工业园区第二高级中学课堂教学评估标准》，从调研听课、考试抽测、质量分析等环节进行综合评价，通过相互听课、考试分析、学生问卷等形式对课程实施过程进行调控。学校倡导课堂教学的有效性、高效性，制定了课堂教学的评估标准，定期组织教学研讨，采取"请进来，走出去"的措施，鼓励教师取长补短，善于学习，运用差异教学策略，努力打造适恰课堂。学校对教研组、备课组及每一位教师的课堂教学提出了具体要求。学校严格执行教研组备课组制度，要求每周至少进行一次集体备课，备课组必须提前一周备课。教研组要认真研讨每节课的教学目标、重难点、教学方法，确定每节课教什么内容，怎样教更有效，并编制学案，倡导先学后教的教学理念。学校要求教师充分利用多媒体进行教学，目前多媒体使用率已达到90%以上；鼓励老师写教后感和教学反思；规定各备课组每周有一位教师开设组内教改研讨课，备课组成员认真参与听课评课。学校每月推出一节校骨干教师教改观摩课，校领导及相关教研组成员参加听课研讨。实施"青蓝工程",规定师徒相互听课,每学期青年教师上一节汇报课,促使青年教师快速成长。

(四)课程修习个性化

为了提高实施国家及地方课程的到位程度,学校制定了《苏州工业园区第二高级中学学生选课指导手册》《苏州工业园区第二高级中学学分认定管理方案》《苏州工业园区第二高级中学学生综合素质评价方案》《苏州工业园区第二高级中学研究性学习课程实施细则》《苏州工业园区第二高级中学研究性学习课程指导手册》等文件,指导学生进行选课、修习。

1. 利用智慧校园,指导学生个性化的课程选择

在开设选修课程和研究性学习课程时,先给学生提供学术讲座,进行指导培训,让学生懂得自主探究的一般程序和常用方法,然后由学生自主组合成研究小组,根据自己的兴趣爱好自主学习或选择研究课题,形成独特的个性化方案。学校充分利用智慧校园 OA 数据平台,为学生提供个性化的课程选择,提高学生课程规划的自主性、课程调整的自觉性、课程修习的有效性。每学年初组织学生线上检测,通过学科能力测试、兴趣测试和性格测试,从生涯规划着手,向学生反馈专业匹配情况,为学生提供诊断式建议,让学生及时、全面地了解自己,为学生科学合理地进行课程规划奠定基础。面对学校提供的丰富课程,学生避免了盲目从众、冲动冒进、消极应付选课,而是根据智慧校园 OA 数据平台的检测结果,对三年高中学习进行科学合理的规划,从而能够主动关注修习国家课程、校本课程、拓展课程的时间和顺序,使学习的质和量达到和谐统一的境界,避免过早偏科,保持课程修习个性化和科学性的统一。

2. 走班教学,实施学生个性化的课程修习

为进一步培育学生核心素养,学校结合具体情况,对校本课程、拓展课程实施走班制教学。学生根据自己的兴趣、特长,在课程学习中自主选择班级进行流动上课。在所有的校本课程、社团活动中,学校向学生提供课程名称、课程介绍,各班学生自己选择,经过年级部统计、统筹,最终实现课程学习的"同班不同学"。实际上,自从江苏省启动 2008 年高考模式以来,每年都会有因选科不同,出现物化、物地等混合班,从而在教学实践中出现两个班的学生在一起上地理等课的情况。学校利用智能排课系

统进行排课，最大程度地满足学生的志愿。在学生选课结束之后，优化的分班和排课方案让每个学生都拥有了个性化的课表。分层教学与走班制的结合，提升了学生学习的效率，培养了学生的个性特长，增强了学生的自主学习能力，加强了生生互动、班班互学的促进作用。

3. 完善评价，保证学生个性化的课程结果

在走班制教学的基础上，学校坚持做好学分管理，制定了《苏州工业园区第二高级中学学分认定管理方案》《苏州工业园区第二高级中学学分认定实施细则》，严格对国家课程中的必修、选修学科及校本选修课程进行学分管理。学科任课教师加强考勤，确保及时、到位，并核准课时，确保全程参与。教务部门进行材料跟踪，确保实事求是填写学生成长记录袋中的《综合素质评价手册》。学校落实严格的过程性管理，力求用学分监管学风，用管理改变观念，从学生核心素养和关键能力出发，不以偏概全，确保全面客观地给予学生科学的综合评定，让学生学分认定更个性化，以此保障学生课程修习方案的个性化和修习过程的严谨性。

三、课程资源建设

（一）开发利用课程资源

1. 利用课程资源，鼓励学生自主发展

学校所属苏州工业园区，经济发展情况较好，教育资源较为丰富。根据苏州工业园区教育局"普职融通"的原则，高一年级学生要到苏州工业园区外包学院和工业技校上通用技术课，实行普职融通，资源共享。学校地处交通发达的唯亭镇，唯亭镇坐落闻名遐迩的阳澄湖畔，周边各类自然、人文资源丰富；学校实验室、图书馆、通用技术教室、美术教室、音乐教室、体育场馆等各类教学设施设备齐全，装备一流，为学校课程建设提供了丰富的校内资源。学校继续构建并完善教学资源库，除了购置中学学科网资源库、高考学习网资源库外，着力完善自己的教育教学资源平台、电子阅览平台。学校探索新环境下网络教学新方法、新步骤，使学生在学习中有新感受、新体验、新收获。学校提供校园网，利用苏州市网上

家长学校、家校路路通网络平台,开展师生网络教学。学校已经开发、更新了模型制作、唯亭风韵、化学零距离、吴侬音乐之"三绝"、吴地艺术的传承与发展、让研究性学习走进语文课堂、奥林匹克中学生读本、希望从这里开始、物理学家零距离、名著精讲精练、文言成语精讲及飞行课程系列等 55 门校本课程,可用于每年校本选修的开设,学生有很大的选择空间。校本课程开设时,首先在学校内网上公示,简单介绍课程内容、任课教师等基本情况,让学生上网了解相关情况,根据自己的兴趣爱好自主选择,教务处再按年级、选课学生编班组织教学。2016—2017 学年度高一、高二年级分别开设 17 门校本课程、19 门校本课程,2017—2018 学年度高一、高二年级分别开设 18 门、19 门校本课程,2018—2019 学年度高一、高二年级分别开设 23 门、20 门校本课程。开设校本选修课程的同时,学校教师积极编撰校本教材,在多年实践的基础上,学校各教研组共开发包括《模型制作》《唯亭风韵》《化学零距离》《吴侬音乐之"三绝"》《吴地艺术的传承与发展》《生物,我们的生活》《文言成语精读精解》《电影与物理学》《希望从这里开始》《健美操》等 44 本校本教材,其中《青春的感悟》《三十六计与数学解题》等均已正式出版。

2. 开发课程资源,提供学生实践机会

利用每年新生军训的契机,配合街道社会事务办组织开展应急救护培训,普及应急救护相关知识。2018 年学校配合唯亭街道社会事务办、唯亭社区卫生服务中心开展本街道常住居民健康档案信息采集工作,共发放信息登记表 3300 多份,回收近 3000 份,为完善街道居民健康档案信息贡献了一份力量。

为增强学生服务社会、奉献社会的公民意识,学校与唯亭街道戈巷、新镇、泾上、青苑、唯亭 5 个社区签订了校、区共建协议,组织学生走向街头、社区,参加文明创建活动,开展法治宣传、环保宣传、科普宣传。学生和教师利用假期以个人或小组的形式深入社区服务,教师、学生积极参加志愿者活动,学校组织团员看望、慰问唯亭敬老院老人;学生参加东亭社区义务劳动、法治宣传、交通管理等公益活动;学校与江南嘉捷电梯公司、唯亭街道敬老院等单位建立了共建合作关系;学校与 94906 部队结为"军校共建单位",有力地促进了我校和部队的精神文明建设,军校共建成果得到了双方上级主管部门的充分肯定；学校每年组织"跳蚤市场爱心义卖"活动，三年来累计募集善款 3 万余元，捐给青少年活动基金会，用于改善贫困儿童的成长环境。学校引领社区，依靠社区，服务社区，充分利用自身资源优势，从实际出发，不断创新服务社区的实践方式，传播精神文明建设成果，目前已成为社区教育的基地，是展示精神文明成果的有效窗口。

为进一步满足学生多样化选择，培养发展学生个性特长，不断挖掘、不断丰富课程资源，拓展综合实践活动的形式和内容，学校除了每年开展校园文化艺术节、科技节、元旦文艺汇演、冬季体育节、经典诵读等丰富多彩的活动外，还健全了社团建设，现有 79 个学生社团定期举行活动，如爱舞社团、金音艺术团、海模社、拂煦文学社、心语俱乐部、唯真书法社、丹青社、唯真广播站、话剧社、羽毛球社等。

（二）建设优质课程资源

1. 课程建设优质化

学校 80% 科目的教师在区域范围内享有较好声誉。大部分学科均有不少于 2/5 的市级以上骨干教师。我校是苏州市历史学科基地，特级教师、教授级高级教师李君岗老师是江苏师范大学硕士研究生导师、省优秀教育工作者、苏州市中小学骨干教师培训专家；冒兵老师是苏州市教科研先进个人、苏州市学术带头人、陕西师范大学兼职副教授；我校语文组被江苏省中小学教学研究室授予"江苏省高中语文课程教材改革实验工作先进集体"，并获得了由华中师范大学语文教学与研究杂志社授予的"全国作文教学先进单位"称号，王玮老师、田博老师是苏州市学科带头人，同时王玮老师还是陕西师范大学兼职副教授、苏州教科院高中教育研究所语文学科命题与评价中心组成员；我校政治组、物理组在苏州市把握学科能力竞赛中获得团体优胜奖，黄燕老师、张亚云老师是苏州市学科带头人，是陕西师范大学兼职副教授，张亚云老师还是姑苏教育拔尖人才；我校生物学科陈旗建老师是苏州市学科带头人、苏州市名教师，近几年来多次受人民教育出版社邀请，作为人教版高中生物教材培训团的培训专家，为山西省、福建省、湖南省、贵州省、甘肃省、四川省等省份普通高中新课程生物骨干教师教材教学培训讲课，同时，陈旗建老师还受苏州市教科院邀请,为苏州市暑期高中生物教师新课程培训做讲座;数学学科安金龙老师被评为"江苏省高中数学课程教材改革实验先进个人""全国高中数学联合竞赛一等奖指导教师""苏州教科院高中教育研究所数学学科命题与评价中心组成员",南爱玲老师获得"中国数学奥林匹克二级教练员"称号、"园区教科研能手"称号;英语学科孙炳芳老师被评为全国英语口语比赛"优秀指导老师";化学学科施吉峰老师被授予"江苏省化学(学科)奥林匹克高级教练员"称号;信息技术江晓纯老师被评为"苏州市航海模型优秀辅导员";体育学科朱荣老师获得苏州市"优秀教练员"称号;等等。

学校大部分学科的教师开设的示范课、观摩课影响好。近年来,学校按照新课程改革的要求每学期举办一次面向全市的公开教学展示活动,不定期地为来自省内外学校教师开设观摩课并深受好评,全校教师100%都开设过不同层次的公开课。语文组的王玮、胡溢芙、顾玲玲老师,历史组的李君岗、冒兵、曹金国老师,生物组的陈旗建、蔡燕老师,英语组的孙炳芳、徐妮蓉、仇静、刘丽老师,政治组的黄燕、周丽芳、陈利昌老师,物理组的张亚云、陶琴、陆永华老师,化学组的张宗涛老师等经常在市、区教研活动中上展示课。近三年,学校教师外出开展讲学、讲座、经验交流、大市公开课活动共88次,开设区级示范课、优质课、观摩课260节。通过对外开设示范和观摩课,展示了学校教师的教学风采和水平,提升教师专业技能水平。

以校本课程开发为抓手,实施课程改革。近几年,各教研组先后开发了《模型制作》《唯亭风韵》《化学零距离》《吴侬音乐之"三绝"》《吴地艺术的传承与发展》《生物,我们的生活》《让研究性学习走进语文课堂》《奥林匹克中学生读本》《希望从这里开始》《物理学家零距离》《名著精讲精练》《文言成语精讲》及飞行课程系列等40多种校本教材,并运用于日常校本课程的教学中,形成了一批深受学生欢迎、能为兄弟学校所选用的教材,如科技教育系列教材之《模型制作》《建筑中的科技知识》《电子基础知识与趣味电子制作》《跨文化口语交际》《生物与生活》《健身操》,具有地方特色的系列校本教材之《唯亭风韵》《吴侬音乐之"三绝"》《吴地艺术欣赏之工艺篇》等。

2. 课程基地实践化

2013 年，学校申报的"普职融通：培养高素质创新型人才"课程基地，被列入苏州市普通高中课程基地，几年来运行正常。以通用技术课程为抓手，借鉴高职院校办学经验，在普通教育中渗透技术教育的思想和方法，从根本上适应经济社会发展、建设人力资源强国和终身教育的必然要求，是全面落实党的教育方针，积极实施和拓展素质教育，提高学生实践创新能力的需要。目前学校正申报江苏省普通高中课程基地。

2019 年，学校申报的"航空飞行"课程基地，通过苏州市教育局评审，已经公示并报送评审江苏省普通高中课程基地。航空飞行课程基地的建设，是以梅西大学航空飞行国际课程基地和苏州市"雏鹰计划"飞行员课程基地班为抓手，借鉴北京市第五十七中学飞行员早期培养高中实验班的办学经验，在普通高中教育中渗透、浸润科技教育的思想和方法。通过航空飞行社团和选修课程加强对航空飞行课程的学习和实践，一方面学生在动手、动脑中提升科学素养，发展学生个性，进一步促进文化学习；另一方面学生获得职业认知，掌握初步的航空飞行知识或技能，发展技术特长，早做职业规划，明晰择业方向。

四、科技创新教育特色课程建设

学校按照苏州工业园区教育局"一校一品"发展战略，以促进学生全面而有个性的发展为目标，以教育科研为动力，以学科渗透、研究性学习为支撑，以航海模型制作为龙头，以普职融通为拓展，以国防科技创客实践为统整，全力打造学校科技创新教育特色课程。一着得手全盘走活，推进了学校的新课程改革，深化了学校的素质教育，为学校的发展带来勃勃生机。科技创新教育特色课程已成为学校一张亮丽的名片，也成为学校课程改革的引擎。

（一）科技创新教育特色课程建设的基础与使命

科技创新教育特色课程建设担负着时代的重要使命。在建设中国特色社会主义的伟大实践中，在实现中华民族伟大复兴的过程中，党和国家反复强调创新是一个民族进步的灵魂,是一个国家兴旺发达的不竭动力,也是中华民族最深沉的民族禀赋,正所谓"苟日新,日日新,又日新"。2010年7月颁布实施的《国家中长期教育改革和发展规划纲要(2010—2020年)》中指出,教育是国家发展的基石,当今世界,知识已经成为提高综合国力和国际竞争力的决定性因素,人力资源成为推动经济社会发展的战略性资源,人才培养与储备成为各国在竞争与合作中占据制高点的重要手段。

科技创新教育特色课程建设是学校多年的价值追求。学校教育要充分考虑国家现代化总体布局对人力资源开发和人才培养的需要,更好地服务于经济社会发展和创新型国家建设。教育的根本任务应该是培养人才,人才培养观念要更新,培养模式要创新,要注重培养学生的社会责任感、实践能力、科学素养和创造精神。学校出于时代的使命感和责任感,全面贯彻党的教育方针,落实立德树人的根本任务,适应经济社会发展和建设人力资源强国的必然要求,决定把科技创新教育特色课程建设在传统优势的基础上继续深入推进,铸造学校鲜明特色品牌。

学校的科技创新教育特色课程建设走过漫长的探索之路,打下了良好的基础。20世纪80年代,学校成立了航海模型兴趣小组;90年代,海模制作进入高中课堂,朱熊华、王介一、朱佩林等老师利用自己在模型制作方面的特长,开设模型制作选修课。该选修课的开设在学生中引起了强烈的反响,学生通过广泛的途径查找资料,既动手又动脑,制作了大量的航模、海模和建模,并在国际、国家、省和市级竞赛中摘金夺银,占据江苏省海模比赛金牌总数的半壁江山。多位同学获全国"青少年优秀运动员"称号,多位老师获全国"优秀辅导员"称号,学校获全国青少年航海模型活动"优秀组织奖"。学校因势利导,投入上百万元建立科技创新中心,把模型制作做大做强,并把模型制作的成功经验在全校乃至全市推广,经过多年实践探索,包括航模、海模和建模在内科技模型制作的辉煌业绩凸显了学校的科技创新教育特色。同时,学校承担了与科技教育相关的大量研究课题,包括中央教科所《2001—2005年中国青少年科学技术普及活动指导纲要》实施项目课题"学校利用社会资源,开展建筑与航海模型活动的模式"等多项课题,对科技创新教育进行了理论研究、实践探索和示范推广。学校被科技部、教育部、中宣部等单位授予"2001—2005年中国青少年科学技术普及活动指导纲要实施项目示范学校",被江苏省航空协会命名为"江苏省青少年航海模型活动基地"。

进入21世纪以来,依托苏州工业园区经济发展和职业教育的独特优势,学校和苏州工业园区职业技术学院、苏州工业园区服务外包学院等学校合作,进行重大的课程建设创新——普职融通,学校成为苏州市普通高中普职融通创新人才培养课程基地,为我校的科技课程建设开辟了新天地。近年来,学校在传统模型制作课程的基础上又打造海天一体的国防科技教育新蓝图,创设了飞行课程基地班、国防科技创客实践室,打造智慧校园。2018年,学校由苏州市教育局批准开设"雏鹰计划"飞行员课程基地班,同时与新西兰梅西大学合作成立航空飞行国际课程基地,在高一、高二年级开设航空飞行校本课程,选修航空知识和模拟驾驶等核心课程,从而丰富科技创新教育课程体系,提高高中学生的科学素养,为科技课程建设开拓了全新领域。同时,学校打造国防科技创客实践室,开设STEM(Science,Technology,Engineering,Mathematics)教育课程,融合科学、技术、工程、数学、物理及生态学相关知识,培养学生科学方法、理性思维和自主创新的能力。学校在近几年也加快建设智慧校园的步伐,成为江苏省智慧校园达标学校,推进信息技术与教育教学、管理的深度融合,培养具有较高思维品质和较强实践能力的创新型人才。30多年的实践探索,学校科技课程建设特色日益彰显,品牌内涵日益丰富。

(二)科技课程建设的实施路径

学校结合自身的资源优势,确定了新课程改革从科技创新教育特色课程建设突破的发展战略,通过科技创新教育特色课程建设克服应试教育的弊端,培养学生的创新精神和实践能力,全面提高学生的素质。

1. 课程改革是科技创新教育特色课程建设的源头活水

学校为了保证科技创新教育特色课程建设的顺利开展,在制定《苏州工业园区第二高级中学课程改革实施方案》《苏州工业园区第二高级中学校本课程开发、实施评价方案》《苏州工业园区第二高级中学校本课程开发与更新制度》的基础上,大力开发科技创新教育校本课程:"雏鹰计划"飞行课程系列、走进数学、生物与生活、三十六计与数学解题、模型制作、电子基础知识与趣味电子制作、电影与物理学、建筑中的科技知识、化学科技知识、生物科普知识、数学与科技、赢在变化、科技与奥运、分子与细胞、让研究性学习走进语文课堂等，一大批校本课程的开设，把学校科技创新教育特色课程建设之树深深扎根在坚实的土壤中，根深叶茂，硕果累累，校本课程建设成了学校科技课程建设特色的源头活水。

2. 模型制作是科技创新教育特色课程建设的重要抓手

这项活动就是在校园内引导学生开展以建筑模型和航海模型为主要内容的知识积累、动手操练、想象创新、展示竞技的系列活动，通过活动培养学生的科学素养。其中，知识积累活动包括两方面内容：一是历史知识的积累，包括舰船的历史变迁，舰船在国家历史发展中的军事、政治、经济等方面的作用，舰船的不同规格、特征、所拥有的功能等知识；二是学科知识积累，包括结构力学、材料力学、机械动力学、气体力学、外观造型原理、主建筑与周围环境和谐（形体大小的设置、外观颜色的搭配、形状特征的选择）原则等知识。动手操作活动包括模型零件的设计和制作，零件与零件之间的拼装，零件与整体的架构，零件颜色的选择和调配，主体外观颜色的喷涂、打磨、涮新，粘贴步骤的选定，粘贴胶水的选用和调配，胶水使用量的选择，涂胶后粘贴时间的确定，动力机械的配置和安装，安装时的位置和重力均衡的选择。想象创新活动包括对原有模型的改造或对模型原材料的改造和选用，对原有模型内部结构的更新或重新整合，对原有模型外部造型的策划和设计，模型外观的设计和包装，颜色的选择和调配，周围环境的配置和烘托，对动力机械的改造，对模型防震、防湿等保护措施的增设。展示竞技活动包括房屋模型、桥梁模型、舰艇模型等作品的展示，或参加各级各类的比赛活动，平时有计划、有步骤的展示操练和赛前操作练习，校内组织的各级各类比赛的赛前适应性竞技，以及友谊赛、观摩赛、表演赛、选拔赛等各类比赛活动。

3. 普职融通是科技课程建设的课程拓展

在开设通用技术课程的实践中，学校又进行了重大的课程建设创新——普职融通。通用技术课程是新课程改革新设的一门课程，目的是提高学生的技术素养，促进学生的全面发展。通用技术又是一门实践性很强的课程，它不仅要对技术原理和技术知识进行学习，更要有对技术的应用与设计。与职业技术院校和企业合作，充分利用区域资源优势，从学校的角度看是课程资源的拓展，从社会的角度看是资源的合理配置，相得益彰。苏州工业园区的资源优势包括两个方面：一是产业优势，二是职业教育发达。学校与苏州工业园区服务外包学院、苏州工业园区工业技术学校合作，在他们提供的41个自选菜单中，让学生根据兴趣选取自己喜欢的项目学习。电机及控制技术、数码电子实训、趣味三维造型、Photoshop合成特效图片等一批现代新技术课程备受学生欢迎。这些课程注重对技术的理解、技术的使用、技术的选择和技术管理能力的培养；帮助学生掌握技术及其设计的一般思想和方法，形成一定的技术探究、运用技术原理解决实际问题及终身学习技术的能力；形成和保持对待技术问题的敏感性和探究欲望，关注技术的新发展，为学校的科技课程建设开辟了新天地。

4. 海天一体的国防科技教育是科技课程建设的新蓝图

近年来，学校在传统模型制作的课程基础上又创设了飞行课程班、国防科技创客实践室，以及打造智慧校园。首先，学校于2018年由苏州市教育局批准，开设"雏鹰计划"飞行员课程基地班。该班课程是全国第二家由AOPA（中国航空器拥有者及驾驶员协会）指导的，该基地班是江苏省首家飞行员课程基地班，同时学校与新西兰梅西大学合作成立航空飞行国际课程基地，为科技课程建设开拓了全新领域。围绕课程实施，学校聘请校外专家作为课程顾问，调动校内各个学科的骨干教师自主开发了《"雏鹰计划"飞行课程系列》10本校本教材，有力地保证了课程的开展。其次，学校在上级政府部门的大力支持下，打造国防科技创客实践室，并申报苏州市创客实践室实验学校。国防科技创客实践课程的开发遵循"实践中体验，体验中感悟，感悟中发展"的理念，基于对学生多元智能的培养，合理利用学校办学区域内的课程资源，努力为学生的综合素质发展奠基。课程是以现代海洋教育为主要内容的综合实践性课程，集德育、智育、体育、美育、劳技教育为一体，融合物理、数学、工程及生态学相关知识，有助于培养学生科学方法、理性思维和自主创新的能力。课程以配套活动为教学的补充，引导创新实践方向，包括组织专业竞赛、游学研学活动、专家大讲堂、教育示范校等，学生可以在校内外独具特色的教育中，培养国防安全意识和责任感。再次，以云计算、大数据、物联网、人工智能技术为代表的信息化时代已经来临,为了深入贯彻实施教育部教育信息化2.0行动计划,全面提升智慧教育水平,同时在苏州工业园区智慧教育的大背景引领下,学校在近几年也加快建设智慧校园的步伐,已成为江苏省智慧校园达标学校,打造网络化、数字化、个性化、终身化的智慧教育环境,扩大优质资源覆盖面,推进信息技术与教育教学、管理的深度融合,培养具有较高思维品质和较强实践能力的创新型人才。

5. 学科渗透、研究性学习是科技课程建设的支撑

首先,学科渗透。学科教学是学校教育的主渠道,科技课程建设要顺利开展,必须融入学科教学中去,通过学科教学中渗透科技课程建设来培养学生的科学素养。理科教学本身就是科技教育,要注重以下几个方面:培养学生的发散思维品质,以培养学生的创新精神;注重实验教学,以培养学生的动手能力和探索精神;注重批判精神的培养,培养学生的独立人格和独立思考的能力;注重公式、定义、原理的推导,以培养学生的探索精神和探究的能力。文科教学也渗透科技课程建设,注重科学态度、科学意识、科学精神的培养,如美术课渗透光与色科学原理的教学,历史课对科学在历史发展中的作用及科学家优秀品质的讲解等,促进了学生科学素养的提升。学校各个学科的教学通力合作,都为提高学生的科学素养发挥自己应有的作用。其次,研究性学习。科技课程建设要培养学生科学知识、科学态度、科学方法、科学能力、科学精神等科学素养。而研究性学习要求学生以研究者的身份,以研究的意识和研究的方法进行学习,本身讲究的就是科学性,在这个过程中,学生在教师的指导下自主学习、合作学习、探究学习。这种学习以学生已有的经验为出发点,联系社会的发展和科技的进步,突出学生的主体地位,强调学科的渗透和知识的融会贯通,是学生学习方式的一场革命。学生在对阳澄湖水质调查的研究中取得重大成绩。在从事研究性学习的过程中,学生结合自己的生活经验、兴趣、爱好,既动手,又动脑,探究新问题,增强了主体意识、探究意识、合作意识、创新意识,改变了学习的方式和方法,提高了实践能力和创新能力。

6. 教育科研是科技课程建设的发展动力

为了使学校的科技课程建设做大做强,深化科技课程建设的内涵,把

经验提升为理论，学校加强科技课程建设的课题研究，先后申报了"高中生科学素养培养的实践研究""学校开展建筑模型和航海模型科技活动，培养学生科学素养的实践研究""科学精神与人文精神融合的教育实践研究""三十六计与数学解题的研究""在陶行知创造教育思想引领下的学校科技课程建设的实践研究""优化高中生物实验教学的策略研究""在高中物理教学中培养学生迁移能力的实践研究""基于认知负荷理论的高中物理实验教学研究""提高高中学生综合实践能力的实践研究""普通高中化学'动态生成'教学资源的实践研究""在小班环境下构建高效物理课堂教学模式的实践研究""化学教学中渗透 STS 教育""研究性学习应用于语文课堂教学的实践与研究""高中教师新课程执行与发展能力培养的实践研究"等省市级课题。随着学校教育科研工作深入开展，教师学会了在教学实践中发现问题、思考问题、解决问题，增强了研究的意识，掌握了研究的科学方法，提高了自身的科研能力，为学校科技特色教育提供了动力。

（三）科技课程建设的成果与展望

1. 模型制作铸就学校科技课程建设的辉煌

模型制作作为学校科技课程建设的一个重要抓手，起步最早，成果也最丰硕。学校编写了《模型制作》校本教材，开设模型制作校本课程，开展模型制作的课题研究，使学校的模型制作具有广泛的学生基础，形成人人制作模型的可喜局面。30 多年来，学校的科技课程建设取得了骄人的业绩。在世界航海模型比赛中，荣获 1 枚银牌和 1 个第八名；在全国比赛中，荣获 32 枚金牌、19 枚银牌、25 枚铜牌；在江苏省航海模型比赛中，荣获 115 枚金牌、96 枚银牌、58 枚铜牌，累计 816 人次荣获市级以上奖牌。将佳骍同学荣获全国"青少年优秀运动员"称号，吕中贤同学荣获全国"文明运动员"称号，朱熊华、王介一老师荣获全国"优秀辅导员"称号，学校获全国青少年航海模型活动"优秀组织奖"。近年，学校被科技部、教育部、中宣部等单位授予"2001—2005 年中国青少年科学技术普及活动指导纲要实施项目示范学校"。学校被江苏省航空协会命名为"江苏省青少年航海模型活动基地"，承办了 2007 年江苏省全民健身运动会社会体育部"PGA 杯"青少年航海模型竞赛。学校被苏州市教育局、苏州市科学技术协会授予"苏州市青少年科技教育特色学校"称号，被苏州市体育局确定为"苏州市航空运动和模型运动协会理事会员单位"。学校被苏州工业园区管委会评为"苏州工业园区青少年科技教育特色学校"，被苏州工业园区组织人事局、教育局评为"苏州工业园区体教结合实验学校"，被苏州工业园区教育局评为"苏州工业园区 AA 级特色学校"和"一校一品"科技教育项目学校。成功的科技教育得到了《中国青年报》《中国教师报》《苏州日报》及中央电视台、苏州电视台等传统媒体的报道，也得到了自媒体的大量传播。

2. 科技课程建设提升学校优质办学品位

科技课程建设犹如一个功率巨大的引擎带动了学校整体的快速发展。自主德育有效推进，良性发展，学校被评为苏州市德育先进学校；教学质量显著提高，高考的推进率、转化率连续多年在苏州市大市名列前茅，被誉为"二中现象"；常态化、微型化、校本化的学校教科研工作有效推进，学校被评为苏州市教科研先进单位。学校被评为 2016 年江苏省教育工作先进集体、江苏省优秀行知实验学校等。良好的办学业绩得到上级教育行政部门的肯定，社会影响不断扩大，也引起了众多媒体的关注，《苏州日报》以《苏州学校也能培养飞行员了——园区二中引进飞行课程》报道学校飞行课程基地班的落成，网络媒体引力播以《新西兰梅西大学国际航空高等教育项目正式落户苏州》介绍学校的国际飞行课程，《扬子晚报》以《陪伴，不代替行走》报道学校取得突出高考业绩创造"二中现象"背后的奥秘，《中国教师报》以《春风化雨创特色，潜移默化育真人》《行走在理想与现实之间》《杏坛再添佳话》为题对学校在自主德育、打造适恰课堂、教师发展方面的突出事迹进行系列报道，《语言文字报》以《深化学校教育管理制度改革，凸现科学与人文精神融合》《教改大潮涌动，风景这边独好》《明确思路，科学推进，努力提升学校综合竞争力》为题对学校在实施管理创新、推进课程改革、深化素质教育、创建科技课程建设特色方面进行系列报道，《苏州日报》以《锁定科技特色，推进"全人发展"》《园区二中流行差异教育，我们的学生都是 only one》为题对学校科技课程建设特色、差异教学进行报道。

3. 科技课程建设特色展望

多年的实践证明，科技课程特色建设是促进学校内涵发展、优质办学的有效途径。当然，我们也清醒地认识到在目前的特色建设中，存在着一些问题与不足。诸如，精品课程不多，课程建设的科研成果还需要进一步推广辐射。根据学校发展规划，我们将科学决策，有序建设，精细管理，深化改革，重点做好以下工作：以提高办学品质为根本，以特色差异发展为突破口，以课程建设为依托，尽快实现课程的系列化、精品化、特色化，以满足学生个性化培养，多元化发展的需求，全力构建优质教育品牌。

总之，学校将继续坚定不移地打造科技课程建设特色品牌，在科技课程建设的引领下，全力推进教育教学改革与创新，提升学生核心素养，促进学生全面而有个性地发展，提高教师专业素养，促进教师专业成长，提升学校办学品位，促进学校优质内涵发展。

五、航空飞行课程建设

（一）航空飞行课程建设历程

为进一步拓展和延伸科技课程建设和科技创新教育特色，学校于2016年成立中新摩尔航空飞行课程基地，省、市民航协会及东方航空公司的机长等领导、专家出席基地落成仪式。课程基地引入新西兰阿德摩尔飞行学院的理论课程，配备了价值300多万元的空客A320全真模拟飞行器。学校于2018年设立梅西大学航空飞行国际课程基地，AOPA协会副秘书长、梅西大学航空学院院长、山西航空产业集团培训部部长等领导、专家出席基地落成仪式，并对课程基地的成立表示高度期待。在学校举行的2018新西兰主题日交流活动上，新西兰教育部官员和梅西大学预科学院副院长亲临现场为首届学员颁发毕业证。课程基地通过开设AAEP（航空学术英语项目）等课程，为未来培养国际飞行员奠定航空英语和飞行基础。同年，学校与新西兰阿德摩尔飞行学院、北京中新摩尔教育科技有限公司合作成立中新摩尔国际航空研究所，开设航空英语、航空法、飞行计划与导航、飞机机械理论、无线电通信、气象学等核心课程，并由3名新西兰国际资深飞行教官团队助力课程开发和教学，培养苏州学生的航空研究能力和职业能力。目前已有近20名学生考试合格后进入阿德摩尔飞行学院的飞行预科学习。

2018年，第一届中国—新西兰航空教育与产业研讨会在苏州举行，学校与新西兰梅西大学航空学院（世界上屈指可数的同时具备飞行员理论学术培养和飞行实训基地的高等院校）签署协议，设立梅西大学航空飞行国际课程基地，开设AAEP和飞行能力等课程，选拔苏州大市高二年级优秀学生进行学习，由梅西大学航空学院的老师进行全英文授课，目前已有4名学生考试合格后升入梅西大学航空管理和飞行员本科专业深造，将来在世界范围内的民航公司就业。

2018年9月，苏州市教育局批准学校成立"雏鹰计划"飞行员课程基地班，列入苏州市中考招生计划，面向苏州大市初三应届男性毕业生提前批次招生，由学校会同各航空学院、航空公司及AOPA的专家共同审核招生。"雏鹰计划"飞行员课程基地班是AOPA指导下的全国第二家、江苏省首家飞行员课程基地班，旨在通过对飞行员人才进行早期汇聚、保护和培养，将为中国民航大学、北京航空航天大学、南京航空航天大学等知名高校定向委培专业人才，最终为空军、海军和国内各大民航公司输送优秀飞行员。莅临现场的空军英雄试飞员、"八一勋章"获得者、空军指挥学院训练部原副部长李中华非常看好航空飞行课程基地班，因为这能满足当代青少年的个性追求，圆学生的飞翔梦，也有利于学生拓展学科知识、强健体魄，成长为国家需要的人才。"雏鹰计划"飞行员课程基地班将采取文化课程与飞行课程相结合的形式进行授课：文化课程为基础课程，与普通高中课程一致，统一要求，统一考核；飞行课程为校本课程（依照AOPA标准），包括航空知识、航空英语、综合素质拓展、模拟飞行和飞行实践等特色课程，真正实现全面发展与特长培养相结合的培养目标。针对飞行员课程基地班的特色，学校将聘请AOPA、新西兰梅西大学、国内航空院校和各大航空公司的专家或机长来校进行授课。"雏鹰计划"飞行员课程基地班的设立，必将增添学校科技教育的风采，丰富学校的办学内涵，最终彰显苏州教育改革的特色与品质。

学校还在高一、高二年级开设航空飞行校本课程，选修航空知识和模拟驾驶等核心课程，从而丰富学校科技创新教育课程体系，普及相关的航空知识，提高高中学生的航空科学素养，同时也为有飞行兴趣和特长的学生提供了国际高校的深造机会。此外，航空飞行社团和相关选修课程还向周边的星海实验中学、西交大苏州附中、苏大附中及其他初中示范、辐射，这些学校也相继开设了航空飞行选修课程，为学生提供了多元的成才通道，也促进了园区高中教育体系的优质多元发展。

（二）航空飞行课程建设效能

1. 提升学生核心素养

基础教育课程改革在学生培养模式上，要求突破高度统一的标准化模式，更加注重需求导向的个性化、多样化的培养。比较与选择，思考与行动，质疑与创造，成为未来人才必备的基本素养特征。

课程基地建设主张知行合一。航空飞行社团和选修课程提供学生社会实践般的体验式学习，立足于做中学和学中做，以学生的亲手操作、亲历情境、亲身体验为基础，强调学生的全员参与和全程参与。

课程基地建设注重学思结合。各学科、各方面知识的横向联系与综合运用，使得科学与人文相互融合，学生与社会相互交流，航空飞行社团和选修课程学习的综合，有利于创设独立思考、自由探索、勇于创新的良好环境，实现探究式、讨论式、参与式的教学与学习。

课程基地建设追求多元选择。丰富的航空飞行课程资源，给予学生多样化的学习选择。信息的获取、加工、管理、表达和交流，通过技术的设计、制作和评价，通过技术思想和方法的应用及实际问题的解决，为学生展示想象力、创造力提供广阔的舞台。

学校以为学生的可持续发展奠基为办学宗旨，以提升学生的学习能力、生活品质为教育目标，力图通过课程基地建设，改变过度倚重学科成绩评价学生的惯性思维，注意培养学生的生存能力、生活能力和学习能力，培育社会发展所需要的身心健康、习惯良好、基础扎实、自信自强的高素质创新型人才，也为祖国国防和民用航空输送基础性人才。

2. 推动教师专业成长

基础教育课程改革在教师专业成长上，要求克服单纯强调掌握学科知识和教学技能的倾向，更加注重教师教育境界和专业能力的提升。课程基地建设以高中课程学习为载体，学科教师以航空飞行社团和选修课程的研究为切入口，编著系列校本教材，以学科知识作支撑，以学科能力培养为目标，从专业化视角形成课程内容体系。以课程丰富内涵，以基地拓展课堂，让课程与课堂真正成为教师专业成长最真实的平台。

课程基地建设确立研究性业务学习机制。高中课程与航空飞行社团及选修课程结合开发校本教材，选题视角、内容确立、菜单开列、技术评价等项目，离不开学科教师团体的思考与研究，在集体探讨、质疑、辩论等一系列思维互动过程中，学科教师建构起适合自身的教学模式。

课程基地建设实行互动式观摩研讨策略。在与航空飞行社团和选修课程及其他学科教师的研究讨论中，在与航空飞行院校、社会企业的合作交流中，学科教师经过分析、比较、思考，能够从别人的成功经验中受到启示，从他人的失败教训中获得借鉴。

课程基地建设倡导反思型自我检验提升。学科教师具备了一定的现代教育理念后，课程基地应该鼓励其尝试反思性教学，引导其研究自身的教育教学行为。学科教师在课程基地中进行教学后反思、反思后再实践的自我检验，才可能促进教师专业发展、专业提升。

航空飞行课程基地建设立足于服务学生、服务教师，力图通过教研活动开展在基地、教研组建设在基地、成果展示应用在基地的方式，以课程基地建设促教师专业成长，以教师专业成长促学生素养提升。

3. 促进学校转型发展

基础教育课程改革在教育价值观上，要求从过度追求功利价值回归到对追求教育解放人、发展人本原价值的尊重。教育改革不能满足于教育活动形式的变化，真正意义上的转型应该是对学校办学思想、办学模式做系统化思考的结果。

课程基地建设将提升学校的办学品质。对于高考"指挥棒"下的基础教育来说，通过航空飞行课程基地的形式加强基础教育中的技术学习与技术渗透，能够极大地提升学生的科学素养，张扬学生的个性，实现培养"全人"的教育目标。在这一过程中，学生的文化学习非但不会受到冲击，由于学生素质的提高，文化成绩必定会有相应甚至是较大幅度的提升。

课程基地建设将丰富学校的发展内涵。航空飞行课程基地大大拓宽了科技教育的范围，加深了对科技教育的理解，在提供大量可供学生自由选择的选修模块基础上，多门课程综合利用、借鉴航空飞行校本课程进行教育教学，反映了航空飞行课程基地的凝聚力，彰显了航空飞行课程基地的生命力，增强了学校发展的向心力。

课程基地建设将扩大学校的社会影响。在课程基地建设过程中，国际、国内航空飞行院校前期提供了课程资源，后期可能因此获得宝贵生源；社会企业也不仅是对课程基地提供培训、实训，更可能是获得了企业未来发展所需要的技术人才。课程基地得到社会的帮助与支持，回报社会有助于扩大社会影响力与美誉度。

学校在学生文化基础相对薄弱的情况下，近年获得长足发展，连续跻身高考转化率、推进率苏州大市高中前列，被苏州市相关媒体誉为"二中现象""二中奇迹"。在高考升学率相对饱和的严峻形势下，课程基地建设无疑有助于实现学校发展的转型升级。

第五章

打造适恰课堂

一、适恰课堂提出的背景

1999年6月，我国召开了第三次全国教育大会，时任中共中央总书记、国家主席江泽民在会上做了重要讲话。他指出，在当今世界上，综合国力的竞争，越来越表现为经济实力、国防实力和民族凝聚力的竞争。无论就其中哪一个方面实力的增强来说，教育都具有基础性的地位。因此，要坚定不移地实施科教兴国的战略，大力提高全民族的思想道德和科学文化素质，提高知识创新和技术创新能力，密切教育与经济、科技的结合，加快实现经济增长方式和经济体制的根本转变。教育是知识创新、传播和应用的主要基地，也是培育创新精神和创新人才的摇篮。无论是在培养高素质的劳动者和专业人才方面，还是在提高创新能力和提供知识、技术创新成果及增强民族凝聚力方面，教育都具有独特的重要意义。面对当前国际国内新的形势，我们的教育思想、教育体制和结构、教育内容和方法，同社会主义现代化建设发展的需要不相适应的矛盾，正在日益显露出来。第三次全国教育大会的召开吹响了我国第八次基础教育改革的号角。

2001年6月，教育部颁布了《基础教育课程改革纲要（试行）》，提出了七个方面的改革。课程改革目标提出，"全面贯彻党的教育方针，全面推进素质教育"，明确课程改革的培养目标"要使学生具有爱国主义、集体主义精神，热爱社会主义，继承和发扬中华民族的优秀传统和革命传统；具有社会主义民主法制意识，遵守国家法律和社会公德；逐步形成正确的世界观、人生观、价值观；具有社会责任感，努力为人民服务；具有初步的创新精神、实践能力、科学和人文素养以及环境意识；具有适应终身学习的基础知识、基本技能和方法；具有健壮的体魄和良好的心理素质，养成健康的审美情趣和生活方式，成为有理想、有道德、有文化、有纪律的一代新人"。课程结构的改革规定，"高中以分科课程为主"，"设置综合实践活动并作为必修课程"是亮点。课程标准指明，"国家课程标准是教材编写、教学、评估和考试命题的依据"，应体现国家对不同阶段的学生在"知识与技能、过程与方法、情感态度与价值观"等方面的基本要求，"三维目标"是亮点。教学过程要求："教师在教学过程中应与学生积极互动、共同发展，要处理好传授知识与培养能力的关系，注重培养学生的独立性和自主性，引导学生质疑、调查、探究，在实践中学习，促进学生在教师指导下主动地、富有个性地学习。教师应尊重学生的人格，关注个体差异，满足不同学生的学习需要，创设能引导学生主动参与的教育环境，激发学生的学习积极性，培养学生掌握和运用知识的态度和能力，使每个学生都能得到充分的发展。"重视学生的主体地位，探索过程、学习方法、学科教学与信息技术的整合是亮点。教材开发与管理倡导，"教材改革应有利于引导学生利用已有的知识与经验，主动探索知识的发生与发展，同时也应有利于教师创造性地进行教学。教材内容的选择应符合课程标准的要求，体现学生身心发展的特点，反映社会、政治、经济、科技的发展需求；教材内容的组织应多样、生动，有利于学生探究"，一标多本，学校自愿选购，贯彻"用教材教"而不是"教教材"的课程资源观。课程评价要求，"建立促进学生全面发展的评价体系""建立促进教师不断提高的评价体系""建立促进课程不断发展的评价体系"，评价的主体由单一到多元，评价的方式重视过程与结果，充分发挥评价的教育功能，贯彻"以评促发展"的理念。课程管理要求，"实行国家、地方和学校三级课程管理""学校在执行国家课程和地方课程的同时，应视当地社会、经济发展的具体情况，结合本校的传统和优势、学生的兴趣和需要，开发或选用适合本校的课程"。《基础教育课程改革纲要（试行）》的颁布，揭开了以

"素质教育"为鲜明旗帜、以课程改革为鲜明特色的我国第八次基础教育改革的序幕。

接着，各个学科新的课程标准制定出来。根据新的课程标准编写的新教材陆续面世，根据新的课程标准和新的教材进行的教育改革试点工作启动，试点的范围不断扩大，2003年，高中的课程改革正式开始。新课程改革是我国教育的一场深刻的革命，教育理论、教育思想、课程结构、课程管理、课程评价、教学方式、学习方式都发生了巨变。新课程改革对我们学校来说既是挑战，也是机遇，具有悠久办学历史的"二中"和具有光荣传统的"二中人"，勇敢地面对挑战，不失时机地抓住机遇，争做改革大潮的弄潮儿。学校组织全体教师认真学习新的教育理论、教育改革的文件、外地鲜活的教改经验。我们深刻地认识到：教育改革的实质是克服应试教育的弊端，提高学生的素质。应试教育的弊端主要表现在：只关心学生的考试成绩，忽视不考试的知识与能力，造成学生的素质片面；只关心学生当下的考试成绩，而不关心学生的持续发展和终身发展；重智育轻德育，忽视学生的健康发展和人格健全；重教轻学，教育目中无人，学生只是被动听课的容器，学生的主体地位被忽视；教学内容"难、繁、偏、旧"，不能与学生的生活经验、现代社会的现状、科技的发展相联系，不关心学生的兴趣和经验，缺乏时代性；以教师为中心、教材为中心、课堂为中心，教师进行知识的灌输和题海训练，忽视学生的主动性、积极性、探索性和创造性，造成学生高分低能，缺乏实践能力和创新精神，与社会主义现代化建设对人才的需要不符。提高学生的素质是世界范围内教育改革的主流趋势，素质教育就是通过恰当的教育提高学生的素质，包括政治思想素质、道德品质素质、身体素质、心理素质、科学文化素质。改应试教育为素质教育，就要从教育观念到教育行为、教学策略、教学方式、教学方法、教学手段等方面进行全方位的改革。

二、适恰课堂打造的原因

学校经过反复研究、认真论证，确定把改革的重点放在课堂教学上，因为课堂是教育教学的主阵地，占领主阵地就抓住了问题的关键和核心。课堂教学改革的实质就是进行学校的学科建设，提高课堂教学有效性，提高教学质量，促进学生全面发展、健康发展、个性发展和持续发展。学校对教育界广为流传的目标教学、三段教学法、五段教学法、程序教学法、"315工程"（一节课的45分钟，15分钟学生自学、15分钟教师讲授、15分钟学生训练）、先学后教等教学方法进行认真梳理，深入分析，比较优缺点，结合本校的实际情况，于2008年率先提出打造"适恰课堂"的理念，从而迈出了学校课堂改革的坚实步伐，撬动了整个学校的全面改革。

打造适恰课堂，加强学科教学建设，核心是"适合"与"恰当"。"适合"就是适合信息化时代要求，适合社会主义现代化建设国情，适合学校的实际情况，归根结底还是适合学生的情况。"恰当"指教学内容、难度、策略、方式、方法、手段恰如其分，把学生当作独特的生命体对待，根据不同学生的知识储备、学习偏好、兴趣爱好与专长，有的放矢地施教，以针对性的教学产生实效性的教学效果，创建人文课堂、民主课堂、生态课堂、生命课堂，使学生主动地、积极地参与课堂教学，提高他们在课堂教学中参与的广度、深度和效度，最大限度地开发他们的潜能。要使学生想学、学会、会学、会用、能迁移，通过课堂学习，在知识、能力、体验、情感态度、价值观等方面都获得提升，就是要走出教育的单一化、同质化、一刀切的怪圈，形成教育的多样化、特色化、个性化新局面，改变每一所学校都千篇一律，改变忽视办学的城乡差别、地区差别、学校之间的差别、学校内部教学不平等的现象，创造因地制宜办学的生动活泼、丰富多彩的学校新景观。适恰课堂不是对过去课堂教学的彻底颠覆，也不是复辟"一对一"个别教育，而是在班级授课制的体制下尽量克服忽视学生个体差异所造成的"好的吃不饱，差的吃不了"的弊端，科学地解决教学的统一性与差异性，共性与个性的关系。在尊重学生个体差异的基础上，把学习成绩不好的学生发展好，把学习成绩好的学生发展得更好，满足每一位学生学习和发展的需要。以"不让一个学生落下"的雄心壮志，发展好每一位学生，它的前提是正视学生的个体差异，它的思路是把学生的个体差异变为教育的契机和资源，可谓独具匠心，技高一筹。

打造适恰课堂，加强学科建设，既不是校长拍拍脑袋的灵感迸发，也不是学校管理团队的异想天开，更不是全体教师的集体发狂，而是集思广益、反复讨论、科学论证、深思熟虑的必然选择。它是建立在对教育哲学的深刻领悟的基础之上的，是建立在对教育的本质和规律的正确把握基础之上的。关于教育是目的还是工具的争论已有200多年的历史。教育目的论认为，教育不是为达到某种目的的工具，培养人、发展人才是教育的唯一目的。教育工具论认为，教育是为了达到某种目的的工具。选择好的小学是为了考取好的初中，考上好的初中是为了考取好的高中，考上好的高中是为了考取好的大学，考上好的大学是为了找到好的工作，找到好的工作是为了多赚钱，多赚钱是为了过上好的生活。"择校热"就是教育工具论的折射。在这种教育工具论的影响下产生一种不正常的现象：社会压教育局局长，局长压校长，校长压老师，老师压学生，而学生承受压力的阈值是有限度的。在巨大的压力下，有的学生产生厌学情绪，辍学、离家出走、轻生的事件时有发生，造成教育的悲剧，社会对教育的诟病不绝于耳，教师的形象受到质疑。学校打造适恰课堂，加强学科教学建设坚持的是教育的目的论，努力克服教育的短视行为和功利主义思想，以发展好每一位学生作为整个学校工作的中心，以人文关怀作为课堂教学的主基调和底色，不仅避免了一些教学事故的发生，而且使学生心情舒畅地学习，提高了学校的教学质量，创造了"低进高出，高进优出"的"二中现象"，形成了适恰教育的办学模式，走出了一条内涵发展、特色发展、品质发展的新路子。

打造适恰课堂，加强学科教学建设，是建立在新的课程论的基础之上的。新课程改革之前教学的依据是教学大纲，教学是上位概念，课程是下位概念，课程是教学的一个组成部分，即教学的内容；新课程改革之后教学的依据是课程标准，课程是上位概念，教学是下位概念，教学是课程的一个组成部分，即教学是课程的实施，这一变化是由新的课程观所决定的。打造适恰课堂，首先要在理论上厘清什么是课程。如果对这一问题不搞清楚，就不能给适恰课堂以准确的定位，更遑论卓有成效地开展适恰教育。《辞海》对课程有两个定义：一是功课的进程，二是教学的科目。《中国大百科全书》提出，课程有广义和狭义之分。广义是指所有学科的总和，或学生在教师指导下进行的各种活动的总和；狭义是指一门学科。

西方国家比较有影响的课程论有四种：课程是学习的方案，是学校根据一定的教育目标提出来的，这一方案包括教学内容、教学活动、教学的预期结果。课程是具体的学科内容，即学生所要掌握的学科知识。课程是有计划的学习经验，即学生在教师引导下所获得的经验。课程是预期的学习结果的构造，即课程只是由预期的学习结果的构造所组成的，学习内容的选择、学习活动的组织都不属于课程。

施良方在《课程理论——课程的基础原理与问题》一书中归纳、总结了六种类型的课程：课程即教学科目，课程即学习经验，课程即计划活动，课程即预期的学习结果，课程即社会改造，课程即社会文化再生产。

张华在《现代课程观与我国当前课程改革》一文中指出，20世纪70年代以来，课程涵义发生了重大变化，呈现出六大趋势：从强调学科内容到强调学习者的经验和体验，进而强调课程的会话本质；从强调目标、计划到强调过程本身的价值，重视教师和学生主体性的发挥；从强调教材的单因素到强调教师、学生、教材、环境四因素的整合，课程变成一种动态的、生长性的生态系统；从只强调显性课程到显性课程与隐性课程并重，强调学生在学习环境中学到的知识、价值观念、规范、态度；从强调实际课程到强调实际课程与空无课程的并重，以前被排除在学校课程体系以外的课程得到了重视；从只强调学校课程到强调学校课程与校外课程的整合，学校课程的疆域被打破，学校、家庭、社区融合为一体。学校教师经过认真学习课程理论，明确了课程是学校为了实现培养目标而开设的学科及其目的、内容、进程、教学活动，课程包括课程设计、课程内容、课程实施、课程评价。学校对适恰课堂的定位是课程的实施，是教师在对课程执行、开发、研究的过程中创造的新的教学模式，它是以学生为中心的课程观的体现，突出了学生的经验，彰显了育人的培养目标。

打造适恰课堂，加强学科教学建设，是建立在科学的学习论基础之上的。从课程论的视角思考，解决"教什么"的问题；从教学论的视角思考，解决"怎样教"的问题；从"学习论"的视角思考，解决"为什么这样教"的问题。学校根据不同的学科、不同的教学内容，灵活运用不同的学习理论为指导，科学、有效地进行适恰课堂的建构。

第一，人本主义学习理论。人本主义学习理论就是以学生为本的理论。这一理论从全人教育的视角解释学习者个人的成长历程，以发展人性，注重开发学习者的经验和创造潜能，引导其结合认知和经验，肯定自我，进而自我实现。该理论关注学习者个人的知觉、情感、信念、意图，认为人具有天生的学习愿望和潜能，因为这种潜能只有在适当的条件下才能释放出来，所以要为学习者创造一个良好的环境。当学习者了解学习的内容与自身需要相关时，学习的积极性最容易激发出来，在一个有安全感的环境下可以更好地学习。学校的适恰课堂充分体现了人本主义的学习理论，是适合学生的学习和发展的课堂教学，是"目中有人"的课堂教学，是民主课堂、人文课堂、生命课堂。

第二，认知主义学习理论。这一理论认为每个人的情感和行为在很大程度上是由自身认识世界、处事的方式和方法决定的，即一个人的思想决定了他的内心体验和反应。该理论把人的心理功能看作是信息加工系统，一个由信息获得、编码、贮存、提取等一系列连续的认知操作阶段组成的信息加工系统。信息的获得是感官直接接受刺激，是感觉的作用；编码是将一种形式的信息转化为另一种形式的信息，要通过学生的整理、归纳、提炼来实现；贮存是把信息保存在大脑里，即记忆；提取就是运用知识解决问题。该理论重视对学习机制的研究，揭示表象、记忆、想象、思维的作用。学校的适恰课堂建构工作是认知主义学习理论的应用，问题导学和师生探究教学环节重视对学生问题意识、思维能力、问题解决能力的培养，提高了课堂教学的有效性，促进了教学质量的提高。

第三，建构主义学习理论。这一理论认为，世界是客观存在的，但对事物的解释却是由每个人自己决定的，不同的人由于原有的经验不同，对同一事物会有不同的理解。学习不是被动地接受信息，而是主动地、积极地建构知识的意义。学生通过新、旧知识经验的相互作用，来形成、丰富、调整自己的认知结构，因此，我们要引导学生从原有的经验出发，生长（建构）新的经验。该理论特别倡导探究式学习。学校的适恰课堂建构工作以这一理论为指导，关注学生的生活经验，关注学生的个体差异，以学定教，从而触及学生的灵魂，形成情感的共鸣，调动了学生学习的主动性、积极性和创造性，让教学质量的提高成为应有之义。适恰课堂的建构源于认识的转变，把关注的重点从教师的"教"转变为学生的"学"，这一观点对学习理论的学习和应用至关重要。

三、适恰课堂教学模式的建构

在教育的目的论、课程论、学习论的指导下，把学生看作独特的生命体，根据学生个体的智力水平、知识储备、兴趣爱好、个人专长、身心特点开展针对性的教学，以满足每一位学生学习和发展的需要，提升学生的核心素养，促进每一位学生的健康发展。在"适合的才是最好的"的理念下，打造适恰课堂，加强学科教学建设，构建了情境导入、问题导学、师生探究、生成拓展、素养训练的适恰课堂教学模式。这一模式是一个由5个环节构成的完整体系。在情境导入环节，教师从学科背景、学生的生活经验、社会现实、科学发展的视角，发挥想象力和创造力，创设一个身临其境的情境，引发学生的注意，引起学生的好奇，加深学生的感受。从一开始上课就抓住学生的心，是成功的课堂教学的良好开端。在问题导学环节，在引起学生注意和好奇的基础上进一步激发学生的求知欲，问题导学把知识变为问题，以问题链的形式揭示知识结构，以理性挑战的问题引发学生的思维，以具有梯度的、高质量的问题引导学生由浅入深、循序渐进地探索问题，加强思维含量，提高教学的质量。在师生探究环节，将教师的教与学生的学有机整合，抓住课堂教学的本质——会话，师生会话，生生会话，师生与文本会话。课堂教学不仅是掌握知识，而且是探索知识产生的过程，实质就是"科学教育"。在生成拓展环节，抓住课堂教学中每一个稍纵即逝的教育契机，捕捉有意义、有价值的问题，及时拓展教学的内容，深化对问题的认识，纠正学生的真问题，指导学生掌握科学的学习方法，形成生态课堂，增添课堂教学的一抹亮色。在素养训练环节，按照学科核心素养的要求，根据课堂教学的内容，精心设计练习题，把题目当作问题，把回答问题当作解决问题，在指导学生审题技巧、答题规范、变式训练方面下功夫，日积月累，形成科学的思维方式，练就一套行之有效的方法体系，形成良好的做题习惯，并能有效地迁移到新的情境中灵活运用，使培养学生的核心素养变成应有之义。学校适恰课堂建立在理念的先进性、策略的灵活性、方式方法的科学性基础之上，教学效果显而易见，我们对适恰课堂情有独钟、信心满怀，是情理之中的事。

学校的五环节课堂教学模式不是僵死的教条，而是一个开放的体系。课堂教学有新授课、复习课、试卷讲评课等不同的课型，不同课型在遵循五环节原则的基础上，根据教学内容和要求灵活施教。

新授课。新授课有两种，一种是必修课，一种是选修课。必修课的要求是"低起点，缓坡度，慢节奏"。这种做法一是考虑我校生源的状况，二是为了打牢基础，采用这种教学策略正是"适恰"的体现。选修课的要求是"高起点，大容量，快节奏"，因为学生已经有了基础，并且是学生自主选择的特长科目，再加上选修课是在必修课基础上的深化与拓展，采用这种教学策略也是"适恰"的体现。

复习课。复习课有两种，一种是单元复习，一种是总复习。单元复习课的目的是整合本单元的知识、技能、认识，要求用主题探讨的策略应对，通过整理、归纳、概括、提炼，建构单元知识结构，把握单元知识特点，提高认识的层次。总复习课的目的是整合本模块的知识、技能、认识，要求用理论概括的策略应对，在单元复习课归纳、概括的基础上，进行模块知识的建构，通过对不同单元主题的分析、比较、系统化，把握本质和规律，进一步提升为理论认识。

同样，课堂教学有语文、数学、外语、物理、化学、生物、政治、历史、地理、体育、音乐、美术、信息、通用技术、综合实践等不同的学科。不同学科有不同的特点，不同学科的课堂教学在遵循五环节原则的基础上，根据学科的内容和特点灵活施教，学校对各个学科教学的特色建设有不同的要求，这里不一一赘述。

学校适恰课堂的建设有以下五个特点。

第一，以人本主义学习理论为指导，把发展好每一位学生作为中心工作，把每一位学生看作独特的生命体对待，使教学符合每一位学生的情况，真正实现教育的公平。教育公平是《国家中长期教育改革和发展规划纲要（2010—2020年）》追求的目标之一，是人民群众对优质教育的不绝呼唤，是学校的教育理想和对理想教育的孜孜追求，表现在对全体学生无条件的关爱、尊重，对每一位学生了解、理解、关心。

第二，以学定教，从学情调查入手，把了解每一位学生作为施教的基础和前提。为了真正地把握学情，动态地把握学情，学校深入开展学情调查工作，通过学生在课堂上的表现、作业、考试的情况分析学情，通过班主任日常班级管理工作、任课教师与学生的谈心活动、学生座谈会、教师座谈会、班级护导周活动、学校督导活动、学生校长助理团的活动等形式了解学情。这是适恰课堂建构的着力点，也是亮点。

第三，以"适合的才是最好的"作为教育理念，整合教学设计、方式、方法、手段，充分发挥教师的教育才智，开展智慧的教育。教育是良心，教学不仅是集体性的活动，也是个性化很强的活动。教师的人生境界、专业知识、教学艺术、风格特点、行为举止都对教学效果产生重大的影响，教学的资源（教师、学生、教材、环境）都是通过教师整合而发挥作用的。因此，充分发挥教师的主观能动性，创造性地开展教学工作，是适恰课堂建构成功的关键。

第四，以多元智能理论为理论指导，以差异教学为方法论，以因材施教为原则，关注学生个性化、多样性的需要，把教育的科学性与艺术性有机结合。传统课堂教学只重视对学生语言、逻辑——数理智能的培养，学生的其他智能被忽略。适恰课堂关注学生的广泛智能，发现并培养学生的不同优势智能，培养特长生，因而能够有效地促进学生全面而有特长的发展，育天下英才，实现龚自珍"不拘一格降人才"的教育理想。

第五，以情境教学、问题教学、研究性学习为主要教学方法，培养学生思维品质，帮助学生在学习中学会学习，提升学生的核心素养。适恰课堂的建构本身就是教学的创新，新的教育理念的引入，新的教学方式和方法的运用，科学的教学策略的灵活运用，使学生再也不是被动的听课机器，而是学习的主人。学生以"我的学习我做主"的主人翁姿态，积极思考，探索问题，解决问题，在解决问题的过程中，知识掌握得更加牢固，技能练习得更加娴熟，在参与中感悟，在感悟中升华，情感态度与价值观得到发展，而且是润物细无声地发展，春风化雨式地发展。适恰课堂以其理念的先进性、实践的独到性、措施的有效性，极大地促进了学校教育教学水平的提高。自主、善导、高效的适恰课堂教学模式成为学校全体教师的自觉行为。

附：《我国的经济体制改革》历史课堂教学案例

（一）情境导入

教师用 PPT 展示 2 则材料，创设课堂教学情境。

材料一 "改革之前，由于物资匮乏，满足不了人民对物质生活的需要，政府采取低水平的平均主义分配原则，各种物品都凭票供应，吃饭要粮票，穿衣要布票……"

材料二 "今天，百货商店的各种物品琳琅满目，供消费者任意选购，农贸市场里各种吃的东西应有尽有，蔬菜、猪肉、牛肉、羊肉、海鲜、山珍不胜枚举，供消费者自由购买。"

在学生阅读 2 则材料的基础上，教师讲："变计划经济体制为市场经济体制导致我国发生了翻天覆地的变化，市场经济体制的魅力在哪里？这是我们本堂课要解决的问题。"改革前凭票供应的现象，学生已在《经济建设的曲折发展》一课中学过，改革后社会物资丰富是学生的生活经验，把改革前后的巨大反差进行对比所营造的教学情境，激发了学生的好奇心和求知欲，同时，市场经济体制的学习任务也使学生明确了学习的目标。

（二）问题导学

在情境导入的基础上，教师因势利导地提出七个问题："什么是经济体制改革？为什么要进行经济体制改革？经济体制改革怎样进行的？改革的结果怎样？改革为什么能够成功？改革中又产生哪些新问题？如何认识经济体制改革？"把教学内容转化为解决问题，把对经济体制改革的整体认识分解为不同的思考角度，引导学生全面地看问题，不仅有助于学生加深对历史的认识，更能引发学生主动的、积极的思维，在思维中掌握知识，提高技能，认识本质，在解决历史问题的基础上解决现实问题，提高学生的思维品质。

（三）师生探究

解决第一个问题要明确计划经济体制和市场经济体制两个概念，掌握两个概念的内容、特点、实质。由于学生对这两个概念的理解不清晰，所以教师讲解：我们判断计划经济和市场经济有一个标准，那就是资源如何配置，资源以国家计划配置为主的就是计划经济，资源以市场配置为主的就是市场经济。以历史唯物主义为指导，运用比较、分析、概括的心智操作，从本质上认识我国的经济体制改革是："在坚持社会主义制度的前提下，改革与生产力发展不相适应的生产关系的一些环节，解放和发展生产力。"自觉运用历史唯物主义的思想、观点分析问题。同时，还要认识经济体制改革是我国社会主义制度的自我完善，联系苏联戈尔巴乔夫"民主的、人道的"的改革偏离了社会主义方向，导致苏联解体，从历史借鉴中加深对经济体制改革的认识。

第一个问题解决"是什么"的问题，第二个问题解决"为什么"的问题，需要在深刻理解的基础上进行，思维的含量提高了。学生经过分析，了解了中华人民共和国成立初期我国从苏联照搬的高度集中的计划经济体制出现的弊端，通过联系斯大林模式的弊端，结合对中华人民共和国成立30年经济建设所走的曲折道路的分析，认识到：在高度集中的计划经济体制下，党政不分，政企不分，地方企业个人没有自主权，单一的公有制忽视了我国各地的发展不平衡，吃大锅饭的平均主义分配原则，等等，不能有效地调动各方面的积极性，经济建设失去了活力，阻碍了我国的社会主义经济建设的发展。只有进行经济体制的改革，才能打破僵局，增强活力，促进社会主义经济建设的发展，从而加深了对改革必要性的认识。

第三个问题涉及史实的掌握。学生知道我国的经济体制改革首先从农村开始，主要是建立家庭联产承包责任制，在农村改革的推动下城市改革全面展开，主要是改变所有制，把单一的公有制变为多种所有制，改变管理体制，权力下放，企业自主经营，改变分配制度，实现以按劳分配为主、多种分配方式并存。1992年开始了建立社会主义市场经济的改革。在此基础上，通过比较、分析能认识上述改革措施为什么能调动各方面积极性，增强经济发展活力。家庭联产承包责任制后的所有制没有变，仍然是公有制，改变的是经营方式，以家庭为单位的个体经营。经营方式的改变导致分配方式的改变，经营的好坏与农民的切身利益攸关，因而调动了农民的生产积极性。城市改革中所有制、管理体制、分配制度的改变，引进了竞争机制，再加上对外开放引入国际竞争机制，激发了创造力。以思维掌握历史知识，把掌握历史知识变成培养学生思维品质的载体，是培养学生历史思维品质的有效途径。

第四个问题学生通过看书就能掌握。通过改革建立了社会主义市场经济体制，创造了我国经济发展的奇迹，经济快速发展，成为世界第二大经济体。在此基础上，引导学生积极思维，从人民生活水平的提高、科技的进步、教育的发展、军事的现代化、综合国力的增强、国际地位的提高等方面，全面认识我国改革开放的伟大成就，培养学生全面看问题的方法和习惯，提高思维品质，从而增强学生的自豪感，加深对社会主义祖国的热爱，达成情感态度价值观的教育目标。

第五个问题要在经济体制改革的背景和过程中寻找答案。在寻找答案的过程中感知、体验、感悟历史，运用分析、比较、归纳、概括等心智操作，得出理性的结论。在国际上借鉴社会主义经济建设的经验教训，特别是苏联的新经济政策、东欧剧变和苏联解体的经验教训，总结中华人民共和国成立30年经济建设的经验教训，特别是"文化大革命"的教训，进而分析"文化大革命"结束的有利条件，关于真理标准讨论造成的思想解放，以邓小平为核心的党的第二代领导集体的运筹帷幄，以及全国各族人民的不懈努力，问题就能得到解决。

第六个问题由解决历史上的问题拓展到解决现实问题，培养学生的问题意识，以及发现问题、分析问题、解决问题的能力。学生结合自身的生活经验，进行积极的知识构建，提出了一系列的问题。如：农民的个体经营已不适应发展现代农业的需要，只有规模经营，采用新技术，发展现代农业、生态农业，才是农业发展的出路；经济的发展造成贫富差距的拉大，新的不公平引发了社会矛盾，"仇富"造成社会的分裂，不利于和谐社会的发展；环境污染，蓝天白云少了，雾霾多了，清澈见底的河流不见了，污水河多了；出现了一批腐败分子，官僚主义作风，脱离人民群众，"仇官"的人多了，这些都影响了党的形象；食品不安全了……学生对社会的关注本身就是爱国主义的体现，在关注社会问题、思考社会问题的过程中，发展了思维的品质。教师一定要向学生指出，这些问题是发展中的问题，一定要用发展来解决，同时，通过解决这些问题深化改革，把学生的价值观引导到正确的方向上来。

第七个问题是对我国经济体制改革的总结和深化，使学生认识到改革是一场深刻的社会革命。它解放和发展了生产力；社会发展永无止境，经济建设应当与时俱进；改革是利益的调整，改革的措施只有符合国情才能调动各方面的积极性，把我们的国家建设得更美丽，把几代人的中国梦变为现实；每个人都要成为改革者，不断实现人生的超越，达到自我实现的境界。

（四）生成拓展

在师生探究的教学过程中，有的学生对1992年前后的改革有些不太明了，教师捕捉到教育的价值，抓住有利的教学契机，及时地生成：我国的经济体制改革是社会主义制度的自我完善，社会实践永无止境，改革的不断深入如影随形。1992年前的改革是我国经济体制改革的第一阶段，农村家庭联产承包责任制的实行，城市里所有制的改革、管理体制的改革、分配制度的改革，都是"政策的调整"。1992年以后的改革是我国经济体制改革的第二阶段，是改革的深化，主要内容是建立社会主义市场经济体制，实现经济资源的市场配置，运用市场这个"看不见的手"的调节作用，形成竞争机制，调动人民群众的生产积极性和创造性，又好又快地发展我国的经济，是"制度的创新"。这一生成的意义在于使学生掌握的知识更加牢固，区分了改革前后两个阶段的特点，认识到改革是一个不断深入的过程。

在教学过程中对改革出现新问题的拓展，联系了社会现实和学生的生活经验，引起了学生的情感共鸣，提高了学生观察问题、分析问题、解决问题的能力，使学生深刻认识到：改革中出现的新问题是发展的问题，只有用进一步的发展才能解决，因而提高了学生的思想认识。这一拓展是自然而然的、水到渠成的，没有任何的做作和生硬，产生了浸润的教育效果。

（五）素养训练

阅读材料：

1978年底，安徽省凤阳县小岗村18户农民为摆脱贫困，暗中自发将集体耕地包干到户。1979年2月，中共安徽省委召开会议，决定在肥西县南山公社包产到户试点，并指出：许多干部一讲到包产到户，就心有余悸，可以说谈"包"色变，但农民普遍希望包产到户，这是矛盾，必须要在实践中加以检验。会议强调试点不宣传、不报道、不推广。1979年9月，中共中央下发文件，认为因某些副业生产的特殊需要和边远山区、交通不便的单家独户可以实行包产到户，一般不加以提倡。1980年9月，中央下发《关于进一步加强和完善农业生产责任制的几个问题》中指出："在生产队领导下实行的包产到户是依存于社会主义经济，而不会脱离社会主义轨道的，没有什么复辟资本主义的危险。"1982年9月，中共十二大对以包产到户为主要形式的农业生产责任制改革予以肯定，包产到户在农村迅速推广。1980年11月，全国农村实行包产到户的生产队为15%；到1983年初，这一比例达到93%。

回答问题：

按时间的顺序，叙述农村经济体制改革的过程。（考查学生史料阅读与理解能力及历史叙事能力，培养学生历史时空观核心素养。）

根据材料和所学知识，包产到户的做法改变了什么？可以概括为什么制度？这一制度产生了怎样的作用？（这一问题环环相扣，第一问考查学生的比较能力，第二问考查学生的概括能力，第三问考查学生的分析能力，注重历史思维品质的培养。）

我国的经济体制改革是从农业开始的，经历了农民自发改革到政府推广的历程，对此你有何认识？（这一问题是开放的，学生可以从旧的生产关系阻碍了生产力的发展，人民群众具有创造性，政府的作为等方面回答，培养学生历史理解、历史阐释的核心素养。）

学生的历史学科素养是在学生历史学习的过程中逐步形成的，是通过实践和训练获得的，训练一定要以史料这个历史学科的基石为载体，使之具有历史味，设问为直指历史学科核心素养，使之具有针对性，教师的指导注重答题思路、方法，使之具有实效性。

四、适恰课堂的课题研究

为了使适恰课堂学科建设更加科学有效，学校申报了省级课题，以课题研究推进适恰课堂的建构，达到了预期的研究目标，并获得苏州市教学成果二等奖。

附：江苏省教育学会"十二五"规划课题《课例研究推进适恰课堂的实践研究》结题报告

（一）问题的提出

1. 新课程改革对优质教育的不绝呼唤。在素质教育不断深化，新课程改革如火如荼推进的过程中，社会呼唤着优质教育，"办人民满意的教育"成为时代的最强音。如何提高教学质量，成为教育人必做的选择题，用增加学生负担的办法提高教育质量显然是逆历史潮流而动，与现代教育的发展方向南辕北辙，只能用提高课堂教学有效性的措施来提高教育质量。提高课堂教学有效性，就要加强课堂教学的研究，把每一堂课上好，达成效果、效率、效益预期指标，课例研究势在必行。

2. 教师专业化发展的需要。优秀教师是优质教育的保证，教师的专业化发展成为时代的课题。教师的发展有一个过程，从师范生到新教师，再到有经验的教师，最后是专家型的教师。新教师的知识结构以原理知识为主，包括科学的原理、规则、一般的教学法知识，但缺乏教学经验。有经验的教师的知识结构以课例知识为主，他们在教学中积累了丰富的课例，但缺乏策略知识。专家型教师以策略知识为主，即运用心理学、教育学的原理于特殊的课例，上升到理论的探讨，其核心是运用理论对教学实践进行反思，形成丰富的策略知识。课例研究是新教师到有经验的教师，再到专家型教师发展的必由之路。

3. 学校高品位发展和特色发展的需要。在学校竞争日趋激烈的当下，学校面临着生存与发展的挑战，学校之间的竞争也遵循着优胜劣汰的市场经济法则，要在竞争中处于不败之地，脱颖而出，就必须走优质发展和特色发展之路。学校的工作千头万绪，教学是重中之重，课堂是主阵地，课堂教学优质高效并富有特色，是学校高品位发展和特色发展的战略重点。课例研究把提高教学质量与教师的专业化发展有机结合起来，把学校的高品位发展与特色发展有机结合起来，课例研究将成为学校发展的突破口和动力源，一石激起千层浪，带动整个学校方方面面的改革，促进学校的高品位发展和特色发展。

（二）课题研究的价值

1. 课题研究的理论价值。本课题研究的理论价值表现在 4 个方面：第一，发展和丰富有效教学理论。有效教学理论认为，教学的有效性表现在教学促进学生的发展，它是课前预设有效、课堂教学有效、课后辅导有效、作业和批改有效的总和。有效教学是教育哲学、课程论、教学论共同探讨的课题，是提高教育质量永恒的话题，是教师永无止境追求的目标。通过课例研究，在教学的实践中不断地发现问题，不断地解决问题，提炼经验，升华成理论，有效教学理论不断得到发展和丰富。

第二，发展和丰富建构主义理论。建构主义理论认为，学生学习的过程是学生运用已有知识积极建构新知识并形成新的知识结构的过程，教师的教学必须把新知识与学生已有的知识有机结合，形成学生个人意义知识，学生在学习中表现出学习的主动性、自觉性、积极性。课例研究重视差异教学，从深入研究学情入手，研究每一个学生的知识准备、学习偏好、学习方法、学习能力、个性特点，以学定教，满足每一位学生学习和发展的需要，在教学实践中总结经验，提炼观点，使建构主义理论不断发展和丰富。

第三，发展和丰富最近发展区理论。最近发展区理论认为，学生的学习是从现实发展区发展到最近发展区。教学的难度小，不能激发学生认知的冲突，不能引起学生的积极思维，不利于学生的发展；教学的难度过大，学生经过努力也不能解决问题，欲速则不达，会造成学生的挫折感，降低学生的自信心。通过课例研究，在了解学情的基础上，提出恰当的目标，采取针对性的措施，循序渐进，促进学生持续发展，其经验的提升将发展和丰富最近发展区理论。

第四，创建适恰课堂教学的新理论。适恰课堂是我校根据新课程的理念，结合学校的情况和生源状况提出的新的教学理念。通过本课题的研究，我们将深入探讨适恰课堂的特质，适恰课堂的组成要素，适恰课堂的教学程序，适恰课堂的操作规范，形成系统的适恰课堂理论，使适恰课堂的理论彰显出应有的魅力。所谓适恰课堂，就是以差异教学为基础，以因材施教、教育公平为原则，以最近发展区理论为指导，以激发学生的思维为着力点，满足每一位学生学习和发展需要的有效课堂教学。

2. 课题研究的实践价值。本课题研究的实践价值表现在3个方面：第一，构建适恰课堂教学模式，提高教学有效性。我们学校的课例研究具有鲜明的主题和明确的目标——打造适恰课堂。适恰课堂是我们学校根据新课程改革的要求，结合学校的实际情况，实现学校优质发展和特色发展而提出的新理念。它突出学生的主体地位，引导学生积极参与教学过程，变学生被动听课为自主探索，注重学生的差异，因材施教，满足每一位学生学习和发展的需要，有利于提高课堂教学的有效性，提高教学质量。

第二，构建教师学习型共同体，促进教师的专业化发展。我们按照行动研究法，采用同题异构的方式，运用学科组教师集体的智慧，经过一轮轮的上课、改进，不断修改、完善、丰富课例，为全校教师提供共享的优质教学资源，促使教师课堂教学水平的提高，促进教师迅速成长，打造学习型教师发展共同体。备课组、教研组的教师集体观课、集体评课、集体讨论、集体改进教学工作，为了解决疑难问题，集体学习教育理论、专业知识、教学方法、教学技术，形成学习型共同体，从而促进教师的专业化发展。

第三，加强问题教学，促进学生学科能力的提高，促进学校科技创新教育特色的发展。学校有科技创新教育的特色，海模、航模、建模、车模、机器人、3D打印成绩突出，特别是海模竞赛成果丰硕，在国际比赛中摘取银牌，在全国比赛中获得了32枚金牌，在江苏省的比赛中夺得金牌总数的半壁江山。为了把科技创新教育特色做大做强，由项目特色发展为学校特色，再发展为特色品牌，把科技创新教育意识渗透到学科教学之中，具体措施就是加强问题教学。问题教学的理念就是把题目当作问题，把解题变成解决问题，把教学内容以问题的形式体现，结合科技的发展、社会的进步、学生的生活经验，提出具有理性挑战的问题，加强思维的含量，增强学生参与的广度、深度、效度，帮助学生在解决问题的过程中发展思维能力，提高解决问题的能力，提高科学素养，把科技创新教育变成学校的特色，使学校成为特色品牌学校。

(三) 课题核心概念的界定

1. 课例研究。课例研究是承担课例研究任务的教师借助于某一堂课的教学所进行的研究活动，使课堂教学成为教师个人反思的对象、理论研究的素材、他人学习的范例。它通过教师集体观课、课后研讨、改进教学，以提高教育质量。课例研究不同于课例，课例是关于一堂课教与学的案例，它是课例研究的结果。课例研究不同于课堂教学，课堂教学是一堂课的教学过程，它是课例研究的素材。课例研究与课堂教学、课例又有密切的联系，课堂教学为课例研究提供研究的素材，课例是课例研究的成果。课例研究改变了教师的生活方式，教师在教学工作中学习，在学习中研究，把研究的成果应用于教学工作，循环往复，螺旋上升，既提高了教学质量，又发展了教师，也促进了学校的发展。

2. 适恰课堂。适恰课堂这一理念是我们学校首次提出的，是根据素质教育和新课程改革的要求，结合学校的实际情况，群策群力研讨的成果，它具有鲜明的个性。我们赋予它的内涵是：以差异教学为教育思想和方法论，按照因材施教的原则，以提高学生的核心素养为根本诉求，进行适合每一位学生学习和发展需要的教学，培养未来社会需要的人才，为学生终身发展奠基。我校的适恰课堂具有鲜明的特色，主要表现在：第一，以学定教。下大力气研究学情，通过对学生的课堂表现、作业、考试的研究，了解每一位学生的知识储备、学习习惯、优缺点、个性等情况，以增强教学的针对性和实效性。第二，问题教学。把学生的学习过程变成探索的过程。所谓问题教学，就是把教材内容以问题的形成呈现，营造问题情境，引发学生认知的冲突，激发学生的思维，指导学生提出解决问题、分析问题、设计解决问题的方案，把学习的过程变为探索的过程。学生在此过程中创新精神和实践能力得到发展。第三，激发学生积极参与教学过程，互动生成。问题教学必然引发学生积极参与教学过程，引发学生主动思考、小组讨论，学生的主动性、积极性、创造性得到发挥，学习方式发生了革命性的变化，主体意识和主体地位凸显。

课例研究是构建适恰课堂的途径，适恰课堂是课例研究追求的目标，课例研究的过程就是适恰课堂构建的过程，适恰课堂的构建为课例研究确立了明确的目标和发展方向，两者是有机的整体。

（四）课题研究的主要理论依据

1. 差异教学理论。原中央教科所华国栋研究员提出的差异教学理论，对我们学校"课例研究推进适恰课堂的实践研究"课题具有理论指导意义。他指出，差异教学是指在班集体教学中，立足于学生的差异，满足不同学生的学习需要，促进每个学生最大限度发展的教学。差异教学就是要求在关注学生共性的同时也要照顾学生的个性差异,在教学中将共性与个性辩证地统一起来,使教学与每个学生的学习和发展最大限度地匹配。该理论立足于学生这个主体,倡导教育公平,以学定教,增强教学的针对性,提高教学的有效性,为本课题的研究提供了教育思想和方法论的指导。

2. 生活教育理论。人民教育家陶行知的教育理论——生活教育理论有其鲜明的特点。他主张教育要与社会生活和学生的生活经验密切结合,理论与实际相结合,做到"教学做合一"。他认为远离生活的教育是伪教育,脱离实践的知识是伪知识,"学校是小的社会,社会是大的学校""生活即教育,社会即学校"。他对"学生"做了新的解释。所谓"学",就是学生自主地去学;所谓"生",就是生活或生存,生活天天在改变,人天天要学习。因此,要树立终身学习的观念。他的这些观点和今天课程改革所倡导的理念是非常契合的,完全可以作为今天课程改革的指导思想。因为他的上述主张切中了应试教育脱离社会现实和压制学生创造力的要害,有利于新课程所追求的培养学生创新精神和实践能力目标的实现。

3. 新课程改革的理论。"课例研究推进适恰课堂的实践研究"课题是在新课程改革的背景下催生的新课题,只有在新课程改革的理论指导下,才能使学校学科建设目标明确,方向正确,效果真切。新课程倡导以人为本,转化教师的角色和教学方式,突出学生的主体地位,改变学生的学习方式等理论,为本课题的研究提供了行动指南。《基础教育课程改革纲要(试行)》在课程改革的目标中要求:"改变课程实施过于强调接受学习、死记硬背、机械训练的现状,倡导学生主动参与、乐于探究、勤于动手,培养学生搜集和处理信息的能力、获取新知识的能力、分析和解决问题的能力以及交流与合作的能力。"在教学过程方面倡导:"教师在教学过程中应与学生积极互动、共同发展,要处理好传授知识与培养能力的关系,注重培养学生的独立性和自主性,引导学生质疑、调查、探究,在实践中学习,促进学生在教师指导下主动地、富有个性地学习。教师应尊重学生的人格,关注个体差异,满足不同学生的学习需要,创设能引导学生主动参与的教育环境,激发学生的学习积极性,培养学生掌握和运用知识的态度和能力,使每个学生都能得到充分的发展。"上述理念为我们进行以"适恰课堂"为主题的课例研究提供了依据，指明了方向。

(五) 课题研究的目标和内容

1. 课题研究的目标。所谓研究目标就是课题研究要解决的问题。本课题研究的目标是通过课例研究的途径打造适恰课堂。适恰课堂是我校学科教学追求的理想，课例研究是实现这一理想的途径，在以课例研究推进适恰课堂的实践研究中，促进教师的专业化发展，促进学生全面而有个性的发展，促进学校教学质量的提高，打造学校的特色品牌。

2. 课题研究的内容。研究的内容是研究目标的分解，本课题的研究围绕研究目标进行4个方面的研究：第一，关于课例的整体研究。课例是关于一堂课的教与学的案例，课例研究是指承担课题研究任务的教师借助于某一堂课的教学所进行的研究活动，旨在使课堂教学成为教师个人反思的对象、理论研究的素材、他人学习的范例。它通过教师集体观课、课后研讨、改进教学，以提高教育质量。我们将采用横向和纵向相结合的方法进行研究。横向研究偏重于集体研讨，采用同题异构的方式，同备课组的教师上同一课题，课后研讨，取长补短，共同提高；纵向研究偏重于个人反思，通过教师个人上课后的反思，改进教学，不断提高教育质量。

第二，各学科的课例研究。高中阶段的教学有语文、数学、英语、物理、化学、生物、政治、历史、地理、美术、音乐、体育等学科，各学科有不同的特点，各个学科的教学也有不同特点，进行针对学科特点和学科教学特点的课例研究，形成学科教学特色，促进学科建设，提高学科教学质量。

第三，各种课型的课例研究。在教学中有不同的课型，如新授课、复习课、练习讲评课等，不同的课型有不同的教学目标和方式。进行不同课型的课例研究，有利于上好不同类型的课。新授课重视基础，培养学生的基础素养；单元复习课重视主题，进行主题探讨；总复习重视整理、归纳、提炼，探索规律和本质；练习讲评课重视问题解决能力的提高；试卷讲评课重视审题技巧和做题规范的培养。

第四，关于适恰课堂的研究。适恰课堂是我们学校课例研究的鲜明主题，体现了学校的教育思想、办学理念、发展战略、理想目标、实践措施，为学校的课例研究指明了方向。适恰课堂要体现学生的主体性，在充分研究每一位学生的基础上以学定教；要形成民主和开放的课堂文化；要形成互动生成的生态课堂；要通过提出理性的、具有挑战性的问题，引起学生认知的冲突，激发学生积极思维，培养学生思维的品质；要指导学生科学的学习方法，促进学生学会学习。

（六）课题研究的过程与方法

1. 课题研究实施过程。本课题的研究分3个步骤：2013年10月—2014年6月，准备阶段。在这一阶段，主要做了以下工作：（1）课题组认真修改课题申报书，在此基础上形成课题实施方案。（2）聘请孙春福、张会元、卜言忠等专家对研究方案进行论证。在吸收他们的建议后，再次对课题实施方案进行修改，以使课题研究工作更加科学、规范，便于操作。（3）聘请专家讲学。特级教师孙春福为我们学校教师开设了"让知识护佑心灵"的专题讲座。北京师范大学肖川教授为我们学校教师开设了"教师的诗意生活与专业成长"的专题讲座，提高了教师的人生境界，开阔了教师的视野，提高了研究能力。（4）确定了以"适恰课堂"为课例研究的主题，以便形成鲜明的学校课堂教学特色。（5）制定了适恰课堂评价表。对适恰课堂的内涵进行了细化，对教学目标的确定与达成、教学资源的应用、教学策略的运用、教学方法和教学手段的选择、学生的参与程度提出具体的、明确的要求，作为教师备课、上课、布置作业的依据，保证课堂教学的优质高效。（6）从2014年2月至6月，开展了读书活动，主要书目有：王洁著《如何做课例研究》，田慧生主编《课堂评价的理论与实践》，邱亚军主编《如何了解你的学生》，郑丹丹译《反思型教师与行动研究》，华国栋主编《差异教学策略》，肖川著《教师的诗意生活与专业成长》，宋运来主编《影响教师一生的100个好习惯》，舒雨湖、黄珊编著《教师走向成功的四项修炼》，张广亮主编《成功教师必知的22条"军规"》，赵国忠主编《中国著名教师的课堂细节》。为了使读书活动深入开展，我们制定了活动方案，进行检查、评比、表彰，对于丰富教师的理论知识、提高教师的研究能力起到了很好的作用。（7）2014年3月，在全校开展了"一师一优课，一课一名师"活动，要求每一位教师上一节优质课，并录像，进行评比，对优胜者进行表彰，并推荐到市、区参加优质课评选。该项活动的开展，引入了教学的竞争机制，调动了教师的主动性、积极性和创造性，运用新理论、选择新知识、应用新手段、尝试新教法蔚然成风，把教学比赛活动发展成为群众性的学习活动，促进了教师整体水平的提升。（8）2014年5月，学校组织部分骨干教师到江苏省溧阳高级中学参观学习，在听课和参观中，了解到他们学校课例研究的科学做法，学到了新的经验，为我校课例研究工作提供了借鉴。2014年6月，学校组织课题组全体成员到江苏省太仓高级中学参观学习，太仓中学同题异构的课例研究经验，对我校课例研究具有宝贵的启迪作用。

2014年9月—2016年1月，实施阶段。在这一阶段，主要做了以下工作：（1）分别在语文、数学、英语、物理、化学、生物、政治、历史、地理等9个学科实施研究。（2）2014年9月，数学组举行适恰课堂研讨活动。（3）学校开展适恰课堂大比武活动。（4）语文组举行适恰课堂评优课活动。（5）2014年10月，历史组举行适恰课堂研讨活动。（6）北京教育学院院长王鸿冰教授深入我校课堂观课，对课题研究进行指导。（7）政治组举行适恰课堂评优课活动。（8）2014年11月，学校主办苏州工业园区政治教研活动。（9）聘请特级教师周永沛为学校教师开设"教师如何进行教学研究"的专题讲座。（10）2014年12月，学校举办差异教学与适恰课堂教育论坛，对课例研究推进适恰课堂进行研讨。（11）2015年1月，学校承办苏州工业园区语文教研活动。（12）2015年3月，学校举行课例研讨活动。（13）学校承办苏州工业园区生物教研活动。（14）学校承办苏州工业园区物理教研活动。（15）学校开展"一师一优课，一课一名师"活动，努力推进课例研究。（16）2015年4月，学校承办苏州工业园区数学教研活动。（17）学校承办苏州工业园区语文、历史学科课例研讨活动。（18）2015年5月，学校举办适恰课堂教育论坛。（19）2015年9月，学校承办苏州市语文教研活动。（20）2015年10月，学校承办苏州市物理教研活动。（21）2015年11月，学校聘请陕西师范大学的杨承印、王较过教授参与物理组、化学组学术沙龙。（22）撰写课题研究中期汇报。

2016年2月—2016年10月，结题阶段。在这一阶段，课题组召开结题准备会议，系统整理、提炼研究资料，编写课例集，撰写研究工作报告，撰写结题报告，填写课题成果鉴定书，发表课题研究论文，申请结题。

2. 研究的主要方法。本课题的研究主要方法有：第一，文献研究。进行文献研究，了解国内外本研究领域的研究现状，对文献进行整理、归纳、分析、提炼，撰写文献综述，使本课题的研究从前沿入手，吸收别人研究的长处，克服别人研究的不足，以新的理论、新的视角、新的手段、新的方法、新的内容进行创新，少走弯路，早出成果，快出成果，出好成果。

第二，学生学习现状的调查研究。提高教学质量的前提，是使教学满足每一位学生学习和发展的需要，增强教学的针对性，产生教学的实效性，为此要加强学生学习现状的调查研究，采用问卷调查的方式，进行量的统计，采用个别访谈的方式，进行质的研究，采用作业分析的方法、考试分析的方法，进行深层次的研究，以便以学定教。

第三，教师教学现状的调查研究。教师是重要的教学资源，而且各种教育资源必须通过教师的整合才能真正形成教学资源，对教师的研究尤为重要。同时，教师是新课程的执行者、开发者、研究者，教师的专业化发展状况，直接决定了教学质量，对教师的事业心、责任心、专业水平、理论水平、教学技能、科研能力、工作态度进行全面研究，并且有针对性地培养，是提高教学质量的关键。

第四，观课。通过对教学双方活动的观察，了解教学的实际效果；通过非定性的全景式观课，积累研究素材；通过定性的专题观课，进行专题研究。观课是研究的开始，观课所形成的材料是研究的素材，通过对素材的分析，不断改进教学。

第五，行动研究。通过观课进行研讨，提出改进意见，形成新的教学预案，上课；再观课，再研讨，提出改进意见，形成更新的教学预案，再上课……循环往复，不断提高，形成经典案例，促进教学质量的不断提高。

（七）课题研究的成果

1. 对"课例研究"这个核心概念有了新的认识。课例是关于一堂课教与学的案例。课例研究是承担课例研究任务的教师借助于某一堂课的教学所进行的研究活动，旨在使课堂教学成为教师个人反思的对象、理论研究的素材、他人学习的范例。它通过教师集体观课、课后研讨、改进教学，以提高教学质量,是优化课堂教学、促进学生健康成长、提升教师专业化发展的有效途径。

2. 对"适恰课堂"这个概念进行了新的诠释。打造适恰课堂,是基于学校的实际情况,为深化素质教育、积极参与新课程改革、促进学校特色发展,在教学方面追求的新愿景、采取的新措施。它的核心理念是"适合的才是最好的",以差异教学为教育思想和方法论,以因材施教为教学原则,以追求教育公平为价值取向,以促进学生发展为根本诉求,在班级授课制的框架下最大限度地增加个性化的内容,开展适合每一位学生学习和发展需要的课堂教学。适恰课堂的构建具有无限的生命力,理念先进,思路独到,价值正确,方法科学,效果显著,把学校的教学工作推向新的高地,促进学校在高位上健康发展、特色发展、持续发展。

3. 制定了适恰课堂评价表。适恰课堂是学校孜孜追求的课堂教学的梦想,从理念的提出到行动的开始,再到思想的明晰、架构的建立、科学有效措施的采取,是一个系统工程。学校制定的适恰课堂评价表,体现了学校的教育思想、课堂构建蓝图、具体要求,是学校适恰课堂构建工作的成果之一。它体现了课例研究的鲜明主题和具体要求,指导了适恰课堂的实践,是学校学科教学特色发展的保障。按照适恰课堂评价表的要求,学校的课题研究定会绽开绚丽的花朵,结出丰硕的果实。

4. 总结了课例研究的经验。为什么要进行课例研究?就是要积累教师课例知识,丰富教学经验,改进教学,促进学生健康成长。但是,知易行难,怎样才能引导教师主动地、积极地、卓有成效地投入到艰苦的课例研究中去,是萦绕在课题组成员大脑中挥之不去的问题。课题组成员认识到:必须把课例研究的要求内化为全体教师的内部需要,使之成为强大的内驱力。对全体教师进行"教师梦"的教育,号召全体教师发扬陪伴精神,树立优秀教师典型,进行方法指导。全体教师的自尊心、自信心增强了,境界提高了,动力平添,把课例研究看成自身专业化发展的必由之路,忘我地投入到课例研究工作中。

5. 形成了一批优质课例。学校教师在课例研究的过程中,把个人努力与集体智慧相结合,对课堂教学精益求精,对课例反复打磨,形成了一批优质课例:曾美华《重视学生思维建构,支架式教学模式探索》(英语)、张亚云《充分发挥小班优势，活用多种教学策略，构建物理高效课堂》（物理）、戴佳玲《建构主义理论指导下的探究式心理课堂教学》（心理健康）、高春明《关注课堂目标，促成学生发展》（数学）、张宗涛《真实情景下的化学复习课》（化学）、叶梅《提供多样化的实验内容，活化学生思维》（化学）、陈旗建《以问诱思，以问促探，合作学习》（生物）、江晓峰《基于地理图像的高中地理支架式教学实践研究》（地理）。一批经典课例成为学校宝贵的精神财富，对提高学校的教育质量起到巨大的推动作用。

6. 促进一批教师脱颖而出。学校教师在课例研究的过程中，教学水平不断提高，打造了许多好课，形成一批经典课例，在教案评比中获奖，在评优课活动中夺魁，在名优教师评比中取胜，在教学领域获得了更多的话语权，一批教师脱颖而出。张亚云、陈旗建、黄燕被评为苏州市学科带头人，杨亚云、陈旗建两位老师被陕西师范大学聘为兼职副教授，李俊刚老师被江苏师范大学聘为硕士生导师。他们以仍然"在路上"的心态，深入研究课例，积累的经验日益丰富，反思日益深刻，工作日益创新，成绩日益突出，一批名教师呼之欲出。

7. 教学质量大幅度提高，学校特色更加鲜明，形成"二中现象"。课例研究的开展，适恰课堂的构建，提高了学校的教育质量，近年来学校高考的推进率和转化率均居苏州市第一名，一批学生考入南京大学、浙江大学、东南大学、吉林大学、山东大学、重庆大学等"985"名校，学生在全国数学竞赛中获一等奖。学校的科技特色更加鲜明，在原来海模、航模、建模的基础上增加了车模、机器人、3D打印等项目，在国际比赛中摘取银牌，在全国比赛中摘取32枚金牌，在江苏省比赛中占据金牌的半壁江山。科技创新教育特色成为学校一张亮丽的名片，不仅得到上级教育行政部门的充分肯定，还赢得了社会的广泛赞誉，成为"二中现象"。

8. 围绕课例研究，教师撰写了系列论文。徐正伟《开展课例研究，打造适恰课堂》发表于省级刊物《新教育》上，冒兵《论高中历史课程的教学匹配》《认知领域的历史教学目标评价》《高中历史情景教学略论》三篇文章均发表于核心刊物《历史教学》上，陈旗建《"腐乳的制作"实验的改进》发表于核心刊物《生物学教学》上，张芸《对基因工程教学中相关问题的探讨》发表于核心刊物《生物学教学》上，朱峰《浅析电学实验图像的处理方法》发表于核心刊物《中学物理》上，张亚云《明确方向，热爱学科，耐心积累》发表于核心刊物《中学物理》上，李君岗《提升历史学科能力初探》《高中历史课程目标实施的探讨》两篇文章均发表于核心刊物《上海教育科研》上，《高中历史"问题式"教学初探》《运用问题教学培养学生历史思维品质》两篇文章均发表于核心刊物《历史教学》上。

9. 学校知名度不断提高，获得众多荣誉。学校获得的荣誉有："全国体育传统学校""江苏省先进集体""江苏省模型活动基地""苏州市教育科研先进集体""苏州市心理健康教育特色学校""苏州市学陶先进集体""苏州工业园区先进集体""苏州工业园区先进基层党组织""苏州工业园区AA级特色学校""苏州工业园区中小学综合评估A等"。

（八）研究反思

1. 课例研究是一个常做常新的课题。一个优质课例的形成不是一蹴而就的，要经过几轮反复的教学实践、集体研讨。同时，社会在发展，科技在进步，学生在变化，没有包治百病的良方，没有亘古不变的教条。一个优秀的教学课例只对当下的教学产生促进作用，随着时间的推移，要根据学生的需要，运用新知识、新方法、新手段、新策略对原有课例进行再创造，与时俱进，常做常新，没有最好，只有更好。要以百尺竿头更进一步的自信，以教海无涯苦作舟的勇气，以锲而不舍的精神，不断实践，不断学习，不断反思，不断改进，不断创新，才能实现教学的不断进步。因此，课例研究是一个常做常新的课题，是教育人怀揣梦想孜孜追求的神圣事业。

2. 课例研究既要发挥教师个人的独创性，又要发挥集体的智慧。在课例研究的过程中，教师个人要不断地学习、不断地实践、不断地反思、不断地创新，以实现自身的发展、工作的改进、教学质量的提高。同备课组、教研组的教师，要一起观课，一起评课研讨，一起改进教学。在这一过程中，教师集体互相借鉴、互受启迪，集体的智慧充分发挥，达到共同提高的目的。

3. 课例研究是教师专业化发展的有效途径。教师的专业化发展有一个过程，从师范生到新教师，再到有经验的教师，最后是专家型的教师。教师的专业化成长与其知识结构有密切的关系，新教师的知识结构以原理知识为主，包括原理、规则、一般的教学法知识，缺乏课例等经验知识。有经验的教师的知识以课例知识为主，但缺乏策略知识。专家型教师以策略知识为主，即运用心理学、教育学的原理于特殊的课例，上升到理论的探讨，其核心是运用原理对教学进行反思，形成丰富的策略知识。课例知识不论是对新教师、有经验的教师、专家型的教师都是不可或缺的，积累课例知识是教师发展的必由之路。

第六章

开展适恰德育

一、为什么要开展适恰德育？

2008年，学校率先提出打造适恰课堂，加强学科教学建设，并在实践探索中取得了成功的经验，提高了课堂教学水平和质量，提高了学生的学业成绩，促进了教师的专业化发展。2010年，学校把适恰课堂探索的成功经验推广到德育工作中，进而提出开展适恰德育，以增强德育工作的针对性和实效性。把教学与教育整合起来，就形成了学校适恰教育的体系，正式诞生了适恰教育的办学模式。

所谓适恰德育，顾名思义，就是适合、恰当的德育，即全面贯彻党的教育方针，按照立德树人的要求，根据学生的实际情况，开展恰如其分的教育，促进学生全面发展、个性发展、健康发展、持续发展。恰如其分的教育，要遵循教育规律，符合高中学生的身心特点，针对每一位学生的个体差异，量身裁衣，对症施药，因材施教，才能达成化腐朽为神奇的效果。要充分发挥学校党组织、团委、德育处、班主任、任课教师、学生本人、家长、社区、校外德育基地的教育功能，整合校内外的教育资源，齐抓共管，形成育人的氛围，产生教育的合力，促进学生社会化的实现。要根据独特的校情和学情，运用特有的教育资源，采取针对性的、行之有效的措施，开展有特色的德育工作，形成德育特色，促进学生生动活泼地发展。

我们今天所处的时代与几十年前相比发生了翻天覆地的变化，科学信息化、技术数字化、经济全球化、政治多极化、文化多元化，我们所教的学生再也不会如同他们的长辈那样"听话"，需要我们的老师调整心态接受，放下身段接触，平心静气地观察他们的行为，理性地分析他们身上的优缺点，认真地思考他们是"堕落的一代"还是"希望的一代"。时代要求我们要科学地回答这一尖锐的问题，否则，我们将在教育的实践中无所适从、无所作为，不能培养出社会主义现代化建设需要的人才，不能满足人民群众对优质教育的不绝呼唤，不能满足学生健康成长的正当要求，国家不同意，社会不满意，学生不愿意，教育的良心也不同意。学校经过认真分析和理性思考，深刻地认识到：时代的进步，社会的发展，文化的丰富，学生的变化是理所当然的，学生身上存在着诸多缺点，如个人中心、不服管教、合作意识淡薄、缺乏吃苦精神等，但也有着他们的长辈所不具备的优点，如视野开阔、对新事物接受的能力强、独立精神和自主意识等充满正能量的特质。我们的责任担当就是要按照新时代对人才的要求，根据学生的实际情况，采取恰如其分的教育策略、方式、方法、手段，克服学生的缺点，培育学生的优点，促进他们健康成长，完善人格，为他们的幸福人生奠基，适恰德育呼之欲出。

1999年6月，中共中央、国务院发布的《关于深化教育改革，全面推进素质教育的决定》指出："进一步改进德育工作的方式方法，寓德育于各学科教学之中，加强学校德育与学生生活和社会实践的联系，讲究实际效果，克服形式主义倾向。"该决定规定了德育工作的途径，强调了德育工作的实效性。在全国基础教育工作会议上，时任国务院副总理李岚清指出，全面推进素质教育、进行新课程改革有四个核心问题和关键环节，其中之一就是改进和加强德育。2001年6月，教育部颁布《基础教育课程改革纲要（试行）》，在培养目标中指出："要使学生具有爱国主义、集体主义精神，热爱社会主义，继承和发扬中华民族的优秀传统和革命传统；具有社会主义民主法制意识，遵守国家法律和社会公德；逐步形成正确的世界观、人生观、价值观；具有社会责任感，努力为人民服务；具有初步的创新精神、实践能力、科学和人文素养以及环境意识；具有适应终身学习的基础知识、基本技能和方法；具有健壮的体魄和良好的心理素质，养成健康的审美情趣和生活方式，成为有理想、有道德、有文化、有纪律的一代新人。"该决定对德育工作提出了目标和要求。2010年，教育部颁发的《国家中长期教育改革和发展规划纲要（2010—2020年）》中指出："遵循教育规律和学生身心发展规律，为每位学生提供适合的教育。"2012年，党的十八大提出，"把立德树人作为教育的根本任务"。2018年，在全国教育大会上，习近平指出："培养什么人，是教育的首要问题。"由此可知，教育改革的重要内容就是要改变"重智育，轻德育"的现象，就是要改进和加强德育。德育工作如何改进？德育工作如何加强？德育工作如何更有成效？适恰德育独树一帜，魅力无限。

适恰德育具有鲜明的学校个性。苏州工业园区第二高级中学是一所具有60多年办学历史的老学校，坐落在阳澄湖畔，泥土气息浓重，一代一代的二中人质朴、善良、忠诚，规范办学，常规教育，尽管取得了辉煌的办学业绩，培养了大批优秀人才，但是，如何适应科技迅速发展和社会巨变？如何跟上苏州工业园区现代化、国际化发展的步伐？如何把一所农村学校发展成现代化学校，进而形成学校特色品牌？这是始终萦绕在二中人头脑中挥之不去的大问题。随着苏州市中招政策的调整，学校生源质量大幅度下降，如何适应这一新常态？如何把这些学生培养好，把学校发展好，走出一条"低进高出"的学校发展逆袭之路？也是始终萦绕在二中人头脑中挥之不去的大问题。面对德育工作薄弱的现状，如何把德育工作的空洞的说教变为生动活泼的实践？如何让学生掌握德育知识？如何发展学生的道德意识和道德情感？如何做到知行合一形成学生的道德行为？如何增强德育的针对性和实效性？同样是始终萦绕在二中人头脑中挥之不去的大问题。《易经》说得好，"穷则变，变则通，通则久""天行健，君子以自强不息"。我们从优秀传统文化中汲取力量，从虚心学习中获取智慧，从认真思考中产生灵感，从集思广益中形成共识："不抱怨，不怀疑，不放弃"，在改革创新中激发师生学习和工作的主动性、积极性，在实践探索中实现内涵发展，发展好每一位学生。改进和加强德育工作，开创学校德育工作新局面，是一项科学而细致的工作，必须观念正确，内容贴合，方式方法恰当，策略进行，使教育的内容入脑进心。经过与学生的灵魂碰撞才能产生火花，内化为学生的信念，外化为学生的行为，要适合每一位学生的实际情况，于是，适恰德育应运而生。

二、如何开展适恰德育？

（一）德育工作要全面贯彻党的教育方针

党的教育方针要求：全面推进素质教育，使受教育者在德、智、体、美、劳等方面全面发展，成为有社会主义觉悟、有文化的劳动者和社会主义接班人。党的教育方针是素质教育的方针，要全面提高学生的素质，进而提高整个中华民族的素质，为实现中华民族的伟大复兴，为实现中国梦，培养高素质的人才。党的教育方针是全面发展的方针，要促进学生形成正确的政治思想、高尚的道德品质、科学的文化知识、高品位的审美情趣、熟练的劳动技能、健康的体魄、良好的心理素质、健全的人格，会学习，会生活，会合作，会发展，适应现代社会生活。党的教育方针是培养劳动者的方针，不是"学而优则仕"，而是培养有社会主义觉悟、有文化的社会主义建设者，社会主义建设者要有劳动的意识、劳动的能力、劳动的情感、劳动的习惯，是社会主义的建设者和奋斗者。党的教育方针是社会主义方向的教育方针，在人类历史发展的长河中，社会主义理论是最先进的思想，社会主义制度是最先进的制度，社会主义建设是最伟大的实践，从社会主义理论到社会主义运动、社会主义制度、社会主义国家，从一国到多国，社会主义特色建设是人类历史最壮丽的画卷、最优美的篇章，世界现代史正是有了社会主义这个新事物才波澜壮阔、瑰丽多姿。社会主义事业的兴旺发达依赖于高素质的人才，培养社会主义建设者和接班人是教育的神圣使命，是教育者的历史担当，党的教育方针具有鲜明的社会主义方向。党的教育方针提出了培养目标、培养内容、培养要求、培养方向，学校德育工作要在全面贯彻党的教育方针的基础之上，才能拥有正确的政治方向、正确的价值取向、正确的前进方向。问题的关键是如何根据时代的发展、学校的教育资源、学校的生源状况、学生的个体差异，有所为，有所不为，有的放矢，有效施教，做到适恰，运用智慧和能力把宏观的要求转化为生动的实践。

（二）德育工作要全面落实立德树人根本任务

"百年大计，教育为先""学校育人，德育为先""先成人，后成才"，这些教育的真知灼见，不仅是教育人的老生常谈，就是稍有常识的其他人也耳熟能详。司马光在《资治通鉴》一书中指出："才者，德之资也，德者，才之帅也，才德全尽谓之圣人，才德兼亡谓之愚人，德胜才谓之君子，才胜德谓之小人。"俗话说，"有德无才是废品，有才无德是危险品""国无德不兴，人无德不立"。不论是圣人，还是俗人，在教育培养德才兼备的人才上都达成共识。这实质上就是"培养什么人"和"怎样培养这样的人"的问题。党的十八大明确提出，"把立德树人作为教育的根本任务"，这就为学校德育工作的开展定了基调，明确了要求，提出了任务。

教育是培养人的伟大事业，学校是培养人才的专门场所，培养"什么样的人"事关党和国家的命运，事关民族的未来，事关学生的终身发展。这是一个永恒的主题，因为树人是教育的根本，只有立德才能成人。这也是一个时代的主题，教育的对象是人，是未成年人，成长中的人。人只有经过教育，才能够成为人。促进人的发展和不断完善，是教育的唯一目的，也是教育存在的唯一依据。"育人"是教育的原点，"成人"是教育的归宿。这是一个不言自明的教育常识，而我们的教育常常背离这一常识。在中华人民共和国成立后的一段时期，把教育当作政治，当作意识形态，当作上层建筑，当作"阶级斗争"和"无产阶级专政"的工具，却忘记了人，远离了人的发展。改革开放以后，教育受到重视，"发展经济，教育先行"成为这个时期最响亮的口号。教育的目的是开发人力资源，教育成为发展经济的工具，与人渐行渐远，重智育轻德育，造成整个社会的道德滑坡。进入21世纪，随着"以人为本"科学发展观的提出，促进人的全面发展才真正成为教育的目的，人作为人，不是片面的政治人、经济人、生物人，而是全面发展、德才兼备的人。

教育的目的已经确立，培养德才兼备的人才；教育发展的方向已经指明，沿着社会主义的政治方向前行；教育的任务已经明确，立德树人；教育的目标已经明确，促进人的全面发展。关键是如何在教育实践中真切地落实，科学地落实，生动地落实，富有成效地落实。如何制定符合校情、学情的实施方案？如何把行动方案化为行云流水的操作程序？如何让教育的内容为学生喜闻乐见？教育的途径通达，教育的方式契合，教育的方法灵活多样，教育的手段得心应手，教育的效果达成预期，适恰德育大有作为。

（三）德育工作符合教育规律

做事符合规律，方能事半功倍；做事违反规律，将事倍功半，甚至一事无成。规律是不以人的意识为转移的、客观存在的、事物内在的、必然的、本质性联系，以及发展变化的必然趋势。从事教育事业要按照教育的规律办事。教育规律也和其他规律一样，是不以人的意志为转移的、客观存在的、教育内部各因素之间、必然的、本质性联系，以及教育发展变化的必然趋势。

教育的规律包括以下几点。

教育受生产力发展水平的制约，生产力的发展水平制约着教育发展的规模和速度、教育结构的变化、教育的内容、教育的方式和方法。

教育受经济制度的制约，经济制度决定教育的性质。

教育受政治制度的制约，政治制度决定教育的领导权、受教育权、教育目的、教育内容的选择、教育体制。

科学技术的进步深刻地影响教育，科学技术进步改变教育者的观念、受教育者的数量和质量、教育的技术和手段、专业的设置。

教育具有相对独立性，教育具有自身特有的形式和发展轨迹。它是广泛存在于人类社会的社会现象，是有目的、有计划、有内容、有措施地培养社会人的活动，传承、传播、改造、创新人类文化，再生产劳动力和科学知识，培养合格的社会公民和政治人才，为社会服务。

教育朝着现代化的方向发展，现代教育的体制、机制、目标、观念、内容、方法、手段、师资、设施、管理等方面，同传统教育相比都发生了深刻的变化，其目标就是培养现代人。

教育朝着民主化的方向发展，表现在义务教育年限的延长、教育的法制化、教育的机会均等在认识上的逐步深化，由外部民主向教育的内部民主发展。

教学过程的规律：引起求知欲，教学应从诱发学生的求知欲开始，从做好学习的心理准备入手，创设知与不知的问题情境，激发学生学习的内在驱动力；感知教材，形成清晰的表象，为理解教材创造条件；理解教材，通过思维，对所学知识真正地弄懂，深入地理解；巩固知识，在理解的基础上记忆，记得准，记得牢；运用知识，运用所学知识解决具体问题，形成解决问题的能力；知识迁移，把所学知识运用于新的环境，解决陌生问题，形成学习素养。

处理好几个关系：直接经验与间接经验的关系。学生学习的主要任务是掌握间接经验，而获得间接经验必须以直接经验做基础，教育既要进行系统的知识传授，又要重视学生直接经验的积累。掌握知识与发展智力的关系。智力的发展依赖于知识的掌握，知识的掌握又依赖于智力的发展，引导学生自觉地掌握知识和运用知识才能有效地发展智力。

影响学生身心发展的因素有遗传、环境、教育、学生的主观能动性。遗传是影响学生发展的自然因素，环境是影响学生发展的社会因素，教育是学生发展的重要条件，学生的主观能动性是影响学生发展的动力。遗传、环境、教育、学生的主观能动性共同决定学生的发展。

学校德育工作只有自觉地运用教育规律，深入研究社会生产力发展水平、政治制度、经济制度、科技发展状况，认清教育发展的趋势，根据学生认知的规律，处理好直接经验与间接经验的关系，掌握知识与发展智力的关系，营造良好的育人环境，激发学生发展的主观能动性，进行恰如其分的施教，即开展适恰德育，才能由自然王国进入自由王国，改变德育的形式主义和空洞说教的弊端，把德育变成有吸引力、有魅力的实践，开创德育工作的新局面，达成成人、成才的预期。

（四）德育工作符合高中学生身心发展特点

演讲要看听众，演戏要看观众，否则，将是对牛弹琴，南辕北辙。教育的对象是学生，是高中学生，德育工作只有符合高中学生的身心发展特点，才能卓有成效。在人的一生中要经历婴儿期、幼儿期、童年期、青春期、青年期、中年期、老年期几个发展阶段。高中生处于青春晚期和青年初期，是人生发展的最重要时期，其身心发展具有以下特点。

1. 生理发育的高峰期

生理发育即将完成，接近成年人的水平，性成熟。

2. 心理发展的高峰期

心理发展接近成年人的水平，抽象逻辑思维成为主要的思维形式，思维深刻性、辩证性、批判性、创造性有了长足的发展。能从不同的方面、不同的角度，运用不同的方法思考问题，能够利用法则、原理、公式解决面临的问题，能够胜任繁重的学习任务。情感也发展起来，具有延续性、丰富性、特异性的特点，形成了学生之间明显的个体差异。学生想象力丰富，而且具有现实性，造就筑梦的时代。

3. 世界观、价值观、人生观形成的关键时期

由于生理、心理的逐步成熟，知识的增多，活动领域的扩展，抽象思维能力的提高，对世界、社会、人生形成自己的看法，世界观、人生观、价值观初步形成。尽管这些看法还是肤浅的、不成熟的、不稳定的，但最初形成的这些观点对人生会产生显著的影响。

4. 社会化的关键时期

在这一时期，学生的兴趣、爱好、习惯、性格等逐步形成，从而形成自己的人格，完成社会化，实现由生物的人向社会的人的转变，独立意识增强，希望有独立的情绪体验和选择自己的喜好，在道德评价上，希望能以自己的标准为依据，独立评价自己、他人和社会。

5. 心理困惑的多发期

竞争的压力、高考的压力、对未来工作的考虑、对异性的渴望等，造成诸多的烦恼，快乐与烦恼共存，心理困惑如影随形。

面对高中学生这个特殊的人群，学校的德育工作是机遇与挑战并存。机遇是抓住学生由不成熟向成熟过渡的有利时期，采取针对性措施塑造人；挑战是学生的心理、情绪方面具有不平衡性、不稳定性，在学习、生活、交友等方面存在诸多问题，需要我们在尊重他们的前提下，帮助他们科学有效地解决。适恰德育要做的事，就是在了解高中学生身心发展共性的前提下，开展深入细致的学情调查，把握学生的个性差异，在教育中，遵循共性，兼顾个性，把教育工作做在点子上，把教育的科学性与艺术性有机结合，形成魅力德育。

三、开展适恰德育的六大举措

为了使适恰德育工作完成由理念到成果的推进,学校采取课程育人、文化育人、活动育人、实践育人、管理育人、协同育人六大举措,把适恰德育落实到管理的每一个细节。

(一)课程育人

德育课程化是学校德育工作的一大创新,也是学校德育工作的一大亮点。把德育纳入学校课程体系,实现教育、教学的整合,既使各自的功能充分发挥,又形成教育、教学一盘棋的整体效应,并为学科教学渗透德育提供了施展的空间,为学校内涵发展增添了一抹亮色。

课程是教育的载体,也是教育的施工蓝图,课程的质量体现了学校教育的水平和质量。基于上述理性认识,学校高度重视德育课程的开发和建设工作,制定了《苏州工业园区第二高级中学德育校本课程开发方案》。根据方案开发了《高中学生成长手册》《心晴》《走进吴文化》《魅力中国》《红十字精神的渗透与实践检验》《北纬30度》《唯亭风韵》《青春的感悟》《中国古代思想撷英》《科技与奥运》等系列德育校本教材,形成了三个年级衔接、内容充实、主题鲜明、侧重点突出的德育校本教材体系,把课程育人建立在坚实的基础之上,达成了课程育人的目标,实现了教育的目的。

(二)文化育人

文化育人是学校适恰德育工作的又一重大举措。学校申报了市级课题"提升学校自主文化力的实践研究",对文化育人进行系统的研究,突出了"自主"和"文化力"两个关键词,所谓"自主",就是有自己的特色,即适恰的特色;所谓"文化力",就是把学校的文化建设形成一种教育的力量。这一思路是独特的,智慧的,有生命力的。

学校的文化育人工作是一项系统的工程,涵盖精神文化建设、制度文化建设、环境文化建设、行为文化建设四个层面,开展校园文化建设、班级文化建设、宿舍文化建设、网络文化建设,打造书香校园、文明班级、温馨宿舍、绿色网络空间。在文化建设中，我们传承学校优秀文化传统，借鉴其他学校鲜活的经验，在传承与借鉴的基础上推陈出新，营造充满正能量的学校氛围，让每一幢建筑、一山一石、一草一木都能说话，让每一幅字画、每一条标语都能传递出催人奋进的力量，让每一个言谈举止、每一个进退揖让都能产生精神的动力。我们对学校文化建设的苦苦思索，对文化内涵的自我诠释，对文化品位的孜孜追求，对文化育人功能的深入发掘，终于使我们顿悟，"众里寻他千百度"，原来它在"灯火阑珊处"，原来它就是我们的校园生活，就是我们日常学习、工作、生活中所体现出来的精气神，它植根于每一位师生的心灵深处，表现为每一位师生的精神风貌。洞悉了"以文化人"的真谛，就使我们的文化育人工作产生"润物细无声"的奇效，形成"忽如一夜春风来，千树万树梨花开"的景观。

（三）活动育人

有效的教育，要按照掌握知识、激发情感、端正态度、内化信念、活动体验、认识升华的教育路径进行。其中，活动在这一教育的闭环中处于重要地位，只有通过活动才能达成由知到行的转变、由行到意的转变，活动是教育有效性的关键环节。基于对教育活动的正确认识，学校高度重视教育活动的开展。每一次教育活动都本着系统性策划、项目化推进，活动的目的、活动的目标、活动的计划、活动的方案、活动的措施、活动的实施、活动的结果、活动的反思，环环相扣，既轰轰烈烈，又扎扎实实，彰显学校"唯真""唯实""唯正"的本色。

我校的活动育人工作主要从三个方面展开。

1. 主题教育活动

主题教育以主题鲜明为特色，如理想信念教育和社会主义核心价值观教育主题活动。学校先后开展了"缅怀革命先烈，感恩幸福生活——党史教育影评"征文活动、"为中华之崛起而读书"征文比赛、"纪念改革开放40周年"主题征文活动、"歌颂真善美，传递正能量"原创作品朗诵比赛。

2. 仪式教育活动

仪式教育以隆重、严肃、权威的仪式感为特色。学校把开学典礼、入团仪式、运动会的开幕式和闭幕式、18岁成人仪式等活动，开展得震撼人心，产生强大的灵魂撞击力，起到其他活动不可替代的教育作用。

3. 校园节活动

校园节活动以其轻松的格调、欢乐的气氛，起到了文化浸润的作用。如体育节，在活动中普及体育知识的展板、高扬体育精神的报告会、展示体育技能的各种体育比赛活动、升华体育认识的征文活动，使全校学生沐浴在体育文化的氛围之中，品尝一次体育的盛宴，对学生健康意识的形成，对学生体育锻炼的推动，对学生体育技能的掌握，对学生良好体育习惯的养成，都起到良好的效果。

（四）实践育人

传统教育最大的弊端，就是培养的学生缺乏创新精神和实践能力。为了培养学生的创新精神和实践能力，学校高度重视综合实践课程建设，培养学生的综合实践能力，提高学生的综合素质。通过综合实践课程整合社区服务、校外教育基地、社会实践基地、研究性学习、通用技术教育、信息技术教育的功能，广发开展社区服务、社会实践、职业体验、研学旅行、志愿服务等实践活动，不断强化学生的使命担当、社会责任、生活技能、解决问题的能力和创新精神，把实践育人落到实处，产生实效性。

学校与海军基地、上海博物馆、苏州革命博物馆、叶圣陶纪念馆、唯亭敬老院等单位结成共建单位，把这些地方作为德育基地。学校组织学生赴日本、美国、英国修学旅行，到其他国家走一走、看一看、学一学、问一问、想一想，开阔学生的视野，增长学生的见闻，扩展学生的胸怀，增强国际理解，自觉地融入全球化的潮流。学校组织学生赴西安、延安，进行"访革命圣地，华夏文化之旅"的社会实践活动，参观延安革命纪念馆、杨家岭革命旧址、西安碑林、秦始皇兵马俑、华清池，开展爱国爱党、热爱社会主义、热爱中华传统文化的教育。在汇川科技有限公司的职业体验，培养学生的劳动技能，强化他们的劳动意识、劳动态度、劳动情感，使学生深刻认识到社会的发展、物质财富的丰富都是劳动的结果，树立劳动光荣、不劳动可耻的观念。

（五）管理育人

学校作为一个集体，从学校层面、年级层面、班级层面都存在一个管理问题。没有管理就不会形成向心力和凝聚力，就没有战斗力，学校的事情就做不好。鉴于管理在学校育人中的重要性，学校提出了"向管理要质量"的口号，进行学校管理体制、机制的改革，实现管理重心下移，使之更加接地气，提高管理的水平和质量，把管理育人落到实处，产生实效。

1．"让听得到枪炮声的人指挥战斗"

2014年，学校进行管理体制、机制的改革，即改处室条线管理体制为年级部管理为主、处室管理为辅的管理体制，条线指导、年级部落实。这种扁平化管理体制使管理重心下移，发现问题更及时，解决问题更便利，工作效果更突显。

2．"让战斗员更有主动权"

在学科建设方面，改教研组责任制为备课组责任制，教研组长指导，备课组长落实，强化微教研，学科建设责任下移更接地气，能够及时了解学情，适时调整教学，提高教学质量。

3．"让学习者更有自主性"

学校成立由学生会成员组成的校长助理团，实行每周召开一次会议、每两周与校长进行一次交流制度，要求助理团的成员"发现一个亮点，查找一个问题，提出一个对策"。校长倾听学生的呼声，回答学生提出的问题，接受学生的监督。校长助理团制度不仅培养了学生的主人翁意识，而且使学校的管理确立了从学生的角度站位，更具针对性。

4．"把管理者置身于硝烟弥漫的战场"

听闻不如眼见，眼见不如实干，学校的管理人员担任班主任，亲身体验教学、管理的实际情景，更有教育教学管理的发言权，采取的管理措施恰当、有效。

（六）协同育人

一个孩子犯错误，父亲打母亲护，孩子无所适从。协同教育就是整合教育的资源形成合力，朝着正确的方向前进。它能有效地解决不同方向的力对教育的抵消作用，又能在众口铄金的语境下形成学生正确的认识，产生正确的行为。学校的协同育人首先做到校内协同育人，从校长室到各处室、年级部、教研组、备课组、教师纵向的协调育人，各处室之间、每一个班级的任课教师之间的横向协调育人，线上与线下的协调育人。还重视与家长、社会的协调育人。通过家校路路通平台、微信、学校官网建立与家长、社会的密切联系；通过家长委员会、家长会、校园开放日建立与家长的密切联系；通过与社区、派出所、检察院、法院、校外德育基地、企业、高校、教育研究机构结成共建单位，建立与社会的密切联系。

诚恳接受家长、社会的监督，虚心接受家长、社会的建议。巧妙利用社会教育资源，邀请教子有方的家长作为家长会的主讲嘉宾，邀请学贯中西的大学教授作为学生社团的导师，聘请各行各业的领军人才为学生传经送教，邀请苏绣工匠来学校展示技艺，聘请评弹名家来学校演出，聘请心理学家来学校开发学生的潜力，请国际友人来学校做对国际理解的报告，与新加坡博伟国际教育学院、新西兰阿德摩尔飞行学院、新西兰梅西大学合作办学。这样的协同教育活跃了学校的学术氛围，为学生提供了优质的教育，其效果是单纯的学校教育不可比拟的。

四、卓有成效地开展适恰德育

（一）掀起学情调查之风，打牢适恰德育的根基

适恰德育客观要求开展符合每一位学生实际情况的针对性教育，其前提是了解每一位学生的实际情况，这是适恰德育的魅力所在，也是生命力所在。为此，学校教师除通过课堂观察、学生作业情况、考试情况、学生的日常表现了解学情外，还实行三个制度，大力开展学情调查工作。

1. 与学生谈心制度

与学生谈心是学校每一位班主任和任课教师的必修课，谈心是了解学情的有效途径，谈心的奥妙在于与学生交心，产生情感的共鸣，学生对教师讲出掏心窝子的话，便于教师了解学生的思想状况、情感状况、心理状况、兴趣爱好等深层的情况。有的老师还总结出与学生谈心的艺术："首先，表扬学生的优点和进步，拉近与学生的情感，产生亲其师信其道的效应；接着，教师自我暴露，以真情打开学生的心扉，产生畅所欲言的效应；再接着，和蔼地指出学生存在的错误与不足，在亲密的氛围下，学生会感激老师的善意，在认同的同时表示改正，形成教育的力量；最后，教师提出殷切的期望，激励学生继续努力。"当学生的话匣子被打开之后，

他会毫无顾虑地谈一些其他学生的情况，教师收获意想不到的效果。

2. 考试分析会制度

在每次考试结束后，学校都召开考试分析会，分析会分两个阶段。第一阶段年级分析会，分析全年级的情况、各个班级的变化情况、学科的变化情况，作为年级部调整管理工作的依据。第二阶段班级分析会，由班主任召集本班的任课教师，认真分析每一位学生的情况及班级的一些现象，作为班主任调整班级管理工作的依据和任课教师调整教学的依据。考试分析会的奥妙在于分析考试成绩所折射的问题，走出就成绩而成绩的窠臼，成为了解学情的有效途径，形成动态了解学情的机制，把管理工作建立在更加坚实的基础之上。

3. 班级护导周制度

学校实行班级护导周制度，兼具了解学情、检查督促、指导班级工作的3个职能。班级护导周由校长室牵头，组成由各处室主任参加的班级护导小组，深入班级听课，召开教师座谈会、学生座谈会、个别访谈，进行解剖麻雀式的分析，根据所了解的情况对班级进行评估，撰写评估报告，肯定班级的成绩，指出班级存在的问题，提出改进班级工作的指导意见，促进良好班集体的建设。班级护导周既是学校层面了解学情的重要途径，也是改进学校管理的依据。

(二) 加强班主任培训，造就适恰德育的队伍

对学生的管理工作千头万绪，牵涉方方面面。德育副校长主抓对学生的管理工作，德育处专门抓对学生的管理工作，任课教师齐抓共管对学生的管理工作，学校与家长、社会协同共管对学生的管理工作。然而，对学生管理最重要的人物就是班主任，班主任的水平和能力决定着对学生管理的水平和质量。因此，学校高度重视对班主任的培养工作，采取多项措施加强对班主任培养。

1. "青蓝工程"

为了迅速提高新班主任的管理水平，学校的"青蓝工程"除去为新教师聘任学科师傅外，还为他们聘任具有丰富班级管理经验的班主任师傅，采用一对一传帮带的方式培养新班主任。"师傅"，既是师，又是父。师傅不仅要例行公事，还要做好私事——培养好自己的徒弟，因为徒弟的形象

就是师傅的脸面，为荣誉而战的自尊心促使师傅毫无保留地带好徒弟，师徒结对的奥妙就在于情感的因素渗入。学校还引入竞争机制，开展"优秀徒弟"的评选活动。凡是优秀徒弟，师傅就是优秀师傅。此项工程促进了新班主任迅速胜任班级管理工作。

2. 班主任例会制度

学校有班主任例会制度，每周一次，内容为班主任介绍本班的情况，优秀班主任介绍班级管理经验，学校领导对班级管理指导，实际上就是班主任工作经验交流会、班级管理研讨会、班主任培训会。这一制度化的机制、常态化的运作，对班主任的培养持续发力，为班主任的成长提供了平台和制度保障。

3. 对班主任的专门培训

在每学期开学前夕，学校都对班主任进行专门的培训。培训内容包括班主任责任心、使命担当、工作常规、工作艺术，采取的形式有优秀班主任介绍经验，对上学期班级管理工作进行总结，对优秀班主任表彰，学校领导对新学期班级管理工作提出规范和要求。专门培训的奥妙在于反思，帮助班主任通过反思，改进工作，获得发展。

4. 文明班级评选

学校贯彻以评促发展的理念，通过文明班级的评选活动，形成班主任之间的竞争，获得文明班级称号班级的班主任就是优秀班主任。班主任为了获得这一荣誉，认真学习班级管理的理论、方法，向有经验的班主任请教，在班级管理的实践中改革创新，产生了很多新想法，探索出不少新途径，形成了一些新经验。把文明班级的评选活动变为班主任的进修和修炼，促进了班主任队伍的成长。

（三）开展"五个一"工程，打造"四声"风景线

开展"五个一"（制定一个生涯规划，掌握一项体育技能、拥有一门艺术专长、拥有一种劳动技能、每学期读透一本好书）工程，打造"四个声"（班级里琅琅读书声、操场上阵阵呐喊声、生活中洋溢着欢笑声、校园里回荡着悦耳的歌唱声）校园风景线，以促进学生全面发展、个性发展、持续发展。以阳光体育节、艺术节、读书节、劳动节、生涯规划节等五大主题活动来落实"五个一"工程，为学生的幸福人生奠基。学校的生

涯规划教育选修课程以健康向上的人生观为指导，以区分真善美与假恶丑为标准，以爱国家、爱人民、会学习为主要内容，以英雄人物为榜样，编写系列生涯规划教育校本教材。由学校接受过专门培训的教师、校外专家、家长志愿者授课。学校指导学生确定正确的人生目标和阶段发展目标，认真分析自己的优点、缺点，采取针对性的措施，制定经过努力能够实现的生涯规划。生涯规划教育使学生发展有目标，前行有方向，成为生活的有心人，成长的自主者。

（四）开展生涯规划教育和心理健康教育

生涯规划教育的目的实质上是理想教育。生涯规划教育要做到人生目标与阶段发展目标相衔接，其理念是用宏伟的目标鼓舞人。当学生有奋斗目标的时候，就获得了正确的前进方向，少走弯路，快速成长；有了奋斗目标就拥有了自信心，豪情满怀，干劲冲天，把事情做好；有了奋斗目标形成了自尊心，以天生我材必有用的使命担当，像爱护眼睛一样维护自己的荣誉，成为行为的模范；有了奋斗目标就获得了一种意志力，为了目标的达成就会以超出常人想象的毅力克服前进道路上的一个个困难。千磨万击还坚劲，任尔东西南北风，生涯规划教育的奥秘就在于此。指导学生制定生涯规划要客观，要认真分析自己的优点、缺点，采取针对性的措施，制定经过努力能够实现的生涯规划，使之发挥"跳一跳摘桃子"的效应，积累成就感，发展自信心，如果好高骛远，则会欲速则不达，积累挫折感将会丧失自信心。

学校充分认识学生的健康不仅是没有疾病，还包括良好的适应及情绪的完满状态，高度重视对学生的心理健康教育，把心理健康教育作为促进学生发展的增长点。学校从两个维度开展心理健康教育。从消极心理学的维度，设立"心晴工作室"，由学校的专职心理教师、接受过专门培训的兼职心理教师值班，为有心理问题的学生及时提供心理咨询服务；从积极心理学的维度，由学校的专职心理教师和外聘专家定期为学生开设心理健康校本课程和讲座，开发学生的潜能，促进全体学生的发展。

学校建构了三级心理健康教育网络，德育处设有专门负责心理健康教育的领导，每个年级部配备专兼职心理教师，每个班级的班委会设1名心理委员，及时掌握学生心理动态，并制定危机事件评估及预警处理方案，对心理事件及时处理。近 20 年来未发生过一起心理危机事件，学校被评为苏州市首批心理健康教育特色学校，学校"心晴工作室"被评为最佳心理咨询室，戴嘉玲老师被评为最美心理教师。

五、适恰德育的课题研究

适恰德育是学校德育工作的创新，也是学校德育工作的特色。它以发展好每一位学生作为教育理念，把每一位学生都看作独特的生命体，体现人本主义的精神，突出学生的主体地位，激发学生自主教育和自主发展。为了使学校的适恰德育工作建立在科学有效的基础之上，我们从多个角度、多个方面，运用多种方法进行研究，申报了多个省、市、区级课题，全方位递进性探索，取得众多研究成果，推动了适恰德育有声有色地开展。

附：省级课题《提高高中学生综合实践能力的实践研究》研究报告

（一）研究的背景、价值与创新之处

1. 课题研究的背景

（1）适应我国经济社会发展的需要。改革开放 40 多年来，我国经济社会发生了翻天覆地的变化，目前已成为世界第二大经济体，并且实现了由计划经济向市场经济的转型。经济社会的迅速发展对基础教育提出了更高的要求。快出人才，出好人才，特别是具有创新精神和实践能力的人才更成为社会的急需。教育担负着为经济建设提供人才保障和智力支撑的重任，在现代化建设中具有先导性和全局性的作用。学校教育状况不能满足经济社会对人才的要求，学校需要结合自身的情况开展研究，进行教育的创新，培养出人文素养与科学素养相融合的现代社会合格公民。

（2）适应新课程改革的需要。1999 年召开的第三次全国教育工作会议和国务院批转的《面向 21 世纪教育振兴行动计划》，都提出了改革现行基础教育课程体系，研制和构建面向新世纪的基础教育课程教材体系的任务。2001 年教育部颁布了《基础教育课程改革纲要（试行）》，新一轮的基础教育课程改革开始启动。新课程改革有一大亮点，规定从小学至高中设置综合实践活动并作为必修课程，其内容主要包括：信息技术教育、研究性学习、社区服务与社会实践及劳动与技术教育。强调学生通过实践，增强探究和创新意识，学习科学研究的方法，发展综合运用知识的能力。

（3）适应学生全面发展的需要。人口素质木桶理论指出，木桶盛水的多少是由最短的那块板决定的，人的素质包括身体素质、思想品德素质、科学文化素质、适应社会的心理素质，人的潜能发挥得如何是由人的素质那块短板决定的。因此，基础教育追求的最终目标就是学生的全面而有个性的发展。然而，目前学生发展的状况不容乐观，不论在身体、智力、心理、社会适应等方面都存在一定的问题，特别是创新精神和实践能力不足制约着学生的全面发展，这种状况亟须改变。学校通过本课题的研究，采取各种措施来提高学生的综合实践能力，以此为契机促进学生全面而有个性地发展。

2. 课题研究的价值

（1）通过本课题的研究，构建学校课程体系。开展综合实践研究提高学生的综合实践能力，不是教学层面的一种教学活动，而是课程层面的一种具有独立形态和功能的课程建设，超越具有严密知识体系和技能体系的学科界线，密切联系学生的个人生活、社会生活，鼓励学生自主选择，以主题探究的方式，运用综合知识解决实际问题，进行学校课程建设，形成基础型、拓展型、研究型的课程体系，充分发挥各种课程的功能，为不同基础的学生开发潜能和发挥专长提供有利的条件，促进学生全面而有个性的发展。

（2）通过本课题的研究，促进学生良好个性的形成。加强教学内容与学生生活、社会生活、科技发展的联系，关注学生的学习兴趣与经验，打造终身学习必备的基础知识和技能。学生在综合实践活动中，自主选择主题，自主意识增强；在解决问题的过程中，探索的意识、能力增强；自主调查、访问、考察、搜集材料、操作、服务，亲历与体验，实践能力增强；想办法、求突破，创新意识和创新能力增强；以科学的态度和方法解决问题，掌握研究方法，提高研究能力；以顽强的意志力克服困难，意志品质得到提升；伴随着对主题的探讨，学生的人格走向健全。

（3）通过本课题的研究，促进教师专业化发展。教师指导学生开展综合实践活动，本身应具备综合实践活动的能力。对于专科教师而言，在新的挑战面前，要转变教育观念，转换教师的角色，改变教的学方式，掌握新的知识，运用新的方法，促使教师学习、学习、再学习，实践、实践、再实践，教学相长，促进教师的专业化发展。

3. 课题研究的创新之处

（1）构建学校自主课程体系。开展综合实践活动本身就是对原有课题结构体系的突破。学校从学校课程体系建设的高度看待综合实践活动，把综合实践活动的开展作为学校自主课程体系建设的推动力，把原来零散的课程进行整合，形成由基础型课程、拓展型课程、研究型课程组成的课程体系。

（2）教学相长，在培养学生综合实践能力的同时，促进教师的专业化发展。开展综合实践活动既是新课程改革的亮点，也是难点，更是基础教育新的生长点。最大的难点是师资力量的匮乏，因为教师都是专业教师，在本学科的教学中得心应手，但在培养学生综合运用知识解决实际问题方面捉襟见肘，甚至缺乏这方面的意识。学校迎难而上，在培养教师方面做文章，把培养学生的综合实践能力与促进教师的专业化发展相结合，在突破难点方面寻求新的增长点。

（3）创建普职融通课程基地，拓展培养学生综合实践能力的新渠道。创建普职融通课程基地是我校培养学生综合实践能力的一大创新。普职融通是把普通教育与职业教育相结合，其方式是普通高中与职业技术院校联动，其目的是普通高中充分利用职业技术院校的优质教育资源为提高学生的综合实践能力服务，其意义是把培养学生的综合实践能力落到实处，产生实效。学校先后与苏州工业园区工业技术学校、苏州工业园区职业技术学院、苏州工业园区服务外包学院合作，由他们提供41个菜单，供学生自主选择。利用它们优质的师资力量、先进的教学设施设备、丰富的职业培训经验，服务于学校课题研究，服务于我们学校学生综合实践能力的培养。

（4）把培养学生综合实践能力与学校科技创新教育特色有机结合，促进学校的特色发展。学校有海模、航模、建模的特色项目，并且形成了科技创新教育的学校特色，循着特色项目—学校特色—特色品牌的路径进行研究，在原有特色项目的基础上实现突破。主要表现在以下方面：第一，拓展特色项目，增加了车模、机器人、3D打印新项目。第二，把科技创新教育的精神渗透到学科教学之中。学校的适恰课堂就是这一精神的体现。适恰课堂是满足每一位学生学习和发展需要的课堂教学，这一高效的教学是以培养学生思维品质，提高学生解决问题的能力为落脚点的。为此我们大力推进问题式教学，培养学生的研究意识和研究能力，提高学生的科学素养。

（二）核心概念及其界定

本课题的核心概念为"综合实践能力"。能力是人顺利完成某种活动所必须具备的那些心理特征。为了顺利完成某种活动，往往需要多种能力的有机组合，表现出综合能力，也称才能。能力总是和人的某种活动相联系并表现在活动中，即实践。所谓综合实践能力，指人运用综合知识顺利解决实际问题的能力。

学生解决实际问题需要多方面能力的参与，在学生解决实际问题的过程中综合实践能力也会得相应的发展。为提高学生的综合实践能力，本课题研究突出学生的活动，关注学生的实践，在学科教学中开展问题教学，大力推进研究性学习，并创造性地进行普职融通的课程基地建设，在学生的日常生活中，大力开展社团活动，积极进行社会实践活动，在实践中培养学生的观察力、思维力、实践力、创造力。

（三）国内外研究综述

1. 国外研究综述

20世纪90年代以来，世界各国、各地区都推出了旨在适应新世纪挑战的课程改革举措，呈现出的共同趋势是倡导课程向儿童经验和生活回归，追求课程的综合化。课程的综合化趋势不只是改变一种课程的组织方式，它在本质上是课程价值观的变革。现行的分科主义课程体系是18世纪启蒙运动以来的产物。它追求工具理性，把人与其生活中的世界割裂开来，倡导对世界的有效控制。它把学科文化强化为精英文化，并将之与大众文化割裂开来，这实际上强化了少数人的利益，尽管它以价值中立的姿态出现；它最终导致学生人格的片段化，因为它使各学科彼此隔绝地向学生的心灵"浇铸"。当时代要求人与其生活其中的世界和谐共生的时候，当时代要求人格整体发展的时候，课程的综合化就成为必然。于是，欧美各国纷纷倡导主体探究活动与设计学习活动，日本在新课程体系中专设"综合学习时间"。

2. 国内研究综述

我国现行的课程存在以下缺陷：第一，它基于原子论、机械论的视野认识个人、社会与自然的关系，忽视了世界的整体性，也把原本内在统一的科学、艺术与道德割裂开来。第二，它以谙熟学科知识和训练技能为宗旨，忽视了学生个性的健全发展。第三，它过多倚重接受型学习方式，忽视发现、探究在人的发展中的价值。第四，它把学习理解为封闭在书本上和禁锢在教室里的过程，忽视了人的社会经验的获得和实践能力的形成。为了克服上述弊端，新课程改革专门设立综合实践课程，各个学校也根据自身的资源优势开展各种形式的综合实践课程。由于对综合实践课程的意义、功能、目的等认识肤浅，并且对这一课程的开设缺乏应有的能力与条件，实际效果大打折扣。

（四）研究的目标与内容

1. 研究的目标

研究的目标是课题要解决的问题。本课题要解决的问题是提高学生的综合实践能力。为实现提高学生综合实践能力这一总目标，把研究的总目标分解为不同的研究内容。

2. 研究的内容

（1）教师专业化发展的研究。开展综合实践活动最大的难点是师资力量的匮乏，因为教师都是专业教师，在本学科的教学中得心应手，但在培养学生综合运用知识解决实际问题方面捉襟见肘，甚至缺乏这方面的意识。学校迎难而上，在培养教师方面做文章，把培养学生的综合实践能力与促进教师的专业化发展相结合，在突破难点方面寻求新的增长点。我们通过理论学习、专家指导、参观学习、实践锻炼、课题研究等途径培养教师，促进了教师的发展，为课题研究的顺利开展提供了坚实的师资保障。

（2）综合实践活动的课程研究。开展综合实践活动是基础教育课题体系的突破，这就决定了本课题的研究要从学校课程建设的高度进行研究。

我们通过对各种课程的重新整合，形成了由基础型课程、拓展型课程、研究型课程组成的学校课程体系。在学校课程体系中，综合实践课程尽管要由多学科参与，但它本质上是与学科课程一样，是独立的课程，其功能是培养学生的综合实践能力，是新的站位，是素质教育的重要载体，是课程改革的重大突破。我们通过综合实践课程整合研究性学习、社会实践、社区服务、信息技术教育，促进了学校课程体系建设的优化，促进了学生素质的提高，促进了学校的高水平发展。

（3）社会实践活动和公益活动的研究。学校在每年的春季和秋季都组织全校学生开展社会实践活动。我校的社会实践活动有一个鲜明的主题"我的活动我做主"。在活动之前，学校制定详细的预案，组织学生参加听证会，与旅游公司直接对话，对行车路线、参观景点、具体事项进行详细询问，广泛讨论。在活动中，学生饱览祖国大好河山，品味优良的传统文化，了解风土人情，学习言谈举止进退揖让，感悟社会发展和人类进步，学会人与自然、社会和谐相处，对提高学生的综合实践能力产生极大的促进作用。学校还组织学生深入社区、敬老院，从事社会公益活动。在这些公益活动中，学生有付出，也有回报，收获了服务的意识，提高了服务的能力，体验了助人为乐的真谛，灵魂得到净化。

（4）研究性学习的研究。研究性学习是在教师的指导下，学生以研究的方式学习，运用所学的各科知识，结合科技的发展、社会的进步和个人生活经验，对相关问题进行探讨。它首先培养学生的问题意识，以敏锐的视角在习以为常、司空见惯中发现问题；把平常的学习与自然、社会相结合，增强学生的社会意识和社会责任感；把学习与实践应用相结合，特别是综合知识的运用，有利于提高学生的综合实践能力；在研究性学习中，在发现问题、分析和确定问题、设计解决问题的方案、搜集材料和解决问题的过程中，激发了思维，提高了研究的能力；改变了学生的学习方式，把被动听课变为主动探索、发现学习、合作学习，增强了主体意识，激发了学习的主动性、积极性和创造性。

（5）学生社团活动的研究。学校原来有海模、航模、建模学生社团，在课题研究的过程中，拓展了学生社团的范围，增加了车模、机器人、3D打印、拂煦文学社、心理学社、历史研究社、篮球队、排球队、乒乓球队、羽毛球队、长绳队、健美操队、美术社、金音艺术团、地理学社、模拟法庭、物理学社、化学社、生物学社等27个学生社团。在教师的指导下，学生自己组建，选举社团负责人，制定组织章程，招募社员，有固定的活动时间，有固定的活动场所，开展常态的活动。学生社团真正成为锻炼人、发展人的平台，提高了学生的综合素质。

（五）研究的思路、过程与方法

1. 思路

调查研究，弄清学生综合实践能力的现状；查阅文献，了解国内外研究状况；采取针对性措施，提高学生的综合实践能力；总结反思，探索规律。

2. 过程

2012年6月—2013年6月，为准备阶段。这一阶段的主要工作有：(1) 开展理论学习。(2) 聘请专家来我校讲学。(3) 修改课题申报书，制定课题实施方案。(4) 召开课题开题论证会。(5) 到外地参观学习。

2013年9月—2016年1月，为研究实施阶段。这一阶段的主要工作有：(1) 教育论坛。(2) 学术沙龙。(3) 大学教授进课堂活动。(4) 专家讲座。(5) 课例研讨。(6) 构建适恰课堂。(7) 主办苏州市、苏州工业园区的各科教研活动。(8) 开展社会实践活动。(9) 开展研究性学习。(10) 开展社团活动。(11) 普职融通。

2016年1月—2016年5月，为结题鉴定阶段。这一阶段的主要工作有：(1) 召开结题准备会议，布置结题的准备工作。(2) 整理研究材料，对研究材料进行归纳、分析、总结、提炼。(3) 撰写研究工作报告。(4) 撰写研究报告。(5) 填写结题鉴定书。(6) 编写成果汇编。(7) 申请结题鉴定。

3. 方法

调查法。这是研究者为深入了解教育的现实情况，弄清事实，借以发现存在的问题，探索教育规律而采取的有计划、有步骤地系统考察教育现象的一种研究方法。我们根据研究的目标、内容，编制科学、规范的调查问卷和访谈提纲，对问卷进行定量分析，对访谈进行定性分析，了解学生综合实践能力的现状，找出学生在综合实践能力方面存在的问题，确定采取的教育措施，使研究工作具有针对性，以增强研究的实效性。

行动研究法。研究者基于解决实际问题的需要，将问题作为研究的主体进行系统研究，走一步，看一步。按照如下步骤进行：第一步，在教育教学的实践中发现问题，通过对问题的分析认清问题的实质，分析问题产生的原因，制定解决问题的方式，进行教育教学的改革。第二步，研究告一段落之后进行总结，分析研究工作中的优缺点，针对问题调整研究方案，进行新一轮的研究，循环往复，螺旋上升，渐入佳境。

（六）研究的成果

1. 制定《苏州工业园区第二高级中学适恰课堂评价标准》。构建适恰课堂是学校的教学理想。为了把全校教师的教学引入这一理想，提高学校学科教学质量，形成学校学科教学的特色，我们制定了《苏州工业园区第二高级中学适恰课堂评价标准》，作为全校教师教学的行动指南。该评价标准理念先进，突出学生的主体地位，追求教育的公平；该评价标准体现因材施教的教育原则，面对不同学生采取针对性的教育，促进每一位学生的发展；该评价标准有利于提高教学的有效性，强调学生参与教学过程，主动学习，探索学习，合作学习。在该评价标准的指引下，全校教师开展适恰课堂教研活动，促进了学校教学水平和教学质量的提高。

2. 制定《苏州工业园区第二高级中学普职融通课程方案》，开展普职融通课程基地建设。开展普职融通课程基地建设是学校提高学生综合实践能力的重大举措。为了使普职融通课程基地建设科学、规范、卓有成效，学校制定了《苏州工业园区第二高级中学普职融通课程方案》。该方案是学校普职融通课程基地建设的行动指南和实施蓝图，为学校优质发展、特色发展注入新的元素，开辟了新的途径，有力地促进了学校综合实践活动的开展，极大地促进了学生综合实践能力的提升。

3. 制定了《苏州工业园区第二高级中学拓展型课程实施方案》，进行学校课程体系建设。为适应学校开展综合实践活动，提高学生综合实践能力的需要，学校进行学校课程体系建设，形成由基础型课程、拓展型课程、研究型课程构成的学校课程体系。把原来的选修课程、校本课程、德育活动整合为拓展型课程，选修课程重在促进学生学科能力的提升，特长的发挥，校本课程重在突出学校的科技创新教育办学特色，把德育活动进行课程化提升，使社会实践活动和学生社团活动更加科学、有序，朝着培养学生综合实践能力的方向前行。该方案成为学校开展综合实践活动的行动指南，促进学校课程功能的充分发挥，促进综合实践活动的开展，促进学生综合实践能力的提高。

4. 学生综合实践能力的提高。学校的海模、航模、建模、车模、机器人、3D打印社团常态开展活动，每年都参加国际、全国、江苏省、苏州市的比赛，并在比赛中取得辉煌的成绩，获得了2项世界级的奖项，32枚国家级金牌，84枚省级金牌，237枚市级金牌。学生参加的创意比赛获全国二等奖，并在中央电视台《成长在线》栏目录制节目，播放后引起很大的反响。在苏州市"三独"比赛中，学校学生表现非凡，多人获奖。在苏州市长绳比赛中，学校男子长绳队连续七年夺冠，并代表江苏省参加全国中学生运动会，取得了第七名的好成绩。学生的研究性学习也取得丰硕成果。对阳澄湖水质调查的研究成果，密切服务于阳澄湖的螃蟹养殖业；对苏州市汽车尾气的调查研究，不仅增强了学生的环境意识，还为苏州市的环境保护建言献策，服务于当地经济社会的发展。

5. 教师专业化的发展。在课题研究的过程中，教师们学习教育理论，钻研学科知识，把握学科研究的最新动态和成果，研究提高教学有效性的方法、途径、手段、策略，撰写教育教学论文，促进了教育教学质量的提高，促进了教师的专业化发展。在评优课、教师基本功竞赛、名优教师评选中赢得先机，诞生了一批名师，张亚云、陈旗建、黄燕三位老师被评为苏州市学科带头人，并被陕西师范大学聘请为兼职副教授，李君岗老师被江苏师范大学聘请为兼职硕士生导师。17位青年教师被评为苏州工业园区学科带头人、教学能手、教坛新秀。

6. 学校教育质量的提高。在课题研究中，在构建适恰课堂的过程中，开展了系列活动，如开展"差异教学""问题教学""有效教学""一师一优课，一课一名师"等活动，既有教育论坛的理论研讨，又有教研活动的实践，推动着学校教学水平的提高。苏州市教科院的专家、苏州工业园区教师发展中心的专家经常到学校听课，每次都给予高度评价。苏州工业园区教育局沈坚局长来学校调研，对学校课堂教学的评价用了"优质、高效"来概括。教学水平的提高促进了学校教学质量的提升。近几年，学校的高考推进率和转化率均居苏州市第一名,学生在全国数学竞赛中获得一等奖,一批学生考入"985"名校。

7. 学校科技创新教育特色的发展。通过本课题的研究,把学校的特色项目做大、做强,并赋予新的内涵,使学校沿着特色项目—学校特色—特色品牌的路径发展。学校被评为全国科技体育传统学校,被确定为江苏省模型训练基地,被苏州工业园区评为 AA 级特色学校。科技创新教育的特色日益彰显,成为学校一张亮丽的名片。学校特色品牌的创建得益于本课题的研究。随着综合实践活动的日益丰富,学生综合实践能力的日益增强,学生的创新意识、创新能力、实践能力日益增强,科技创新的水平越来越高,科技创新的成果越来越多,学校科技创新教育的特色越来越显著。

8. 学校荣誉。课题研究形成了学校教育生产力,推动了学校教育、教学、科研、特色建设等方面的发展。教育教学水平节节攀升,学校科技创新教育的特色越发彰显,不仅得到上级教育行政部门的充分肯定,也赢得了广泛的社会赞誉。学校被评为全国科技体育传统学校、江苏省教育工作先进集体,被确定为江苏省青少年航海模型训练基地,被评为苏州市学陶先进集体、苏州市心理健康教育特色学校、苏州市教育科研先进集体、苏州工业园区先进单位、苏州工业园区先进基层党组织、苏州工业园区 AA 级特色学校、苏州工业园区教育科研先进学校、苏州工业园区中小学综合评估 A 等学校。

9. 课题研究形成的经验。在本课题的研究中形成以下经验:(1) 在新的形势下,学校的竞争日趋激烈,学校的竞争也遵循着优胜劣汰的经济法则,要在竞争中处于不败之地,实现学生的高品位发展,要积淀学校文化,形成文化精神,形成学校的核心竞争力,我们提炼了学校"陪伴"精神,"陪伴,大爱于微""陪伴,不代替行走"是我们对学校文化的新诠释。(2) 要实施科研兴校发展战略。在学校发展的过程中会遇到许多新问题,对独生子女如何教育就是一个严峻的课题,市场经济代替计划经济产生的新的社会环境,中西文化撞击导致的文化多元化等,都是对学校办学的新挑战。学校对这些问题都需要研究,也必须研究,采取针对性的措施应对,才能真正"办人民满意的教育"。(3) 改变教师的生活方式,引导教师过研究性的生活，是落实学校科研兴校战略的针对性措施。一名教师就是一个课程，没有优秀教师就没有优质教育。教师发展的主要途径就是研究，在教育教学的实践中发现问题，通过学习、研究解决问题，在工作中研究，在研究中工作，过一种研究性的生活方式，促进教师的专业化发展。(4) 开展综合实践活动。培养学生综合实践能力，是深化素质教育、提升学校教育质量、促进学校特色发展的重大举措。它改变了学生学习的被动局面，凸显了学生的主体地位，激发了学生的学习兴趣，改变了学生的学习方式，开发了学生的潜质，调动了学生学习的主动性、积极性、创造性，为整个学校教育带来生动活泼的新局面，带动了学校整体的发展。

(七) 研究后的反思

经过课题组全体成员 4 年的不懈努力，本课题的研究告一段落。回顾课题研究的过程，感慨良多。

1. 教育实践永无止境，本课题的研究也永无止境。本课题研究的结束就是重新研究的开始，我们永远在路上。把我们对教育事业的热爱，对学校发展的责任感，培养天下英才的良知，化作无穷的动力，深化本课题的研究。

2. 开展综合实践活动是新课程改革在基础教育课程体系方面的突破，不仅要从学校课程建设的高度进行研究，而且要结合学校的实际，形成具有学校特色的课程体系，这方面的工作我们还刚刚起步，任重而道远，我们将勉力前行。

3. 卓有成效地开展综合实践活动，培养学生的综合实践能力，需要一支高水平的教师队伍，现有教师队伍远远不能胜任这一艰巨的任务。尽管我们在促进教师专业化发展方面做出了一些探讨，取得了一些成绩，今后的路更长、任务更艰巨。

4. 开展综合实践活动，培养学生的综合实践能力意义重大，是深化素质教育的重大举措，符合联合国教科文组织所倡导的通过教育学生学会求知、学会做事、学会共处、学会生存的教育宗旨。培养学生的综合实践能力需要时间，需要精力，需要活动的场所，需要实践的机会，现行的教育体制还不能满足这一要求，课程改革还需要深化。

第七章

适应适恰教育的学校文化建设

一、学校文化建设的科学定位

进入21世纪以来,学校文化和学校文化建设成为教育战线的热门话题。什么是文化？什么是学校文化？什么是校园文化？学校文化的实质、内涵、外延、特征、功能是什么？学校文化的内容是什么？学校文化如何建设？学校文化与学生发展的关系什么？校长、教师、学生在学校文化建设中各自发挥怎样的作用？如何建设与适恰教育相适应的学校文化？这些都是我们需要深入探讨的问题，也是我们需要急迫回答的问题。

学校作为培养人才的专门场所，随着科技的发展、社会的进步、社会对人才需要的变化，学校自身也处于不断地发展变化之中，由校长拍脑袋办学到制度建校，再到文化强校，是学校发展的必然规律，文化强校是学校办学水平和办学质量不断提高的体现。经过认真的理论学习和实践探索，我们深刻地认识到：每一所学校的生存和发展都离不开学校文化，办学就是办学校文化。不同学校之间的差异实质上是文化生态的差异。凡是名校，其学校的文化必然是先进的、优秀的、与众不同的、具有强大生命力的。学校是学校文化产生的地方，全校师生的办学实践是学校文化产生之源，学校如果没有了文化的涵养和文化的发展，学校就失去了生命力，持续进行学校文化建设是学校生存与发展的永恒课题。

文化是人们的一种生活方式。学校文化是学校全体成员的一种生活方式；学校文化建设既要继承传统，又要借鉴外地先进经验，还要结合时代的要求进行创新；学校文化建设要有精神文化的引领，制度文化的保驾护航，物质文化的保证，行为文化的践行，学校文化文化建设是一项庞大的系统工程；把学校文化建设作为学校特色发展和高品位发展的动力源，发挥如朱熹所说的"问渠那得清如许，为有源头活水来"的作用，激发全体师生自主发展与合作发展的积极性，就要更新办学理念，完善人文性制度，把学校的发展愿景形成学校全体成员的共识，内化为一种信念，形成"众人拾柴火焰高""人心齐泰山移"的良好效应。

目前，尽管学校文化建设的话题被炒得很热，各级各类学校都在进行学校文化建设的实践探索，但也存在着明显的问题：问题之一表现在对学校文化建设的认识误区。有的学校认为，学校是教书育人的地方，不是搞文化建设的地方，搞文化建设是文化部门的事；有的学校认为，搞文化建设，就是搞好学校的硬件设施建设，搞好学校的绿化、美化就行了；有的学校认为，学校抓教育质量才是硬道理，多培养几个升入重点大学的学生才是硬功夫，文化建设是花架子，浪费人力、物力、财力、精力不划算；有的学校认为，只要教学成绩搞好了，文化自然而然就形成了，一好百好。问题之二表现在对学校文化建设的能力不够。尽管他们认识到学校文化建设的重要性，也认真地进行文化建设的实践探索，可是，由于对学校文化建设的理论、策略等知之甚少，或知之不深，导致在学校文化建设中一筹莫展，不知道从何下手，如何建设，只能是彷徨与等待，面对着大好时光的流逝而扼腕叹息，空悲切。问题之三表现在对学校文化建设的照搬照抄。只要是名校的东西，不管青红皂白，不看是否符合本校的实际，采取拿来主义，生搬硬套，结果导致学校文化建设的同质化，而且画虎不成反类犬，起不到文化建设对学校发展应有的促进作用。

我们学校的学校文化建设紧紧围绕适恰教育这个鲜明的主题进行，以"求是唯真，崇文扬善，创新臻美"办学理念为指引，以人为本，坚持发展好每一位教师、发展好每一位学生、办人民满意教育的办学宗旨，把学校的物质文化建设、制度文化建设、精神文化建设、行为文化建设作为一项系统的工程来经营，按照理念引领、顶层设计、制度保障、措施有力、实践践行的工作思路，把科学决策与细节落实相结合，改进学校管理的体制、机制，走内涵发展之路，发挥典型示范的作用，激发全校师生主观能动性，建设高品位的学校文化，引领学校的风尚，促进学校的高品位发展、持续发展。

二、以丰富性为特征的校园文化建设

学校文化与校园文化是两个既有区别又有联系的概念。学校文化是学校全体成员的共同生活方式，校园文化是学校文化的物化部分，即校园环境。校园环境是办学的物质基础，包括学校的校舍建筑、教学的设施设备、树木花草、假山池鱼、雕塑字画、宣传栏、文化墙等。校园文化建设的目的是环境育人。适恰教育要求为学生的个性发展提供多样性和选择性，客观上要求学校的校园文化要做到丰富性和多样性。只有丰富性、多样性才能为学生提供选择的机会，把适恰教育落到实处，产生实际的效果。

近年来，在学校的极力争取下，苏州工业园区工委、管委会不断加大对学校的教育投资。2016年以来，投资2.42亿元，进行一、二、三期学校改扩建工程，一幢幢崭新的、现代化的建筑拔地而起，一套套先进的教学设施投入使用，整个校园发生了翻天覆地的变化，满足了师生学习、工作、生活等方面的需要。又投资3.87亿元，兴建星湖街校区，建筑面积91000平方米。由于星湖街校区是新建的，此校区吸收了众多名校的设计理念和建筑风格，并进行整合优化，三大功能区、五大活动中心既独立又配套，再加上以适恰教育理念布置的校园文化相烘托，以卓尔不凡的气质独领风骚。

校舍建筑大气、现代。一进学校，六层楼高的门楼器宇轩昂，经过门楼是宽大的圆形广场，以广场为中心向四周辐射，教学楼、办公楼、实验楼、生活区、运动区井然分布。道路旁树木苍翠欲滴，花坛里百花吐艳，紫藤长廊曲径通幽，铺有人造草皮的绿色运动场被暗红色的跑道环绕，美不胜收，不是园林的小桥流水，胜似园林的优美怡人。掩映在粉墙黛瓦、花红柳绿之中的办学理念、校训、校风、教风、学风、宣传栏、名人画像、名言警句蕴含着浓浓的文化韵味，硕大的"唯真"石，催人探索真理，"希望"巨型雕像，展示了学校对美好未来的憧憬，"求是唯真，崇文扬善，创新臻美"，彰显了真善美的学校办学目标，"自信人生二百年，会当击水三千里"，激发人的凌云壮志，"潮平两岸阔，风正一帆悬"，昭示了二中人只争朝夕的豪迈，教室文化建设展现了班级的凝聚力和战斗力，宿舍文化建设突出了温馨、闲适、安逸的情趣。校园文化建设把学校的办学理念、精神风貌、价值追求充分体现出来，每一堵墙壁、每一处景观、一花一草、一砖一石都匠心独具，形成了浓厚的文化氛围，发挥了无声的教育功能，催人奋进。

三、以人文性为特征的制度文化建设

  制度文化在学校文化建设中处于中层，起承上启下的作用，既保证全体师生的学习、工作、生活有章可循，整个学校秩序井然，又具有激励的功能，保证全体师生在规范的框架下，心情舒畅地自主发展。学校的制度文化建设之所以能发挥激励的作用，是由其人文性决定的，尊重每一个人，促进每一个人的发展。

  创新管理体制、机制。学校把改革创新学校管理体制、机制作为激活学校发展的动力，充分发挥师生的主观能动性。根据学校的现实情况和学校发展战略采取强有力的措施，"让听得到枪炮声的人指挥战斗。"2014年，学校进行管理体制的改革，改处室条线管理体制为年级部管理为主、处室管理为辅管理体制，条线指导、年级部落实。这种扁平化管理体制使管理重心下移，发现问题更及时，解决问题更便利，工作效果更突显。

  "让战斗员更有主动权"。在学科建设方面，改教研组责任制为备课组责任制，教研组长指导，备课组长落实，学科建设责任下移更接地气，能够及时了解学情，适时调整教学，提高教学质量。

  "让学习者更有自主性"。学校成立由学生会成员组成的校长助理团，实行每周召开一次会议，每两周与校长进行一次交流的制度，要求助理团的成员"发现一个亮点,查找一个问题,提出一个对策"。校长倾听学生的呼声,接受学生的监督。校长助理团制度不仅培养了学生的主人翁意识,而且使学校的管理确立了从学生的角度站位,更具针对性。

"把管理者置身于硝烟弥漫的战场"。听闻不如眼见,眼见不认实战。学校的管理人员担任班主任,亲身体验教学、管理的实际情景,更有教育教学管理的发言权,采取的管理措施恰当、有效。

"把绩效工资用在刀刃上"。学校在充分发挥民主的基础上,制定《苏州工业园区第二高级中学绩效工资分配方案》。该方案以按劳分配、多劳多得、优质优酬为原则,向一线教师倾斜,向超工作量的教师倾斜,向工作做得好的教师倾斜,形成"五朵金花"(发奖学金、奖教金、奖勤金、奖研金、奖组金)的格局,把钱用在刀刃上,充分发挥奖优罚劣的作用,多拿钱的教师备感光荣,少拿钱的教师没有怨言。把绩效工资的分配作为一种激励机制,可谓略胜一筹。

在办学的实践中,常常有这样的现象,各个学校的规章制度大致相同,可是,在不同的学校执行的结果却大相径庭。问题在哪里?根本原因在于师生对待制度的态度和方式。如果学校师生认为制度合理,宽严有度,既有规范的约束力,又体现人文关怀,就会按制度执行,形成执行力,学校就会越办越好;如果学校师生认为制度不合理,过于苛刻,不近人情,就会产生抵触情绪,要么消极敷衍,要么我行我素,制度不仅起不到规范、约束行为的作用,还会产生怨气,恶化人际关系,学校越办越差。学校作为一个集体,作为培养未来人才的专门场所,没有严格的、完善的规章制度是不行的,问题的关键是制度本身合理和执行得行云流水,不仅起到对师生的规范、约束作用,还能化为师生的自觉行为。

制度本身一定要科学、合理,否则,不仅不能起到制度应有的作用,还会产生负面影响,阻碍学校的发展。如有一位教师工作中兢兢业业,乐于奉献,专业功底扎实,业务能力强,教育效果好,在师生中拥有很高的威望,年终考核"优秀"是众望所归,但是,他因为生病请假7天,按照学校制度规定"请假超过5天不得评为优秀",结果这位教师考核"合格"。这样的制度就起到破坏性的作用。教师生病本应受到关心,冰冷的制度无异于在他的伤口上撒一把盐,令他痛心疾首。同时,请病假是出勤率问题,"优秀"是对工作做得好的肯定,把"出勤率高低"与"优秀与否"生拉硬扯为因果关系,造成逻辑的混乱,在教职工中产生恶劣的影响,极大地打击了教师的工作积极性,这样的制度一定要改。

在适恰教育推进的过程中,学校根据形势的变化,对原有制度进行修订,又制定了一些新制度,形成由164个制度构成的制度体系,并汇编成《苏州工业园区第二高级中学规章制度手册》。学校的规章制度着眼于制度的思想指导、行为规范、人文关怀功能的充分发挥,致力于培养师生正确的政治方向、价值观念和高尚的思想品德、行为规范、生活方式,规范师生的行为,形成良好的行为习惯,尊重师生的人格和尊严,满足师生发展的需求,激发师生学习和工作的积极性,凝聚人心,为学校的发展共同努力。

学校按照民主集中制的原则进行制度建设。首先制度产生于办学的实践,在教育的实践中会出现一些新问题,解决这些新问题需要制度的规范。校长室责成相关职能部门起草制度草案;召开教职工座谈会和学生座谈会,集思广益,接受师生的意见和建议,由校长办公室起草制度的第二稿;邀请教育专家进行论证,在接受专家意见的基础上,形成第三稿;召开教职工代表大会讨论、通过;校长室正式发布,并召开全校教师大会和学生大会,解释制度形成的依据、目的、意义、内容及要求。由于制度形成的程序民主、合规,内容科学、规范,要求明确、具体,更重要的是得到师生的理解与支持,所以执行起来没有障碍。奖励,获奖者自豪,他人羡慕;惩罚,受罚者心服口服,甘愿受罚,他人引以为戒。制度的张力充分展现,全校师生气顺,心齐,精神愉悦。

四、以"三不四特"为特征的精神文化建设

学校的精神文化是学校文化的内核,它影响着一所学校的精神面貌和学校品味,是师生共同成长、学校长期发展的精神驱动力。学校精神文化是学校在长期办学实践中,在学校文化传统的基础上,对社会文化进行选择、提炼、积淀而来的,并为全体师生所认同与遵循的教育文化,包括文

化传统、价值观念、道德情感、思维方式、心理情趣、人生态度等。

在学校文化建设体系中，精神文化建设处于最高层和最深层，是学校文化的灵魂，起引领作用和动力作用。学校精神文化体现在学校的办学理念、办学思想、办学愿景、规章制度、师生的行为之中，它的核心是价值观。我们学校的精神文化建设以社会主义核心价值观为引领，全面落实立德树人根本任务，以形成良好的精神风貌并产生精神动力为诉求。以精神文化建设引领学校的物质文化、制度文化、行为文化建设，提升学校的办学品味和办学特色，提升教师的人生境界，激发教师的创新、创业热情，提升学生的素养，激发学生学习的主动性、积极性，改变全体师生的精神面貌，推动学校各项事业蓬勃发展。

我们学校是一所拥有60多年办学历史的老学校，在长期的办学实践中，形成了优良的文化传统和深厚的文化积淀。我们重点加强以下方面的教育，以培育学校精神。

理想信念教育。把自身的奋斗与国家的兴亡、民族的复兴有机结合起来，辨别真、善、美与假、恶、丑，形成正确的世界观、人生观、价值观，树立正确的义利观、荣辱观。

热爱社会主义教育。通过历史课、政治课、国旗下讲话等途径，教育学生认识社会主义思想是先进思想，社会主义制度是先进的制度。我国走社会主义道路是中国历史发展的必然趋势，是中国人民历史性的选择，只有社会主义才能救中国，坚定社会主义的理论自信、制度自信、道路自信、文化自信。

热爱中国共产党的教育。中国共产党是中国无产阶级的先锋队。中国共产党只有一个信条，那就是为人民服务，为了全国劳苦大众的翻身解放，过上幸福的生活，抛头颅，洒热血，前赴后继，终于领导中国人民取得新民主主义革命的胜利，建立中华人民共和国，使中国人民真正站起来，领导改革开放，促进了中国各个方面发生了翻天覆地的变化，使中国人民富起来。吃水不忘挖井人，我们要以感恩之心热爱党。

优秀传统文化教育。中国是一个拥有五千年文明史的国家，在长期的发展过程中，积淀了丰厚的优秀传统文化。莘莘学子要有天下情怀，"先天下之忧而忧，后天下之乐而乐"；要有责任担当，"国家兴亡，匹夫有责";要有舍生取义的追求,"苟利国家生死以";要有大丈夫的抱负,"生当作人杰,死亦为鬼雄"。

革命传统教育。了解我国百年屈辱史,缅怀革命先烈。向孙中山先生那样为"振兴中华"而奋斗一生,向方志敏烈士那样抛弃小家为大家,向刘胡兰烈士那样面对敌人的铡刀大义凛然,向黄继光烈士那样用胸膛堵枪眼为战友前进开辟道路。无数的革命先烈为了国家、人民的利益牺牲了,但他们的鲜血没有白流,我们后辈接过烈士手中的枪,以大无畏的精神消灭一切害人狼。

二中人淳朴本分,任劳任怨,咬定青山不放松,在教育上孜孜追求,我们把这些总结、概括、提炼为"老黄牛精神"。这种"老黄牛精神"就是二中的根与魂,就是推动二中持续发展强大的精神动力。鉴于时代的发展和学校的进步,学校实行一年一总结、提炼精神文化的制度。2014年,提炼出"听话而不僵化精神",既规范教育教学行为,又改革创新;2015年,提炼出"陪伴精神",对学生大爱于微,但不代替学生自己行走,把养成教育与学生的个性发展相结合;2016年,提炼出"工匠精神",工作中精雕细琢,精益求精,促进学生潜能最大限度地开发;2017年,提炼出"三不四特精神",不怀疑,不抱怨,不放弃,特别能吃苦,特别肯钻研,特别善合作,特别讲奉献;2018年,提炼出"同舟共济精神",树立全局意识,打团体战,在竞争中合作,在合作中竞争,创建学校命运共同体;2019年,提炼出"谋变创生精神",适应时代变化要求,改革创新找出路,追求高品位、高质量的特色发展。在充满正能量的精神文化沐浴下,广大教职工以豪情、以壮志践行着奋斗人生,以超越、以自我实现描绘着灿烂的明天。

五、以执行力为特征的行为文化建设

学校的行为文化建设,紧紧围绕着适恰教育这个主题展开,以"三风建设(校风、教风、学风)"为载体和原点,以形成执行力为目标和特点,以增强学校的战斗力、竞争力、凝聚力为目的,提出许多明确的具体要求，采取系统化的针对性措施，收到了良好的效果，发挥了风吹草偃的作用，上传下达，真正做到"听话而不僵化"。在创造性地工作中把教育的事情办好，形成一种动力的"场"，变成了生生不息的生命再造，化成了活力四射的校园生态。

（一）"团结、文明、求实、开拓"的校风建设

"团结"，团结协作。要求师生以身为二中人而自豪，树立全局观念和全校一盘棋的意识，发扬集体主义精神，一人为大家，大家为一人，把个人的奋斗目标与学校的发展愿景统一起来，齐心合力，在合作中竞争，在竞争中合作，人心齐泰山移，众人划桨开大船。各处室分工明确，职责明确，协同工作；每个班级的任课教师教好自己担任的学科，协同发展好每一位学生；学生之间互帮、互学，共同进步。

"文明"，有文化。"文"这个字在我国有丰富的意蕴，凡是有纹理、纹路、纹饰的物品都可以用"文"这个字来形容。它的最初含义是"花纹"，所谓"大人虎变，其文炳也""君子豹变，其文蔚也"；接着又引申出修饰以神圣化的意思，以纹身代表成年、已婚、权威、勇力、美观等，增加自己在部族中的地位；再接着又发展为优越的德性，如《逸周书·谥法解》所说，"经天纬地曰文""道德博厚曰文""勤学好问曰文""慈惠爱民曰文"。文明标志着人由野蛮而开化，由粗野而典雅。学校要求全校师生做文明人，在言谈举止、进退揖让中都能得体，生活有情调，做事有格调，做人有格局，说话有分寸，行为有尺度，温文尔雅，落落大方，尽显新时代学人的风采。

"求实"，实事求是。学校以"求是唯真"为办学理念，要求全校师生说老实话，做老实人，干老实事，对党忠诚，对教育事业真诚，对学生热诚。要求学生在学习中，对所学知识多问几个"为什么"。真正弄懂，深刻理解，把被动听课变为主动探究，在深入的探究中形成真知。要求教师在工作中，认真钻研课标、教材、考纲、教法，深入了解学生，把教育教学工作建立在适恰的基础之上，扎实有效地开展教育教学工作。

"开拓"，开拓进取。时代在发展，社会在进步，任何的故步自封、得过且过、因循守旧都会落后于时代。要求全校师生焕发青春，解放思想，点燃智慧，唤醒激情，挖掘潜力，改革创新，争做时代的弄潮儿。管理干

部要做到"说话让人喜欢,做事让人满意,做人让人怀念",海纳百川,借鉴先进学校行之有效的管理经验,创新管理的体制机制,激活学校发展的动力;教师怀揣一颗育人的良心,以育天下英才的豪迈,只争朝夕的热情,在适恰教育中创新教法,指导学法,形成个人的教学风格;学生要以初生牛犊不怕虎的气概,以志当存高远的豪情,在苦学中学会巧学。

(二)"爱生、热情、严谨、创新"的教风建设

"爱生",热爱学生。教师对学生的爱是一种真情的爱,通过对学生无微不至地呵护,认真地指导,耐心地帮助,促进学生成人成才。教师对学生的爱是一种亲情的爱,像对待自己的孩子一样,嘘寒问暖,为学生的进步而激动得忘乎所以,甚至开怀大笑而不失风雅,为学生的不思进取而痛心疾首,恨铁不成钢。教师对学生的爱是一种倾情的爱,把自己的所知在讲课中和盘托出,在帮助时不遗余力,在关怀中尽其所能。

"热情",有温度。在教育工作中热情似火,积极主动,"不待扬鞭自奋蹄",像火炬一样为学生指引前进的方向,像蜡烛一样燃烧自己照亮别人,用"学而不厌""诲人不倦"诠释自己的工作热情。

"严谨",严肃认真。教育是百年大计,它关乎学生一生的幸福,关乎国家的发展,关乎民族的未来,要以诚惶诚恐的态度,如履薄冰的行为,兢兢业业的工作,做好教育的每一个细节。学校要求教师要做到"四精",即"精心"(是态度),"精准"(是要求),"精细"(是过程),"精品"(是结果)。教育无小事,教育无小节,工作上要一丝不苟,精益求精。

"创新",改革创新。要求教师适应新课程改革和培养核心素养的需要,在教育改革的大潮中学会游泳,在教育教学的实践中培养反思的能力。反思是逆向思维,即对做过的事情进行再思考。通过反思,在习以为常、司空见惯、历来如此中发现问题,分析问题的性质和价值,设计改革创新的方案,采取行之有效的措施,改进工作,提高教育质量,实现自身的超越,在自我实现中领略"无限风光在险峰"的胜境,在高处不胜寒的压力之下,把自己发展得更快更高。

(三)"勤学、尊师、守纪、整洁"的学风建设

"勤学",勤奋学习。在学习化的社会,学生学习很苦,面临高考的高中学生学习更苦,所谓"学海无涯苦作舟"。要求学生发扬"三更灯火五

更鸡，正是男儿读书时"舍我其谁的气概，抓住青春的大好时光，通过勤奋学习，增长知识，掌握技能，提高认识，提升境界，升华人格，不能在蹉跎岁月中饮"黑发不知勤学早，白首方悔读书迟"的苦酒，那将是后悔莫及，空悲切。

"尊师"，尊敬师长。我国历来有尊师重教的优良传统和美德，教师作为"传道、授业、解惑"者，作为"人类灵魂的工程师"，在三尺讲台上为学生指点迷津，在教育的园地里默默耕耘，不为自己升官发财，只为学生超过自己，这样的气度、胸怀、人格理应受到尊重。要求学生对教师有礼貌，尊重教师的劳动，虚心接受老师的教育，这实际上是一种感恩教育，让学生"吃水不忘挖井人"，提高学生的德行。

"守纪"，遵守规章制度。人类由自然状态进入社会状态是一个巨大进步，其突出表现就是制定了规则，规范了人的行为，人类由野蛮进入文明。学生作为成长中的人，处于社会化之中，可塑性强，正是加强规则教育的有利时机。学校根据《中学学生守则》，结合学校的实际情况，制定了包括班级建设、宿舍管理、文明就餐、人际交往等方面的规章制度，要求学生了解、理解、执行规章制度，形成良好的行为习惯。

"整洁"，讲卫生。教育学生"一屋不扫何以扫天下"，讲究清洁卫生，打扫干净校园、教室、宿舍，被褥折叠整齐，学习用品和生活用品摆放有序，着装整洁得体，发型朝气阳光，展现中学生应有的形象。

(四) 以"执行力"为特征的学校文化

按照科层的划分标准，学校的组织结构可分为三个层面：决策层面（上层）——领导班子，执行层面（中层）——中层干部，基层层面（下层）——教师。校长室作为学校的领导核心，主要职责是确立学校的发展理念、发展战略、发展方向、制定规章制度等，进行顶层设计，保证决策具有科学性和前瞻性，需要较强的决策力；处室、年级部、教研组、备课组是学校管理的核心力量，处于中间地位，担负着上传下达、承上启下的职责，要运用智慧开创性地开展工作，把事情做好，需要有较强的执行力；教师作为教育教学工作实施者，需要较强的行动力。

学校中层管理团队作为"夹心饼"具有多重角色，是被管理者、管理者、执行者、联络者、协调者、监督者，中层在工作中的执行力有4种情况：严格按照校长的要求执行，校长满意，但会得罪老师；做老好人，一团和气，教师满意，但校长生气；敷衍塞责，两头受气；当好人、做好事、带好团队，开创性地工作，校长肯定，教师拥护，这才是我们学校追求的执行力。为此，学校给中层提出了"对上是配合的助手，对下是管理的能手，平级之间是协作的好手"的明确要求。学校要求中层练就"铜头"，不怕钉子，越碰越硬；练就"铁嘴"，沟通力强，善于协调；练就"飞毛腿"，走动管理，反应速度快；练就"蛤蟆肚"，宽容大量，有容人容事的硬功夫。

学校正是抓住了中层执行力这个问题的关键，加强了学校行为文化建设，调动了广大中层干部的工作主动性、积极性、创造性，以想干事、会干事、能干事、干好事、干净干事的精神风貌，树立了良好形象，把校长的想法迅速转化为行动，把行动迅速转化为结果，有效的执行力成为推动学校发展的强大动力。

六、学校文化建设的课题研究

附：市级课题"提升学校自主文化力的实践研究"研究报告

（一）问题的提出

1. 学校战略发展的需要。面对教育改革的滚滚浪潮，面对优质教育的不绝呼唤，参与竞争已成为学校必须面对的现实。学校的生存与发展也遵循着优胜劣汰的市场经济法则，在资金、师资、生源竞争日趋激烈的情况下，学校必须在竞争的洗礼与磨难中不断提升核心竞争力，培育和发展自身的核心优势。我校没有良好的区位、过硬的设施设备、优质生源的优势，只有发挥人的主观能动性，靠一支师德高尚、专业精良、教育教学艺术精湛、乐于奉献、团结协作的教师团队；靠先进教育理念引领、激励机制创新驱动、学校自主课程体系的构建、科技创新教育的突破、教师学习共同体的打造来建设这支教师团队；靠进行具有鲜明个性的优秀学校文化建设，营造浓浓的学习型学校文化氛围，把学校发展的根扎深、基础打牢，形成学校的核心竞争力，在激烈的竞争中立于不败之地，实现跨越式发展。

2. 学校文化建设的一些认识误区。"学校文化建设"成为当今教育领域的热词，许多学校也进行了形式多样的文化建设实践。但是，什么是学校文化？学校文化的实质是什么？学校文化的内涵是什么？学校文化的外延是什么？学校文化的特征是什么？学校文化的功能是什么？如何建设学校文化？学校文化与学校的生存和发展的关系是什么？在学校文化建设中校长、教师、学生应扮演什么样的角色？如何把学校文化转化为学校文化力？由于对这些问题不甚明了，产生一些认识的误区，认识的误区导致学校文化建设的偏差，严重阻碍着学校的文化建设，不利于学校的高品位发展和持续发展。

3. 学校文化建设的趋流同俗现象。在学校文化建设的实践中，存在着趋流同俗的同质化现象，千校一面，千人一腔。一味追求校舍的豪华、规模的扩大，一说到办学宗旨就必称"以人为本"，说到培养目标就离不开"四有新人"，提到校风就是清一色的"勤奋、严谨、求实、创新"，这种盲目跟风，一味附和，难以体现学校的个性，学校的特征难以为社会大众所识别，难以起到感染、震撼、激励师生的作用，更无法在激烈的竞争中脱颖而出。有鉴于上述情况，我们认为学校文化建设是学校发展的必然趋势，回顾学校发展的历史，学校发展经历了人治—制度建校—文化建校过程，办学校就是办学校文化，优秀学校文化孕育优质的学校教育。学校文化不是自然形成的。既要有长期的积淀，又要用心经营；既要校长冥思苦想，又要发挥群众的智慧，群策群力；既要坚守传统，又要海纳百川吸收借鉴，不断开拓创新；既要实践笃行，又要理论升华。学校文化建设是一项系统的、整体的工程，要在精神文化引领下，进行物质文化、行为文化、制度文化的建设，继承历史，立足现实，展望未来，形成鲜明的个性，使全校师生沐浴在浓浓的优秀文化氛围之中，形成共识，凝聚力量，团结协作，共同奋斗，充分发挥文化育人的作用。

(二) 核心概念及其界定

1. 学校文化。什么是学校文化？众说纷纭，莫衷一是。有"校园文化说"，认为学校文化就是校园环境中存在的一切文化现象。有"校风说"，认为学校文化就是学校的各种规范、行为、风尚。有"文化艺术活动厅说"，认为学校文化是指在学校开展的各种歌咏、舞蹈、体育比赛等活动。有"教风说"，认为学校文化反映的是一所学校教师的教学水平。有"学风说"，认为学校文化反映的是一所学校的学习风气和氛围。有"德育隐形课程说"，认为学校文化实质上是一种隐形德育课程，通过学校文化，对学生进行道德熏陶，帮助学生在潜移默化中接受道德规范，实现道德成长。有"广义学校文化说"，认为学校文化是一种亚文化，是在学校中形成的特殊文化，体现的是社会背景下以学校为地理环境圈，由全体师生在学校长期教育实践中积淀和创造出来的，并为其成员认同和遵循的价值观、精神、行为准则、规章制度、行为方式、物质设施的整合。

我们认为，学校文化是一种组织文化，它是由学校全体成员，在长期的教育教学实践中创造和积淀而成的，由物质文化、行为文化、制度文化、精神文化所构成的整体。物质文化构成学校文化的表层，行为文化构成学校文化的中层，制度文化构成学校文化的底层，精神文化构成学校文化的核心，是统领学校文化的灵魂。

2. 学校文化力。学校文化力与学校文化有密切的联系，又有区别。一所学校，即便是拥有良好的文化元素，也并不等于它拥有良好的文化力。只有学校成员创造性地、有效地运作文化元素，使它形成良好的文化力之后，才能促进学校文化品位的提升和战略目标的达成。学校文化建设的关键不在于文化形式本身，而在于努力提升学校文化力，真正使文化成为展示学校独特形象、凝聚学校成员心志、推动学校创造性发展的巨大能源。

学校文化力指学校文化产生的能量，表现为学校文化对学校成员产生的认识力、导向力、凝聚力、推动力、整合力、约束力及对社会公众产生的识别力。学校文化力是学校核心竞争力的重要组成部分和基础。一方面是由于学校核心竞争力的独特性就在于深厚的文化底蕴、鲜明的个性品牌，这正是学校文化力的核心内容和重心所在；另一方面，教育的本质就在于"文化育人"，即将人类社会的物质文明成果、精神文明成果，经过教师的积淀、内化，通过显性或隐性的教育途径，作用于学生的身体、心理、精神的各个层面，使其获得成长所需要的要素，促进学生的发展。而文化育人的关键在于学校自身的文化建设与文化力的形成，产生教育的氛围和影响力量。

3. 学校自主文化力。学校文化是有力量的，而力量是有大小之分的，并不是所有的学校文化建设都必然产生预期的、理想的力量。许多学校在文化建设中存在着趋流同俗的现象，千校一面，千人一腔，缺乏个性，难以形成感染力，无法产生激励作用，更无法在激烈的竞争中脱颖而出。一所学校只有延续传统、海纳百川，在先进理念的引领下创新学校文化，形成鲜明的文化特色，才能使学校文化充满感染力、震撼力、推动力，凝聚众力，众志成城，使所有人的努力都是自觉、自动、自发的，起到不用扬鞭自奋蹄的魔力般的效果，促进学校高品位发展，甚至是跨越式发展。

我校根据素质教育和新课程改革的要求，结合学校的具体实际，继承埋头苦干的优良学校传统，发扬陪伴精神，办适恰教育，以自主课程文化建设为载体，以科技创新教育为着力点，以激励机制创新为突破口，以打造教师学习共同体为动力源，以培养学生全面、健康、个性、持续发展为宗旨，进行个性鲜明的学校文化建设。其中，"三不四特"精神是我校文化的灵魂，像一面迎风招展的旗帜，把全校成员团结在这面旗帜之下，展示了强大的内聚力，激发高度的认同感和精神归属感，产生强烈的义务感和责任感，形成巨大的感染力和推动力，齐心合力共筑学校梦，人人讲奉献，个个比贡献，年年创辉煌，得到上级教育行政部门的高度肯定，赢得了社会的广泛赞誉，"二中现象"的魅力日益彰显。

(三) 国内外研究综述

1. 国外研究综述。国外对这一领域的研究较早。20世纪初，美国著名教育家杜威提出生活教育的理论。很多学校进行生活教育的实践，强调教育要密切联系社会发展和学生的生活经验，以培养学生的创新精神和实践能力，实际上就是学校的自主文化建设。尽管它有种种不足，如造成学生的基础较差，并且知识不系统，个人主义严重等，但它促进了学生个性的发展，为学校发展引进了动力。

2. 国内研究综述。(1) 理论研究。文化部原副部长高占祥在《文化力》一书中提出了"文化力是软实力的核心"重要论断，以全球的视野和未来的眼光，运用大量的数据和事实，透过语言、历史、心理、教育、政治、经济、管理等众多层面，描述了文化对人类文明演进及个人成长的意义和价值，论证了文化力在国家崛起、民族复兴、经济腾飞、企业发展中的地位与作用，并在此基础上提出了把握文化力，充分发挥其潜在优势的有效方法和途径。中国人民大学俞国良教授对学校文化力做了独到的研究。他认为，学校的核心竞争力由教育生产力、学校文化力和学校经营力构成，其中，学校文化力是学校核心竞争力的基础。一方面，是由于学校核心竞争力的独特性就在于其深厚的文化底蕴、鲜明的品牌个性和有特色的教育模式，这正是学校文化力的核心内容和重心所在；另一方面，教育的本质就在于"文化育人"，即将人类社会的物质文明与精神文明成果，直接通过显性的和隐性的教育途径，作用于学生，以促进学生的发展。袁先潋在《学校文化力建设策略》一书中指出："每一所学校的生存和发展都离不开学校文化，办学校就是办学校文化！"各个学校之间的差异就是学校文化生态的差异，或者说是办学理念的差异。凡是名校，其学校的文化必然是先进的、优秀的且具有与众不同的特色，越是具有优势文化的学校就越具有生命力。学校是产生文化生产力的地方。学校如果没有了文化的涵养和文化建设的生长，学校就会失去它的生命力，不断加强学校文化建设是学校生存和发展的永恒课题。学校文化建设包含了物质的、精神的、制度的、行为的各个方面的内容和任务，是一个博大精深的系统工程，是摆在学校面前的艰巨任务。

（2）实践研究。21世纪以来，"学校文化"和"学校文化建设"成为热词，许多学校进行了卓有成效的实践探索，取得了可喜的研究成果。山东省平阴县实验中学制定了"用文化引领，用文化经营"的学校文化建设总体方案，在实践中，形成了营造书香校园、打造文化名片、彰显人文关怀的好经验。青州市实验中学的学校文化战略是以物质文化、行为文化、制度文化、精神文化四个层面做支架建构起来的。长春市希望高中用"希望教育"打造学校特色文化。萧山十中用"学校管理文化创新实践"诠释了该校文化建设的内涵。如东县栟茶中学用"校长文化"奏响了"平民教育"的最强音。华东师大二附中以"教师文化破解强校之谜"。上海北郊高中以独具匠心的"课程文化"谱写学校文化建设的新篇章。这些学校的文化建设既有总体方案与实践，也有特色文化建设，为我校"提升学校自主文化力的实践研究"课题提供了宝贵的借鉴经验。

(四) 理论依据

1. 新课程改革的理论。学校文化建设是在新课程改革的背景下催生的新课题，只有在新课程改革的理论指导下，才能使学校文化建设的目标明确，方向正确，效果真切。新课程倡导以人为本，转化教师的角色和教学方式，突出学生的主体地位和改变学生的学习方式等理论，为本课题的研究和学校的文化建设提供了行动的指南。《基础教育课程改革纲要（试行）》在课程评价方面要求"建立促进学生全面发展的评价体系"，为我们实行班级护导和开展差异教学提供了依据；"建立促进教师不断提高的评价体系"的规定，为我们打造教师学习共同体活动提供了依据。在课程管理方面要求："实行国家、地方和学校三级课程管理"，为我校构建自主的课程体系提供了依据。

2. 学校文化力理论。中国人民大学教授俞国良教授提出了"学校文化力"理论。该理论认为，一所学校，即便是拥有良好的文化元素，也并不等于它就一定拥有良好的文化力。文化与文化力是两个不同的概念。学校文化指的是以学校成员价值观为核心及承载这些价值观的流动形式和物质形态，主要表现为学校成员所共同具有的思想观念、价值取向及行为方式。而学校文化力则是指由学校文化产生的能量，表现为学校文化对学校成员产生的认知力、导向力、凝聚力、整合力、推动力和约束力，以及对社会公众产生的识别力、辐射力和感染力。只有学校成员创造性地、有效运作学校文化元素，使学校形成良好文化力之后，才能促进学校文化品位的提升和战略目标的达成。

学校文化建设不是目的，关键是要使学校文化建设产生动力作用，只有在学校文化力理论指导下，本课题的研究才能达成文化建校的目的。该理论对本课题研究的指导意义在于：科学区分了"学校文化"与"学校文化力"两个概念，揭示了学校文化建设的实质和目的在于形成学校的文化力，使本课题的研究真正为学校的发展服务。

(五) 课题的价值、创新之处及特点

1. 本课题研究的价值。本课题研究最根本价值就在于确立学校发展战略目标和发展方向，提升学校文化品位，促进学校高位发展、快速发展和持续发展。经过课题组全体成员4年的不懈努力，从理论上弄清了什么是学校文化,什么是学校文化力,怎样才能形成学校文化力,以及如何发挥学校文化力。经过实践探索,我们对学校的历史进行梳理,总结出好传统和好经验,通过与周边学校的比较和对全国各地经验的借鉴,认清自身的现状,发现了自身的不足,找到了自身的有利条件,充分发扬民主,在集中集体智慧的基础上,达成了文化建校共识,确立了文化建校的学校发展战略,提炼、培养和弘扬了"三不四特"精神,打出了适恰教育的大旗,打造了科技创新教育的鲜明特色,提高了教育的质量,形成了"二中现象"。

2. 本课题研究的创新之处。本课题研究的最主要创新之处就是对学校"三不四特"精神的提炼、培育和张扬。我校是一所具有60多年悠久办学历史的老学校,之所以历久不衰,与时俱进,兴旺发达,靠的就是二中人关心学生、乐于奉献、埋头苦干、育天下英才的精神,我们把这种优良的学校传统提炼为"陪伴精神","陪伴,大爱于微""陪伴,不代替行走"是我们对这一精神的新诠释。在学校发展的过程中我们又提炼出"三不四特精神",要求教师的境界有高度,职业精神有热度,学业有深度,教育教学艺术有效度,言谈举止和进退揖让有尺度,对学生关怀有温度,要求有力度,发展有梯度,把人文关怀与科学施教有机结合,把成人、成才无缝对接,把言传身教融为一体,把师生关系发展成伙伴,把爱的阳光撒向全体学生,把希望播种到学生的心田,遥望着旭日东升,领略高处不胜寒的胜景,享受教育人生的幸福。

学校精神具有熏陶作用。陶行知先生指出,熏陶和督促两种力量比较起来,熏陶更为重要。一届又一届不同经历、不同个性的学生,都能从母校的精神、校风、教风、学风中受到陶冶和启迪,甚至终身受益,其根本原因是因为学校精神产生的潜移默化的影响力,从隐形的、长期的、综合的感染中,体验情感,理解理念,生成智慧,积淀文化,形成习惯,发展个性,最终形成丰富的精神世界。

3. 本课题研究的特点。本课题研究的突出特点就是人文性,学校文化建设的本质就是人文关怀。学校文化建设的主体是人,学校文化发展的也是人。在学校文化建设的过程中,学校领导的管理水平提高了,教师获得了专业化发展,学生得到了健康成长。以"三不四特"精神为灵魂,以适恰教育为个性的学校文化力的形成，表现出来的富有生命、令人感动的文化氛围，犹如"随风潜入夜，润物细无声"的春雨，以最深刻、最微妙的方式进入师生的心灵并产生深刻的影响，唤醒、激发师生的崇高情感和强烈的进取心，成为心理和行为的强大内驱力，对价值观的确立、行为方式的选择产生强大的推动作用，其潜移默化的教育生产力如同魔力一般。教师严谨刻苦，锲而不舍，孜孜不倦，腰酸背痛心里甜；学生志存高远，意气风发，斗志昂扬，勇于探索，勤学苦练，不用扬鞭自奋蹄，走出人生的精彩，创造事业的辉煌。

（六）课题研究的主要内容

1. 按照优化、净化、绿化、美化的原则进行校园文化环境建设，发挥校园文化环境的教育力。办学校就是办学校文化，因为学校文化是一所学校的特质和核心竞争力，学校发展战略的确定，规章制度的制定，重大举措的实施，一个个教育活动的开展，一处处景观的布置，都要体现学校的文化精神，渗透学校的办学理念，体现学校的崇高追求，展现学校的精神风貌，把学校工作的方方面面、每一个角落都赋予文化的内涵，使全体师生都沐浴在一种健康、向上、充满个性特色的文化里，起到教育的功能。为了搞好校园文化环境建设，我校群策群力，校行政多次开会研究校园文化环境建设方案，发动全校教职工出主意、提建议，聘请专家论证，聘请设计师设计，经过几轮的反复，精心打造，形成了今天的校园文化环境风貌。

2. 开展自主学校课程体系建设，筑牢学校文化力主阵地。时任国务院副总理李岚清在全国基础教育工作会议上的讲话指出：全面实施素质教育，涉及的问题很多，情况也比较复杂，我们既要有全面系统的政策导向，又要紧紧抓住核心问题和关键环节，核心问题和关键环节有四个，第一个就是积极推进课程改革。因为课程改革是整个基础教育改革的核心内容，集中体现了教育思想和教育观念，是实施培养目标的施工蓝图，是组织教学活动的最主要依据，也是教育评价的最主要依据，它突出反映了教育的水平和教育的特色，是学校文化力建设的主阵地。

为了促进学生的全面发展、个性发展、健康发展、持续发展，我校进行自主课程体系建设，把各种课程整合为由基础型课程、拓展型课程、研究型课程组成的自主学校课程体系，在学校的统一部署下充分发挥各种课程的功能，突出学校的特色。我校课程体系具有鲜明的个性特色——适恰教育。"适恰教育"的概念由我校首次提出，并进行深入的内涵挖掘和实践探索，"适合的才是最好的""适合每一位学生学习和发展需求的教育才是最好的教育""适合每一位学生学习和发展需求的教育才是高效的教育""适合每一位学生学习和发展需求的教育才是公平的教育"。

在适恰教育的思想和理念引领下，我校自主课程体系有4个突出的亮点：把过去的研究性学习提升为研究型课程，从课程建设的高度开展研究性学习，重点培养学生的科学意识、科学精神、研究方法、研究能力，提升学生的科学素养；把德育工作纳入学校课程建设体系，作为拓展型课程的一个组成部分，把教育与教学融为一体，成为适恰教育的一个有机组成部分；把科技创新教育纳入学校课程体系，不仅作为拓展型课程的一个组成部分，而且渗透到所有的教育教学活动之中，把特色项目发展为学校特色，把学校特色发展为学校特色品牌，形成学校特质；根据学校的生源、师资、教育资源，把基础型课程进行"二度开发"，形成学校的学科教学特色，张扬教师独特的教学风格，不仅提高了学校的教育质量，而且发展了教师，造就了一批名师。学校自主课程建设成为学校文化建设的载体，成为发挥学校文化力的主阵地。

3. 开展学习型学校文化建设，打造教师发展共同体，提升学校核心竞争力。我校的文化建设以教风建设为突破口，因为学校发展的根本在教师，教师文化是学校文化的一个重要方面，又是学校文化的动力，没有教师的发展，就没有课程的发展，没有学生的发展，没有学校的发展。"名师出高徒""学当为师，行堪为范"，没有名师，就不可能产生名校。一支爱岗敬业、专业精良、教育教学艺术精湛、乐于奉献、以"陪伴精神"为核心的教师团队，就是学校的核心竞争力。教师把微笑带进课堂，把激情融入教育，滋养学生成长的良田沃土，促进良好学风的形成。

（1）目标导引。学校根据现有教师队伍的现状，优质教育对教师的要求，制定了学校教师五年发展规划，包括总体目标和阶段目标、实施措施和保障条件。要求每一位教师按照学校教师发展规划，根据个人实际情况，制定教师生涯发展规划，包括目前状况、发展总目标和阶段目标，有利和不利条件分析，行动措施等。依据教育事业发展的需要和教师自身发展的内在需要，用目标导引教师发展。

（2）任务驱动。我校对教师提出了"七个一"工作要求，一是每学期读一本专业书籍，二是命制一份高水平的试卷，三是每一年读一本教育理论书籍，四是上一节公开课，五是写一篇教育论文，六是每三年进行一个课题研究，七是开发一个校本课程。把专业学习、理论学习、教学、评价、课程开发、科研等教师的基本素质，以任务的形式提出，并采取措施把学校的要求内化为教师的发展需要，驱动教师发展。

（3）工程推进。为了促进全校教师又好又快地发展，我校根据教师发展的现状划分为几个群落，分别实施"青蓝工程""攀登工程""名师工程"。"青蓝工程"针对的对象为新教师，他们刚走上教育工作岗位，面临着从大学生到教师的角色转变，在他们最需帮助的时候，为他们聘请教育教学经验丰富的教师担任师傅，帮助他们迅速掌握教育教学技能，培养合格老师。"攀登工程"针对的对象为有几年工作经验的教师，给他们压担子，鼓励他们参与课题研究，积累工作经验，转变为骨干教师。"名师工程"针对的对象为骨干教师，鼓励他们主持课题研究，参与学术交流，升华经验，造就学者型教师。三个工程成为连续的整体，环环相扣，促进教师脱颖而出，教师队伍不断优化。

（4）过研究化的生活方式。当今社会发展迅速，科学技术迅猛发展，知识经济加快推进，新知识、新事物、新现象层出不穷，学习化社会展现在人们面前，而学校是专门学习的场所，更应在学习方面走在社会的前列，这就要求教师学习、学习、再学习。为此，我们倡导教师改变生活方式，要求教师过研究化的生活，研究就是解决问题，解决问题需要多方面的知识和能力，包括学科专业知识、教学技能知识、教育理论知识、心理学知识、社会学知识。在教学实践中发现问题，通过研究解决问题，在研究中学习，在学习中研究，良性互动，形成学习型学校文化。这种文化产生强大的动力作用，推动着教师的专业化发展，推动着学校的各项事业蒸蒸日上。

4. 倡导陪伴精神，开展适恰教育，张扬学校个性。在素质教育深入开展和新课程改革如火如荼推进的背景下，我校结合园区经济社会发展的现状，认真梳理学校的传统，借鉴外地鲜活的经验，形成了"适合的才是最好的"共识，提出了适恰教育的办学理念。所谓适恰教育有五层含义：一是培养能适应未来社会发展挑战的新型人才，二是符合素质教育和新课程改革的要求，三是符合学校的实际并具有鲜明的个性，四是符合学生学习和发展的需求，五是有利于教师的专业化发展。这五个层次的含义是一个有机的整体，那就是发展：发展教师—发展课程—发展学生—发展学校，办人民满意的教育。

（1）倡导陪伴精神。我校由于区位的劣势，生源不尽人意。面对挑战，我们不怨天，不尤人，立足现实谋发展，在发挥教师的主观能动性上挖潜，在提高学生学习主动性、积极性、探索性上做文章。倡导陪伴精神，乐于奉献，用爱与智慧的教育，形成学校的核心竞争力，创造了骄人的业绩，得到了上级教育主管部门的高度认可，赢得了社会的广泛赞誉，被称为"二中现象"。《姑苏晚报》以《陪伴，大爱于微》为题用整版报道了我校的陪伴精神，《扬子晚报》以《陪伴，不代替行走》为题整版报道了我校科学施教的事迹。"陪伴"已成为我校的精神、文化特质、核心竞争力、一张亮丽的学校名片。

（2）实行班级护导。班级护导是我校德育工作的创新举措，是学校适恰教育办学理念在德育工作中的体现。班级护导就是由校长、德育主任、班主任、任课教师、学生组成护导小组，定期对各个班级进行护导，通过问卷调查、召开座谈会、个别访谈、工作检查等活动，对班情、学情进行全面诊断，总结班级建设的经验，发现班级建设及个别学生存在的问题，提出班级建设整改意见，对问题学生进行重点帮扶，促进班级建设良性发展，促进每一位学生的健康发展。这一举措是团体动力学原理的体现，是行动研究方法在班集体建设中的应用，它把发展好每一位学生理念落在实处，把好的经验及时推广，把问题解决在萌芽状态，使管理文化产生张力，形成了教育的合力。

（3）开展差异教学。差异教学是我校教学工作的创新举措，是学校适恰教育办学理念在教学工作中的体现。所谓差异教学，是开展满足每一位学生学习和发展需求的教学。具体做法是：根据学生的不同学业水平，分成创新班、英才班、普通班，进行分层教学；根据学生的兴趣、爱好和专长，把学生分成美术班、传媒班、体育班、国际班，进行特色教学；针对各班级中学生的差异，进行临界生的转化工作；针对每位学生的不同情况，进行针对辅导。对听课有困难的学生，指导其加强预习；对能听懂但不会做作业的学生，指导其加强过度学习；对作业出错的学生，指导其分析错误所在，分析错误的原因，指出改正错误的方法；对学习态度不端正的学生，进行思想教育，帮助其调整发展的航向；对学习方法不科学的学生，指导其运用正确的学习方法；对存在心理障碍的学生，对其进行心理疏导；对行为偏差的学生，进行行为矫正。本着因材施教的原则，按照一把钥匙开一把锁的思路，发扬陪伴精神，"陪伴，大爱于微""陪伴，不代替行走"，真心地关爱每一位学生，诚心地帮助每一位学生，耐心地指导每一位学生，把教育公平落实到平凡的教学工作之中，促进每一位学生的发展。

（4）进行科技创新教育。科技创新教育是我校鲜明的办学特色，是学校适恰教育办学理念课程建设中的体现。我校有科技创新教育的悠久历史，有科技创新教育的广泛群众基础，有科技创新教育的辉煌成就，形成了学校科技创新教育的鲜明特色。为了把学校科技创新教育做大、做强，形成学校特色品牌，我们进行了三项创新。一是拓展科技创新教育的内涵，在海模、航模、建模的基础上，又增加了车模、机器人、3D打印项目，并在学科教学渗透科技创新教育；二是把科技创新教育纳入学校课程体系，作为拓展型课程的一个组成部分，提高学校科技创新教育的地位；三是开展科技创新教育的课题研究，提高科技创新教育的品味。科技创新教育提高了学生的科学精神、科学意识、科技能力、实践能力、创新能力，提高了学生的科学素养，并把科学素养的培养与人文素养的培养有机结合，把素质教育落在实处，发展了课程文化，促进了学校面貌的改观。

（七）课题研究的过程与方法

本课题的研究分三个阶段进行。

1. 准备阶段（2012年1月—2012年12月）主要做了以下工作：(1) 理论学习。什么是学校文化？学校文化的实质是什么？学校文化的内涵是什么？学校文化的外延是什么？学校文化的特征是什么？学校文化的功能是什么？学校文化建设与学校生存与发展的关系是什么？怎样建设学校文化？校长、教师、学生在学校文化建设方面各自应发挥怎样的作用？如何使学校文化建设发挥动力作用？带着这些问题，我们认真学习理论，认真阅读袁先潋著《学校文化力建设策略》、俞国良著《学校精神与学校文化力》、孔一鸣编著《如何提升学校的核心竞争力》、李希贵著《新学校十讲》、朱万喜著《走向自主发展》、赵国忠主编《校长最需要什么》。通过学习，我们了解了什么是学校文化，知道了怎样把学校文化建设转化为教育生产力。(2) 借鉴其他学校文化建设的先进经验，如到江苏省溧阳中学、江苏省太仓中学参观学习，学到了学校文化建设的先进经验，开阔视野，激发了灵感，受到了启迪。(3) 运用经验总结法梳理学校文化建设的传统。认识到学校60多年不断发展，靠的是二中人关心学生、乐于奉献、埋头苦干、育天下英才的精神。我们把这优良的学校传统提炼为"陪伴"精神，"陪伴，大爱于微""陪伴，不代替行走"是我们对这一精神的新诠释。(4) 修改完善课题实施方案，带着学习的新知识修改课题方案。(5) 举行开题会。经过专家的论证，我们进一步修改了课题实施方案，使本课题的研究更规范，操作性更强。(6) 请特级教师孙春福、周永沛讲学，进行教师培训。(7) 请专家对学校五年发展规划进行论证。(8) 申报"普职融通"省级课程基地。(9) 开展"青蓝工程"，培养新教师。(10) 举办青年教师师德演讲比赛，进行师德建设。(11) 举办适恰课堂教育论坛，(12) 主办苏州市物理、生物教研活动。

成果：投资60余万元进行校园文化环境建设，形成学校文化氛围，进行潜移默化的教育。对学校60多年的办学历史进行了系统总结，提炼了学校优良的传统，为学校的创新发展奠定了文化基础。《提升学校文化力，打造文化强校》一文在核心期刊《上海教育科研》上发表。《深化学校教育管理制度改革，凸现科学与人文融合》一文发表在《语言文字报》上。《"育人"与"育分"的学校发展战略》一文在国家级刊物《中国教育信息化》上发表。

2. 实施阶段（2013年1月—2015年12月）2013年，(1) 聘请北京师范大学肖川教授讲学。(2) 我校特级教师李君岗开讲座，开阔我校教师的视野，提升教师的境界，激发教师的灵感。(3) 开展教师读书活动，学校指定书目，要求写读书笔记，并进行检查、评比、表彰，读书活动的开展,提高了教师的理论水平,使教师学会了科研的方法。(4)指导学生进行研究性学习,结合自己的生活经验,联系社会发展和科技的进步,在教师的指导下,以课题组的形式进行研究性学习。研究性学习的深入开展,改变了学生的被动学习方式,创新精神和实践能力都有了很大的提高,同时也学会了合作与交流。(5)"普职融通"课程基地建设。(6)开展"青蓝工程",培养新教师。(7)举办学有优教教育论坛。(8)主办苏州市数学教研活动。(9)主办园区生物教研活动。(10)在园区教师培训经验交流会上交流。(11)课题中期汇报。成果:《行走在理想与现实之间》《杏坛再添佳话》《春风化雨创特色,潜移默化育真人》三篇文章发表在《中国教师报》上。《明确思路,科学推进,努力提升学校综合竞争力》一文发表在《语言文字报》上。

2014年,(1)历史组适恰课堂研讨活动。(2)班级文化建设。(3)数学组适恰课堂研讨活动。(4)专家讲座:教师如何进行教学研究。(5)提高教学有效性活动。(6)语文组适恰课堂研讨活动。(7)学校适恰课堂大比武活动。(8)学校拓展型课程建设。(9)学校德育课程开发。(10)教师个人生涯发展规划。成果:《常态化、微型化、校本化推进的学校教科研工作》发表在核心期刊《语文建设》上。《超越与跨越》发表在《城市商报》上。《满足学生发展需要》发表在《姑苏晚报》上。

2015年,(1)中央教科所研究员华国栋、陈琴专家讲座:课堂教学的预设与生成。(2)高二年级班级文化建设。(3)海模、体育比赛。(4)课例研讨活动。(5)举办园区语文教研活动。(6)开展"名师工程"。(7)拓展型课程开发。(8)适恰教育学术沙龙。(9)在苏州市教育科研经验交流会上交流。成果:《以改革提升学校自主文化力,不断开创学校发展新辉煌》发表在国家级期刊《中国教师》上。《开展课例研究,打造适恰课堂》发表在省级刊物《新教育》上。

3. 结题阶段(2016年1月—2016年6月)(1)对陕西省吴堡中学帮扶。(2)召开课题结题准备会。(3)整理课题研究资料。(4)撰写课题研究报告。(5)填写课题结题鉴定书。

成果:《陪伴,大爱于微》发表在《姑苏晚报》上。《陪伴,不代替行走》发表在《扬子晚报》上。

(八) 课题研究的成果

1. 教育质量的提升。适恰课堂是二中人在教学方面的追求，适恰课堂是满足每一位学生学习和发展需要的课堂教学，把人本主义的理念落实到教学的实践中，按照因材施教的原则增强教学的适恰性，体现教育的平等，培养了学生的主体意识，激发了学生学习的主动性、积极性、创造性，促进了教育质量的提高。高考的推进率、转化率连续七年位列苏州大市第一名，在数学竞赛中获全国一等奖，一批学生考取南京大学、浙江大学等"985"名校，形成了"二中现象"。

2. 学校特色的发展。我校的特色是科技创新教育，随着课题的研究又取得巨大的发展，主要表现在以下几方面：第一，增加了新内容，在原来航模、建模、海模的基础上增加了车模、机器人、3D打印，拓展了宽度；第二，拓展了新途径，通过"普职融通"课程基地建设，与职业技术院校、企业合作，提供了师资、设备、实践的有利条件；第三，把科技创新教育由活动发展为课程，以课程的高度从事特色建设，开发校本课程，进行课题研究，达到新的深度；第四，把科技创新教育的思想、精神融入日常教学工作，开展问题教学，培养学生的问题意识和解决问题的能力，促进了学生探索习惯的养成。在海模竞赛中，我校获得的金牌占江苏省的半壁江山，被评为全国科技体育传统校，成为江苏省青少年航海模型训练基地。

3. 教师的专业化发展。我校不具备区位、设施设备、生源的优势，因此在师资方面挖潜，发挥人的主观能动性，形成核心竞争力。采用使用与培养相结合的方法，把学校激励与教师内在发展的需要相结合，大力开展教科研工作，倡导教师"教、学、思、研"，过研究性的生活，促进了优秀教师群体的形成，一支师德高尚、专业精良、教育教学艺术精湛、爱岗敬业、乐于奉献的教师团队，成为"办人民满意教育"的可靠保障。承担省、市、区课题37个，每年教师撰写论文100余篇。目前，我校教师141人，本科学历100%，硕士研究生46人，占32%，博士研究生1人。中高级职称130人，占92.1%。特级教师1人，市、区名优教师52人，占36%。

4. 校园文化环境建设成绩显著，陪伴文化精神得到弘扬。校园的环境文化建设体现着学校的特色，产生着无声的教育作用。陪伴是一种人生境界，把人性中的善倾注到教育工作中；陪伴是一种责任，把学生当作自己的孩子对待，嘘寒问暖；陪伴是一种大爱，把教师对教育事业的热爱转化为对学生无微不至的呵护；陪伴是一种奉献精神，捧着一颗心来，不带半根草去；陪伴是一种教育艺术，帮助学生掌握真本领，像雄鹰展翅搏击长空，像海员扬帆远航；陪伴形成学校的精神，达成思想的认同，产生情感上的共鸣，凝聚集体的智慧和力量，众人拾柴火焰高，大家划桨开大船，陪伴伴随着学校走向辉煌的明天。

5. 学校荣誉。学校文化建设为学校的发展注入强劲的动力，使学校步入发展的快车道。如 2015 年，学校被评为苏州工业园区先进集体、江苏省先进集体，学校党总支被评为苏州工业园区先进基层党组织，在园区中小学五星级评估中被评为 A 等，被苏州市教育学会评为教科研先进集体，苏州市心理健康教育特色学校。

(九) 课题研究的思考

经过课题组全体成员 4 年的不懈努力，本课题的研究基本达成预期的目标，但也存在不少问题，表现在以下几方面。

1. 研究的时间延迟了。按计划，本课题的预计研究时间为 3 年，结果 4 年完成，推迟了一年的时间，既有工作繁忙等客观原因，也有重视程度不够、理论准备不足和实践经验缺乏等主观原因。

2. 研究过程的材料没有及时挂在网上。这是由于本课题的负责人计算机技术有限，没有达到网络管理的要求，今后要加强计算机的学习，弥补这方面的不足。

3. 学校文化建设及文化力的发挥还存在一些不尽人意的地方，如文化、校园文化、学校文化、学校文化力、学校自主文化力等概念还需要进一步厘清，搞清这些概念的内涵和外延，以便今后更科学地开展文化建设。对于学校文化建设的内容，学校文化建设的途径，学校文化建设的方法，学校文化建设的根本诉求，学校文化力的形成，学校文化力如何最大限度地发挥作用，我们虽然进行了一些思考，开展了一些实践，取得了一些成果，但改进的空间很大，这既是本课题研究存在的问题，又是我们今后努力改进的方向。

4. 学校教育实践永无止境,学校文化建设及文化力发展也是一个永恒的课题。本课题的研究告一段落,学校文化建设及文化力发展则是一个起点,我们将带着课题研究存在的问题及思考,加强理论学习,借鉴外地先进的经验,深入实践,不断创新,彰显文化的魅力,把文化力作为学校发展的源头活水和取之不尽的动力源泉,把办学校就是发展学校先进文化的理念落实到学校工作的方方面面,为建成一流名校而不懈努力。

第八章

适恰教育的典型案例

适恰教育实践探索是一项庞大的系统工程。从横向角度看，涉及理论、德育、教学、课程、师资、学校文化等方面。从纵向角度看，涉及学校层面的办学理念、教育思想、发展战略、制度改革、特色建设，中层管理层面的各处室建设、各处室之间的协调、各处室与年级部互动，基层层面的教研组学科特色建设、备课组的微教研，教师层面的打造适恰课堂，学生层面的自主学习。学科教学特色建设、打造适恰课堂、班级管理、学校特色建设等方面的案例，反映了学校适恰教育的探索实践、探索水平、探索成果。

一、学科教学特色建设案例

（一）语文教研组：《研究学生思维状态，突破口语训练的"高原现象"》

适恰教育的突出特点之一，就是"把教育建立在调查研究的基础之上，这是适恰教育的立足点和出发点"。

学校一直非常重视口语训练。近几年，学校语文老师们正是在实践、调查和研究的基础之上，不断发现问题，不断思考总结，并不断走向新的实践的过程中，引领学生进行层次越来越高的口语训练，并取得了一定成就。

口语表达训练，自然从朗诵训练始，到课堂师生、生生交流，再以演讲、辩论为高级状态。

在引导学生口语训练的实践活动中，我们发现了我们学校学生的普遍特点：高一入学初，教师带领学生进行朗诵训练，引领学生抑扬顿挫，潜心吟咏品味……应该说，这个阶段一般比较快乐、顺利。学生们很快就培养出来良好的朗诵习惯，对语文的爱和诗情也能激发出来。但是，随后的课堂交流，特别是演讲训练，情况就不那么乐观了。随着口语训练的要求不断提高，学生渐渐陷于发展的困境中。

老师们在这些训练中常常看到，学生或表情木讷，或面红耳赤，手足无措，声音发颤，词不达意，语无伦次，甚至一言不发。一开始，以为只是学生心理素质不好所致。故老师们以营造良好的课堂气氛为己任，给学生提供训练胆量的平台，采取多种方式来消除学生自卑、胆怯、紧张或求胜心切等消极心理。经过这样的训练后，绝大多数学生能上台自然讲话。

但很快，更深的问题暴露了出来。在交流和演讲过程中，有的学生的表达离题万里；有的虽围绕话题却又难以打开话匣子，思路不清，分析不彻，见解肤浅，内容平淡。

起初老师们以为这只是由于学生知识面窄、视野不阔所致，故采取了许多方法，如名著推介法（要求学生阅读一定量的名著，向同学推荐自己的最爱）、时评法（引导关注身边事、社会新闻，并"说事评人"）、社会实践法（结合学校和班级及学科的社会实践活动，贯穿选项、策划、总结等全过程，进行沟通、交流、辩论等活动）、主题辩论法（确立辩论主题，引导学生围绕主题搜索资料，确立论点加以辩论）等，学生积极参与，开阔了视野，扩大了知识面，也增强了综合素质。

暂时的得意之后，我们却发现，学生的交流和演说依然缺乏深度思考，对某一话题进行论述时，很难形成自己较为独特的观点；针对观点，也很难打开论说的思路，有时就是事例的堆砌，至于这些事例和观点的内在联系，则不知所以然，有时就显得特别幼稚，很难给听者留下深刻的印象，更谈不上给人以启发。

口语训练，走到这一步，出现了它的"高原现象"。是在这"高原"面前仰观其高而停滞不前；还是突破跨越它，继续向前？答案很清楚。如果不去突破，前面的所有努力就失去了真正的意义。因为口语交流的最终目的，不仅仅是让学生会说两句话，更是让学生学会思考，学会表达，在今后的人生中，成为一个有独立思想，能交流，善表达，真正意义上享有自己话语权的人。

在不断的摸索中，老师们逐渐认识，造成口语训练"高原现象"的原因，就是缺乏必要的思维训练。这些思维主要有界定概念，明确本质，寻求原因、目的，思考利弊，推论结果，辩证分析等。如果缺少这些思维的训练，口语训练就不能走得更远。于是，老师们进行了更进一步的探讨。

下面以一位老师专门设计的一堂口语训练课为例，加以说明。其过程如下。

第一步，请学生试着解读并讨论胡适先生的"尝试成功自古无，放翁这话未必是。我今为下一转语：自古成功在尝试"。

一开始全班沉寂，学生不知从何下手。后来，老师介绍了华罗庚写的《"尝试"的概念不能混淆》一文，学生们豁然开朗，明白了问题的关键在于两个"尝试"的内涵不一样。

第二步，再请学生思考荀子的"君子生（性）非异也，善假于物也"和庄子的"无所待"，哪一个观点正确。

同学们发现了二者的矛盾。最初的迷惑过去之后，学生很快发现，在两句话的背后，均有一个核心概念——"物"的概念。两句中的"物"所指不完全一致。学生们最终在这两个伟大的思想中都吸取到了有用的人生营养。

第三步，话题讨论："当传统准则遭遇现实寒流……"

经过了前面两个阶段的思维训练，学生们很快就切入了话题。他们首先界定了此处的"传统准则"指的是哪些准则，"现实寒流"又是指什么内容。教师适时地引导他们思考坚守传统的好处，追逐现实寒流的害处，思考"传统准则""现实的寒流"产生的原因，等等。

同学们的思维完全被激发起来。于是，流利而深刻的表达一个一个当堂产生，课堂生成非常精彩。

有同学说："能坚守自我更是难能可贵。但为了这个现实的社会能多一点清风，少一分污浊，希望每个人都能让自己的心中，亮起一盏永不熄灭的明灯，指引着自己，也指引着他人，坚守着真、善、美。"

有同学说："我觉得如果我们的内心有美好的品质，就应该有坚定的信念，保持下去，如同黑夜中的灯塔，永不熄灭，让那些迷失了方向的人走上正轨。怀着一份对社会的责任感，一份入世的心。我们要有一双审时度势的慧眼，不要只顾眼前，得一时之快，逞一时之强，而应瞻前顾后。"

有同学探究"现实寒流"产生的原因："城市缺乏信任，我们不与陌生人说话；城市充满陷阱，我们提防每一个人。当金钱成为现代人们膜拜的图腾，甚至不惜制假贩假易粪相食，道德扶起的好人，终究抵御不住拜金主义和享乐主义的洪水猛兽。别责怪道德滑坡，互害社会的现实生态，每一个袖手旁观的人都逃脱不了干系。"

有同学探究"现实寒流"蔓延的后果，说："近年来发生的'毒奶粉''瘦肉精''地沟油''彩色馒头'等恶性食品安全事件，老人假摔、碰瓷等诈骗事件，足以表明社会的节操正一步步地远离我们。一个国家，如果失去了应有的节操，绝不可能成为一个真正强大的国家、一个受人尊敬的国家。由此可见，我们坚守节操的步伐刻不容缓！"

有同学则非常全面辩证地探讨了传统准则中的"宽容"，说："至高境界的宽容，不是仅仅表现在日常生活琐事的处理上，而是升华为一种对世间百态的胸襟，对人生的一种博大的气度。宽容的涵义也不仅局限于人与人之间的理解与关爱，而且也是内心对于天地间一切生命产生的旷达与博爱。这种境界对于人类是如此的真实和深刻。如今的社会充满了烦躁与不安，少了些宽容，宽容的乐趣似乎也越来越远，对此，我们每个人都应坚定信念，用宽容之心抚慰烦躁的心灵。"

有同学表示："当然，宽容也要遵循一定的原则，没有批判性的宽容就是纵容。这种行为不仅无法体现人文和谐，反而是一种精神的伤害。所以，宽容之前，请三思。"

这节课，师生一起，成功突破了口语训练的"高原现象"。讨论交流时、演讲辩论时，孩子们一个个气宇轩昂，侃侃而谈，自信从容，精彩纷呈。

这节课的成功，完全证明了，对学情的洞若观火，采取恰当的思维训练方式，学生思考便有了方向，潜藏在心灵深处的灵智便能够被激发出来。

言语交流的魅力绝不仅仅在于外部形象，也不止于华丽的文采；关键在于谈话内容的深刻、独特，能给人以启发，带给听众一种原先没有看到、没有想到的新境界。而要达到这个境界，首先在于言语者"高人一筹"的思想；培养学生"高人一筹"的思想，要进行一系列思维方式的训练。

在对学生进行思维训练时，我们一定要反复思考这个问题：为什么我们的高中生普遍缺乏口才，作文亦平庸？那是因为他们普遍思维狭窄。在学生进入高中之后才开始训练他们的思维，是不是晚了一点？是不是该从他们孩童时期就对他们进行这些思维训练？

《普通高中语文课程标准（2017年版）》指出："思维发展与提升是指学生在语文学习过程中，通过语言运用，获得直觉思维、形象思维、逻辑思维、辩证思维和创造思维的发展，以及深刻性、敏捷性、灵活性、批判性和独创性等思维品质的提升。"从中我们可以看到，思维品质在语文核心素养中的重要地位。在对学生口语训练的过程中，我们发现，思维提升既是语文学习的目标，也是语文学习的核心条件。

因此，我们将继续研究学生的思维特征和思维发展状况，带领学生进行思维训练，学会思辨性的表达和阅读，不断提升他们思维的逻辑性和深刻性，并最终使之为提升学生语文学科的核心素养服务。同时，我们也相信，不断提升的语文核心素养，又能进一步促进学生思维的发展。如此，语文学习就会进入一个动态发展的良性循环的系统之中。

（该案例由胡溢芙老师提供）

（二）心育教研组：《适恰理念下的心理课堂提问策略》

高中心理课堂教学是教师与学生心理的互动成长过程。在课堂教学中，恰当的提问能够激发学生的创新意识，提升综合理解能力，增强学生的心理效能。课堂教学的提问策略指教师所具备的处理师生问答互动的基本知识、经验、技能等，包括对提问的时机、对象、内容的指向和集中，同时也包括教师对非语言行为和非认知因素的运用等技巧。

1. 课堂提问的类型

社会心理学家大卫·库伯认为，学习过程要经历具体体验、反思观察、抽象概括到行动应用四个学习阶段。学习者经历从感知者、观察者、思考者到实践者之间的角色转变，教师的提问在某种程度上帮助学习者建立有意义的、直接的、具体的经验认知。

课堂教学提问的形式与类型多种多样，每一种提问方式都有其独特的作用，教师须根据教学目的、情境等因素，恰当地加以选择。在高中课堂教学中，教师一般会根据教学目标，基于知识水平、领会水平、应用水平、分析水平、综合理解水平、评价水平进行提问，以检查学生对知识的掌握情况，培养学生的综合分析、创造性解决问题的能力；根据教学程序，有过程性提问、总结性提问；根据提问的性质，有引导性提问、强调性提问、警示性提问等。

2. 心理课堂提问的方式

心理课堂是促进学生人格健全发展、提升心理素质的重要途径。心理课堂不仅传授知识，更偏重于学生情感、意志品质、个人价值观的培养。传统的授课提问方式并不能满足心理课堂的教学需求，心理课堂的提问更侧重于让学生根据提问内容代入思考，增强体验感。心理课堂中，学生的心理成长和发展是最为重要的教学目标，提问不囿于知识的掌握，更注重学生对情绪的认知及方法的应用，因而，心理课堂的提问侧重于引导性、领会性、分析性和过程性。

心理课堂的提问须基于课堂的基本流程来设置。一节完整的心理课包括"话题引入—情境模拟—观察反思—经验分享—总结迁移"等五个过程，在这五个环节中，教师可在任何时刻进行提问。心理学科的教学注重在提问中对学生心理能力的挖掘，教师在心理课的教学中，须更注重教育智慧，以学生为中心，既要有预设的提问，也要有现场生成的提问，目的在于让学生真实参与心理教学的过程。在真实或模拟的环境和活动中，通过师生、生生的多向交流互动体验，学生获得个人的经验和感受，并在提问中体悟、理解，内化相关的知识。

预设的提问一般会在"情境模拟，观察反思"两个环节进行设置，集中在对学生的思维引导方面，如："你在活动中观察到了谁？你认为那个时候他想要做些什么？""如果你是他，可能还会做哪些？"此类的提问不涉及评价性质，而在于引发学生的代入思考，让学生去理解当前情境下个体的心理。现场生成的提问在"经验分享"环节最为常用,要求教师基于学生分享的内容、当下的情绪等进行延伸提问,如:"我听到同学说你很幽默,你看起来好像并不是很认同,你能说一说有哪些特点是同学们并不了解的吗?""我好像看见你和身边的同伴有会心一笑,你们的想法、作品有什么共同点?"这样的提问方式,能够快速带给学生被认同感,让学生在深入提问中发现自己的性格优势等。

3. 适恰心理课堂提问的策略

适恰理念下的心理课堂,对教师提出了更高的要求,不仅要注重提问的时机选择,还需要具有更明确的指向性,要根据不同的教学内容、教学进程、教学要求、教育个体选择恰当的提问内容及提问方式,将学习心理、情感教育、意志品质培养、人际适应教育等以恰当的切入点,融入当前的学习情景中,既保证学习的时效性,也让学生在适合的提问和体验中,完成个体对客观世界的体验和认识,因而具有更强的针对性。

心理课堂相对其他学科而言,更注重对学生心理的引导和塑造。以学生为本来设计提问,即强化提问的差异性和针对性,是促进课堂进展的有效方式。"不愤不启,不悱不发",选择合适的时机,能够助推课程的进展。一般来说,心理课堂提问的时机通常出现在引入、分享、总结,即"话题引入、观察反思—经验分享、总结迁移"三个环节,恰当的提问内容和方式对学生的心理成长起到积极的推动作用。

在话题引入上,教师通常会以生活出现的案例或影视作品等来设计提问。这类问题带有悬念性、共鸣性,能激发学生的兴趣,调动课堂氛围。如以情绪认知为主题的心理课,教师以《头脑特工队》中出现的四个人物来导入,热门有趣的影视作品可以充分带动学生的思维,快速接受话题,投入到课堂中来。

心理课的重点是学生的体验和分享,课堂组织方面也要相应注重以学生的现场反应来设计问题,着重在对学生思维的引导方面进行提问。高中学生的思维相对较为成熟,具有一定的辩证性,在"观察反思—经验分享"环节设计提问时,需要关注学生的心理需求进行设置。

观察反思是学生个体对课堂活动过程进行抽象、概括,形成概念或观念的自主体验阶段。这个阶段是学生亲历活动整个过程的观察和反思,教师特别注意要根据学生的认知规律设置问题，一方面是直观的提问，对学生所听到的、看到的和感觉到的内容提问，让学生的体验由感官到内心；另一方面是对学生的体验进行提问，注重学生的内心感受和情绪。

如以自我认知为主题的心理课堂中，教师让学生以画自画像的方式来体验认知过程，小组同学自我观察作品，然后在小组内传阅观察组内同学作品。直观的提问通常为"这幅作品你印象最深的是什么地方""你运用最多的色彩是什么"等，体验的提问可以表达为"作画过程中让你感觉什么地方会有些困难""这幅作品让你有什么感觉"等。

经验分享是心理课堂的团体动力作用环节。学生分组讨论交流，个体以语言表达分享在参与过程中的内心体验和认知，教师在此阶段的提问更多是帮助学生梳理自己的感受，通过个体反思、同化或顺应等方式，将自己对事物、知识的感知和情感体验内化为自己的行为或观念。教师要善于发现学生在分享中的情绪和契机，从正面引导学生的行为，而对学生观点的尊重、倾听的专注也能激发学生的思维。

同样在上述的自我认知课堂上，学生分享自画像作品，教师须根据不同学生的个性和表达设计针对性提问，如"这幅作品最能表现你的是什么地方""这幅作品与你现在的形象反差大吗？表现在什么地方""你对这个作品满意吗？如果可以改变，你希望什么地方进行调整"等，让学生对自我认知进行修正，对个性的培养和塑造起到积极的引导作用。

总结迁移环节是学生在学习过程中将感性认识上升到理性认识的过程。心理课堂上，教师可采用让学生分享课堂感受的方式，让学生的分享来进一步强化教学目的。"在这节课里的最大收获是什么""对自己有什么新的认识""在生活中有什么启发"等，这样的提问，让学生自己去总结梳理课堂所得，助推学生在实际生活中的迁移和运用能力。

4. 适恰心理课堂须关注的几个问题

（1）教学的片面化倾向

在心理课教学过程中，我们注重对学生情绪感受的引导，特别是个体学生的引领，可能会出现忽略全体同学的心理需求。教师在教学中，也需要将个体情绪处理放入全体同学中，获得朋辈的心理支持，将个体经验与集体感受融合，以个体为例，引发集体的思考互动，催化、引导集体的共同进步。

（2）教学的个人效应

心理课堂中，教师的角色是观察者、引导者、推动者，在师生互动中，这点表现尤为明显。教师注重个体的差异性，尊重学生发展的不同方式，针对性引导的同时，也需要警惕出现个人效应。教师的提问，在教学进程中自然生发，并非为提问而提问，教师要善于将心理体验与多种教学方式相融合，整合现场资源来设计问题，让学生有话可说，有感而发。这样的提问才能真正触及学生心灵，彰显适恰课堂优势。

（该案例由戴佳玲老师提供）

二、课堂教学案例

（一）化学课堂教学案例：《SO_2 的性质和应用》

1. 教学导入

【生活角色一：引入】

教师：同学们，化学科学来源于生活，在我们丰富多彩的生活中到处都充满了化学知识。今天这节课我们将通过二氧化硫在生活中所扮演的三个角色，一起来探讨二氧化硫的性质。首先我们一起来看它的第一个角色"被过度使用的食品美容师"，运用PPT播放"苏州南环桥市场惊现毒豆芽事件"视频。

学生：思考视频中豆芽被打扮得光鲜亮丽背后的原因？

（设计意图：用我们所在城市的实事新闻导入课堂，从而引入 SO_2 扮演的第一个角色，犹如精彩的喜剧打开帷幕，既能激发思维，引导学生从真实的情境中发现问题，研究问题，又能促进学生对与化学有关的社会热点问题进行思考，从而做出正确的价值判断，体现了核心素养"科学态度与社会责任"。这样的导入不仅是精彩的、有趣的，更是适恰的。）

2. 新课教学

知识点1：SO_2 的漂白性

【学生分组实验】

（1）向品红溶液中加入 SO_2 的水溶液，振荡，观察实验现象。——品红溶液褪色。

（2）加热试管，观察加热前后溶液颜色的变化。——褪色后的品红又恢复成红色。

（3）将 SO_2 倒入紫色石蕊试液。——紫色石蕊试液变红。

【得出结论】（1）SO_2 的水溶液具有漂白性。（2）SO_2 的漂白不稳定，被漂白的物质在加热条件下能恢复成物质本来的颜色。（3）SO_2 的漂白具有一定的范围，不能漂白紫色石蕊试液等酸碱指示剂。

（设计意图：通过品红溶液的褪色，学生认识视频中的豆芽被含有 SO_2 的水溶液打扮得光鲜亮丽的本质原因；通过对褪色后物质的加热，学生认识 SO_2 漂白的特殊性，与氯水漂白的区别；又通过紫色石蕊试液的只变红不褪色认识 SO_2 漂白的局限性。学生在这样一波三折式的变化发展的过程中习得的知识是非常牢固的。根据实验现象收集证据，分析推理，得出结论，随着实验的进一步深入，再次分析证据，完善结论，对物质性质形成更全面的认识，从而揭示生活中化学现象背后的本质原因。在这个过程中，学生形成化学逻辑思维素养和证据推理素养，这样从生活线—实验线—问题线—知识线的化学课堂模式可以延伸到很多元素化合物的学习中。这样的课堂是适恰的，符合新课程改革理念的，是值得进一步研究和探索的。）

知识点 2：SO_2 的酸性

【生活角色二：过渡】

教师：如果我们的大气中，含有过多的 SO_2，而含有大量 SO_2 的雨水从天而降的话，就是我们通常所说的酸雨，就是要讨论的 SO_2 的第二个角色——破坏力巨大的空中死神。

学生：思考酸雨的成分，推测可能的成分是 H_2SO_3、H_2SO_4，设计实验。

表 8-1　不同测试时间雨水的 pH 值

测试时间 n 小时后	0	8	16	24	32
雨水的 pH 值	5.0	4.8	4.5	4.3	4.0

【实验1】确定不同时间酸雨样品的 pH 值（表 8-1）

【实验2】向一定浓度久置的 SO_2 的水溶液中加入 $BaCl_2$ 溶液，再加入稀盐酸，产生少量白色沉淀，加入稀盐酸后沉淀不溶解

【实验3】向装有 SO_2 的矿泉水瓶中注入 NaOH 的水溶液：瓶子迅速变瘪

【得出结论】SO_2 作为一个酸性氧化物能与水反应生成对应的 H_2SO_3，H_2SO_3 不稳定，易转化成 H_2SO_4，SO_2 能与 NaOH 等碱性物质反应，因此工业上常用碱性物质进行脱硫处理。

（设计意图：这里对 SO_2 酸性的探讨可以说是完美地体现了从生活中来，又到生活中去的思想，充分体现了当下倡导的"教真实的化学，有用的化学"这样一个核心理念。在这一过程中，学生通过分析、实验、推理、概括、思考、运用等，形成了一定的科学探究、合作互助的核心素养。）

知识点3：SO_2 的还原性

【生活角色三：拓展】

SO_2 在空气中过量排放会引起酸雨破坏环境和建筑物，那么 SO_2 这个物质是否一无是处呢？请看 SO_2 在生活中扮演的第三个角色——神奇的护酒使者。

作为葡萄酒等物质中十分重要的添加剂，二氧化硫的使用历史已达200余年之久。到目前为止，仍未找到能取代二氧化硫的添加剂。（图8-1）

一定量的二氧化硫添加到葡萄酒中，有杀死葡萄表面杂菌的作用。

二氧化硫具有还原性，能保护葡萄酒的水果特性，同时能防止酒液被氧化。

学生：思考 SO_2 作为重要的还原剂，能与我们学习过的哪些氧化性的物质反应？设计实验。

【实验1】将 SO_2 分别通入氯水、溴水、碘水：氯水、溴水、碘水均褪色

【实验2】将 SO_2 通入酸性 $KMnO_4$ 溶液：酸性 $KMnO_4$ 溶液褪色

【实验3】向试管中加入 5 mL 新制 SO_2 的水溶液，滴加 $BaCl_2$ 溶液振荡，观察实验现象。继续加入双氧水，观察现象，振荡，放置片刻后加入稀盐酸，加入双氧水后出现白色沉淀，且沉淀不溶于稀盐酸

【得出结论】SO_2 能被酸性 $KMnO_4$、氯水、溴水、碘水氧化，SO_2 的还原性在生产和生活中有着非常广泛的用途，SO_2 在工业上可用于生产重要的化工产品硫酸，同时 SO_2 是很多化学工业流程中重要的还原剂。

图 8-1　某牌葡萄酒及其成分

（设计意图：进一步贯彻从生活中应用过渡到化学学科本质，课堂上教师提供真实的教学情境，学生抽取认识角度，形成有价值的化学问题，通过设计实验，解决问题，形成结论，学生在学习过程中解决问题，获得知识，形成能力。情境、问题、实验三点成线，知识、能力、观点三点成面，均指向化学核心素养的培育和塑造，从而形成美好而适恰的化学课堂。）

3. 思考和展望

像"SO_2 的性质和应用"这样基于真实问题、真实情境的教学设计，其本质是指向核心素养的，它鲜明地体现了素养为本的教学系统的各个关键环节，教学情境要紧跟时代的发展；它是教学的大脑，问题的引发要符合学生的发展水平和化学课程标准的要求；它是教学的心脏，实验活动要科学易行；它是教学的双脚，核心素养的落实要生根发芽；它是评价化学课堂是否适恰的重要指标。诺贝尔物理学奖获得者理查德·费曼曾说过："学习科学之后，你观察世界的方式会全然不同，你看到的世界会更美丽。"素养导向下的化学教学是"帮助学生掌握化学知识，同时学会用化学的视角认识世界，用化学的知识美化生活"的关键，让我们运用我们的智慧致力于设计这样的适恰课堂，引导学生用智慧的双眼去认识美丽的世界。

（该案例由叶梅老师提供）

三、班级管理案例

(一)《"多位一体化"座位设计与学生共同体的发展》

1. 设计前奏:适恰教育语境下的文化氛围

2008年,我研究生毕业应聘到园区二中,很幸运,我所经历的12年刚好是学校深化改革、全面推进适恰教育的12年。或许有一种环境,她会自带一种感染人的力量,让人觉醒,催人奋进;有一种力量,她会自带一种启动功能,让人不知疲倦、勇敢探索;有一种理念,她会自带刻录功能,不需要经常操作,却一直印在心底……我想,那应该就是我们学校适恰的校园文化吧。教师相信每一名学生的能力,从最后一名学生抓起,全心全意为学生谋发展,特别能下功夫,不怀疑、不抱怨、不放弃任何一名学生;学生时刻对自己抱有信心,永不言弃,积极进取,顽强拼搏,这些完全契合人民教师的职业精神和我校每位学生发展的需求。

按照适恰教育的要求,我积极开展优秀班集体建设,在学生排座位方面进行新的尝试,进行"多位一体化"座位设计,以促进学生共同体的发展。"多位一体化"座位设计是以差异教学为理论基础,按照因材施教的原则,以追求教育公平为价值取向,以提高学生的核心素养为根本诉求,开展适合每一位学生学习和发展需要的座位编排方式。"多位一体化"座位设计以学生的发展为中心,是我校适恰德育主题大教研活动的阶段性成果,2018年12月1日,在苏州市"2019届高三班主任培训暨2018届高三优秀班主任经验交流活动"中进行专门的主题交流与分享。

2. 适恰编排:"多位一体化"座位的设计策略

如果把班级比作是战场中的一支队伍,那么班级座位的重要性相当于排兵布阵,日常的学习相当于体能、战斗力和战术训练,显然座位是贯穿其中的关键一环。那怎么排座位呢?通常有这样几种排法:学生自主型、身高决定型、成绩决定型、完全轮换型等。上述每一种排法都有严重的缺陷。我个人认为较好的做法是取长补短,相互融合,综合多方面因素,强化座位设计的适恰性。"多位一体化"的座位设计不仅仅关注班级的秩序,更重要的是，通过座位的编排，组建学习小组，进而把学习小组建设成学习共同体，发挥座位设计在整个班级运行、教学开展和学生发展中的关键作用。

编排规则。排座位是很多班主任都做的事情，也是每个班主任都很纠结的事。怎么排？不同的班主任有不同的理解，也会有自己的排法，但真正把这件事做得巧妙、获得实效，为数不多。在 12 年的班主任经历中，我认真阅读心理学著作，多思考，从家长的需要、学生的发展和集体的目标等多方面因素着手，争取找到一种令人满意的座位排布格局。这种新座位格局的基本思路可以用这个公式来概括："多位一体化"座位设计 = 学生分层 + 身高关怀 + 学生自主 + 班主任调控 + 桌椅调节 + 专项设计 + 定期轮换。

学生分层。"多位一体化"座位设计便是建立在这种学生分层的基础上。这种分层不是对学生的歧视，而是帮助学生更好地认识自己，制定合理目标，推进较快发展。班主任在这一过程中需要对学生的综合素养进行深入观察、思考和研究，需要从任课教师和家长多方面了解学生，在这些基础上形成准确的积分数据以便学生分层。综合素养关注的核心词应当是学业、品格、能力、情感四大方面。这种分层是建立在对学生全面了解的基础之上的，不是单纯地按照学习成绩，更不是对学生的歧视，而是为了促进学生综合素质的提高，针对学生的差异，满足每一位学生学习和发展的需要，不能唯成绩论，也不能强化层次本身，目的是推动人的全面发展。

身高关怀。身高是座位编排中被关注最多的项目。兼顾身高，尤其是上半身较短的学生，也是适恰性的体现。具体实施中，我们不强调个子高矮，但重点关注女生或上半身较短的学生，或者先天视力较弱、很难矫正的学生。这需要班主任对学生体质健康情况深入了解，以便做出准确判断。

学生自主。在尊重学生分层的前提下，各竖排之间不打乱穿插，前后排顺序还可以在尊重学生的意愿和创设优质周边氛围的情况下进行微调。调整的依据是学生在班级的影响、人际关系和学业发展前景。

班主任调控。这是最关键一环，也是对班主任智慧和掌控能力的考验。前面的协调给了学生较多的自主性，班主任不仅需要把握整体的格局，还要关注班级每个区域的学生分布情况，尤其是学生纪律情况、学习风气情况与学习活动开展情况，关键是不能形成习惯和纪律不好的氛围和缺乏上进心的周边环境。这一环节，需要班主任做大量的信息搜集和问题分析、评估工作。

桌椅调节。现代的桌椅制造技术越来越发达，现代工厂对不同学段的学生的身高和学习情况研究得也比较深入，可以定制适合高中学生的专用座椅，还可以结合学生的需要，去设计桌椅的造型和空间。对排座位而言，一旦座椅前后上下可以调节，班主任调控也有了更多的可能性和实施方法。

专项设计。在班级座位运行和班级的发展中，根据学生的个体情况，在某个特定的阶段，学生往往存在着特定的任务或需求。譬如，在参与活动方面有些学生积极性不够，在考核中，我们可以定期对参与活动积极**的同学专**设一组，作为鼓励，以便总结、评估和经验推广。如对于数学学科某些知识点能力薄弱的同学，我们可以专设一组，以便教师能够针对具体重难点问题进行分层次教学答疑解惑。围绕特定项目，**我们可以进行座位升级。**

定期轮换。考虑靠边同学的长期斜视，不利于学生身体健康的情况，班级座位可实行两周一轮换制度，左右两排作为整体按次序轮换，前后排可以两排为单位实行轮换。

3. 设计思路

位置的考究。"多位一体化"座位设计关注的重点是提升学生的综合素养。基于班级学生考评的积分情况，限于教室的空间，本着调动学生积极性的目的，座位定期调整，前后、左右、中间、两边轮换。这些年来，从来没有家长和同学对这种座位设计有过质疑。更重要的是，家长和学生对安排座位的规则心知肚明，机会把握在学生自己手里，**努力就会心想事成**，这也让后进的学生为了获得更好的位置，更高级别的分层，愈加坚持，愈加努力。

合适的分层。差异教学的理论告诉我们，适当的分层对于教学是有效的，便于老师因材施教和对学生进行个性化辅导，同样层次的学生在一个纵向的学习小组中和横向交错和谐的氛围中，容易获得充实感和前进的动力。适恰教育正是在差异教学理论基础上形成的，本质是实施适合学生的教育，目的是提高学生的核心素养，促进学生的全面发展、持续发展和个性发展。

团体的效应。团体动力学的理论告诉我们，一个人容易懈怠，当把他放在一个积极向上的群体中，往往会形成一种强大的学习动力。当很多同学都在追求上进的时候，一个优质的竞争的学习共同体就逐步形成了。身处其间的同学，一有动摇，一想放弃，或是偶尔想偷个懒，环顾前后左右，看到其他同学都在认真学习，他的紧迫感会油然而生，从内心里发出呼喊："努力、努力，不能掉队。"于是，他又投入到紧张的学习中。

激发积极性。因为每个小组人数只有 6 人，下轮综合素养测评在班级最多进 6 名就可以换组，甚至是可以跨组升级。鉴于后进学生升组有难度，我专门设计了进步之星组，安排给进步较快的学生，激励学生竞争和发展。随着一轮轮的座位调整，造成水涨船高的局面，促进学生的层次不断提高，整个班级获得了高位发展。

人文的关怀。任何座位的编排方式都很难尽善尽美和完全尽如人意，因为班级人员多，每个人的个性和需求又有差异，虽然我的"多位一体化"座位设计已经考虑方方面面的因素，但难保仍然有同学会有自己的想法。对于这样的境况，我会通过观察、对话、调研、访谈等多种方式掌握真实情况，并对特殊的同学进行人文关怀，在条件允许的情况下，在班级设置个别机动座位以作适时之需，让每个学生舒适地在班集体中成长。

4. 操作策略："多位一体化"座位的学业指导

团队辅导。班级里以小组为单位的学习共同体成员，每个人提出个人的奋斗目标，在此基础上提出共同体的目标，包括团队综合素养积分、正向影响力、班级贡献值、总分目标、单科目标等，建立真正意义上的学习共同体。当然，这少不了规则，个体怎么行动？团队怎么行动？什么时候该做什么？什么时候不该做什么？做什么可以变得更好？奖惩情况怎么设计和实施？跟综合素质评价怎么联结？通过这些规则的商定、教师的演讲和学生德育活动的开展，逐渐形成一个你中有我、我中有你的学习共同体，彰显"多位一体化"座位设计的魅力。

自主活动。为了班级的小组建设，我倾注情感，运用智慧，挥洒汗水，目的只有一个——把小组建成自主发展的共同体，而共同体的发展只有作为一个实体才能正常运作并发挥作用，必须给他们自主活动的权利和空间，通过自主管理实现自主发展的目的。他们的自主活动主要表现在以下方面：第一，作业管理，保证及时完成作业，及时收发作业，井然有序；第二，师徒结对，取长补短，互相帮助，共同进步；第三，合作学习，交流、互鉴，共同探讨和分享；第四，齐心协力开展班级活动，在活动中展示小组的风采。

班级管理。班级管理需要一支有责任心、有能力的班干部团队。"多位一体化"的座位设计是在广泛而深入地研究学生的基础上进行的，这就为班干部的选拔和任用提供了有利条件。他们以强烈的集体主义观念和负责人的角色，进行自我管理和自主发展。小组之间建立起竞争机制，激发了学生的主观能动性，开发了学生的潜能，他们为荣誉而战，比、学、赶、帮、超，使班级充满活力与动力，呈现出生动活泼、热火朝天的可喜局面。小组内部的合作与小组之间的竞争有序和谐，形成一个新型的班集体生态。

联结家长。在班主任工作的实践中，我深深地体会到，家长非常关心自己孩子的座位，并提出种种的非分要求，给我的工作造成很大的困难，也使我产生很多烦恼。这种困难和烦恼正是促使我"多位一体化"座位设计的动力，把座位排好，把座位排出新意，把座位排得学生舒心、家长满意，把它作为促进良好班集体建设的一个抓手，这刚好成为班主任与家长联结的一个契机。在与家长的沟通中，我与家长谈座位设计的理念、规则、做法、效果，取得了家长的理解与信任，打消了家长的忧虑，形成了教育的共识，促进了班级的良性发展。可见，一个教育的细节做到极致产生的作用是巨大的，细节决定成败的说法不虚。

（该案例由曹金国老师提供）

四、学校特色建设案例

（一）《深刻领会陶行知创造教育思想，积极探索学校科技创新教育》

1. 陶行知创造教育思想：学校科技创新教育的指南

人民教育家陶行知在平民教育实践中，构建了生活教育的理论体系，系统阐述了教育与人的生存、生活、发展和社会发展的关系，而创造教育思想则是这一理论体系的重要组成部分和精髓，它是研究开发人的创造力的教育。在知识经济初见端倪、信息化时代扑面而来的今天，创造力的有无、强弱，不仅关乎个人的生存与发展，更关乎国家、民族的未来，正如江泽民同志所指出的：创造是一个民族进步的灵魂，是一个国家兴旺发达的不竭动力。在新课程改革如火如荼开展、素质教育深入推进的今天，重温陶行知创造教育思想，从融合了中西先进文化精华的陶行知教育学说中寻求教育的智慧与灵感，有助于学校卓有成效地开展科技创新教育。

陶行知针对中国旧教育严重脱离实际的弊端，在构建生活教育理论的实践中，深入考察了人类科学技术史，总结了古今中外科学发明发现的历史经验教训，寓中国传统文化中弘扬创造精神的内容与西方智慧于一炉，形成了既有别于中国传统，又有别于西方情形的带有中国特色的创造教育思想。[1] 一般把1933年发表的《创造的教育》视为他创造教育思想形成的标志。

陶行知创造教育思想的内容丰富。他相信人人都有创造力，"处处是创造之地，天天是创造之时，人人是创造之人"。创造教育的目标有两个方面，就学生而言，培养"手脑结合""手脑双全""独出心裁"的学生，既是教育的目标，又是教育的手段，"手脑结合"是创造教育的开始，"手脑双全"是创造教育的目的；就教师而言，要具有创造教育的理论和技术，是实现创造教育的前提。创造教育要具备两个基本条件：一是民主化，教师要营造民主的课堂，以平等、宽容、尊重学生的态度参与教学过程中，培养学生的主体意识，这是一个前提条件；二是在劳力上劳心，理论联系实际，手脑并用，在实践中创新。创造教育的方法，是解放儿童的创造力，培养创新能力。如何解放儿童的创造力，在《创造的儿童教育》一文中，他提出了六大解放的主张，即解放儿童的头脑，解放儿童的双手，解放儿童的眼睛，解放儿童的嘴，解放儿童的时间，解放儿童的空间，使儿童获得充分的自由，到大自然中、到大社会中观察和实践，养成分析和解决问题的能力，陶冶情操，锻炼意志。培养学生的问题意识，因

---

[1] 熊贤君. 陶行知创造教育思想探微[J]. 教育研究，1999，(11)：53.

为创造力是从问题开始的。他在《每事问》一诗中写道："发明千千万，起点是一问。禽兽不如人，过在不会问。智者问得巧，愚者问得笨。人力胜天工，只有每事问。"如何培养儿童的创新能力，他提出了三项措施：一是为儿童提供充分的营养，包括健康的身体，清醒的头脑，渊博的知识，创造的欲望，坚强的意志，批判的精神；二是培养儿童良好的习惯，有助于学生的学习，更好地发挥创造性；三是因材施教，根据学生不同的兴趣、爱好、专长，采取有针对性的教育，发展个性，使其创造力得到充分发挥。

陶行知创造教育思想有四个基本特征：民主性，要求创造教育包含民主教育、人文精神、注重人格教育；科学性，要求创造教育以科学教育为基础；探索性，要求创造教育旨在培养受教育者的创造力；实践性，要求创造教育的终极目的在于形成人的实践能力和创业精神。陶行知作为我国创造教育理论与实践的开拓者和奠基人，他所创造的教育思想今天学习起来依然振聋发聩，字字珠玑。创造教育抓住了教育的本质，契合今天的新课程改革，对科技创新教育的指导价值弥足珍贵。

2. 课程建设：学校科技创新教育的源头活水

在陶行知创造教育思想指引下开展学校科技创新教育，首要工作就是课程建设，因为它是科技创新教育的载体，是源头活水。学校重新建构了课程体系，包括基础型课程、拓展型课程、研究型课程。基础型课程是学生的必修课，以陶行知创造教育思想为指导，根据学校的实际情况，进行二度开发，营造问题情景，开展问题式教学，把教材内容转化为教学问题，引发学生认知的冲突，激发学生思维，指导学生分析问题、确定问题、设计解决问题的方案，以此来解决问题。在解决问题的过程中，贯彻陶行知"六大解放"的创造教育思想，引导学生发散思维，创造性地解决问题，培养学生的创造力。问题式教学已成为学校学科教学的一大亮点，不仅培养了学生的创造力，也促进了教师创造教育理论水平的提高和教育技能的提升，教学相长，创造教育蔚然成风，教育质量节节攀升，教学特色日益显著，形成了学校科技创新教育的品牌。

拓展型课程由三个部分组成，包括德育课程、基础课程内容延伸的选修课程和校本课程。在拓展型课程中，我们创造性地把德育工作纳入学校课程体系，使德育工作课程化。通过科普知识宣传栏、科技节、科普讲座等活动，培养了学生的科技意识，他们爱科学、懂科学、用科学，科技精神得到张扬，科技素养得到提升。关于基础课程内容延伸的选修课程，因为学生已有一定的基础，而且是根据学生的兴趣爱好和专长自主选择的，所以我们按照陶行知创造教育的思想，本着高起点、深分析、广拓展的理念，引导学生进行探究学习，不仅掌握相应的知识，更注重知识产生的过程，引导学生积极主动参与，在参与中体验，在体验中感悟，认识事物的本质和规律，在探索的过程有所发现，培养学生的创造力。校本课程是结合学生的情况、教师的特长和学校的教育资源开发的特色课程。学校本着"国际化视野，本土性行动"的原则，开发了"模型制作""化学与生活""物理零距离""生活中的生物学"等20多个科技创新型的校本课程，重在开阔学生的眼界，引发学生的思维，激发学生的好奇，引发学生探索的欲望。

学校还把研究性学习发展为研究型课程，旨在培养学生的创造力。研究性学习是在教师的指导下，学生像科学家那样，用研究的方法来学习。"研究性学习"是一个偏正词组，重点是"学习"，"研究性"是修饰语，强调学习方式的改变，用研究的方式来学习。研究是从问题开始的，发现问题、分析和确定问题、解决问题、检验问题的解决，是研究的一般程序，怎样发现问题、怎样分析和确定问题、怎样设计解决问题的方案、怎样解决问题、怎样检验问题的解决，是研究的能力。学生通过研究性学习不一定产生创新性的研究成果，但在研究的过程中，能够增强研究的意识，提高研究的能力。学生在研究的过程中，走进大自然，走进火热的社会，发现问题研究问题，手脑并用，创新精神和实践能力都会提高，有利于创新人才的培养，为学校科技创新教育提供了广阔的天地。

3. 海模制作：铸就学校科技创新教育的辉煌

在学校的科技创新教育中，航海模型制作起步最早，成果最丰硕，铸就了学校科技创新教育的辉煌。我们编写了《模型制作》校本教材，开设海模制作校本课程，使学校的海模制作具有广泛的群众基础，形成人人制作海模的可喜局面。在全校制作海模的活动中，产生了一批海模制作的高手。学校组建了海模队，由专职教师辅导，促进了他们技艺大长，在比赛中取得骄人的业绩。多年以来，学校共获得国际级奖2项，国家级奖74项，省级奖401项，市级奖549项。在2015年江苏省青少年航模竞赛中，获得建筑模型团体冠军，9个单项团体第一名，其中8人获得一等奖，10人获得二等奖，12人获得三等奖，并获10个团体一等奖，为学校的科技创新教育增添了一抹亮色。学生为了解决在海模制作和竞赛中遇到的难题，向书本学习，向老师请教，促进了学科学习积极性的提高；学生在海模制作和海模竞赛中，创新精神和实践能力得到提高；学生在海模制作和竞赛中，以顽强的意志力克服困难，意志力得到培养；学生在海模制作和竞赛中，相互配合，协同作战，加强了集体主义观念和团队意识。

4. 普职融通：拓展学校科技创新教育的课程资源

在陶行知创造教育思想的引领下，学校科技创新教育不仅在内部挖潜，而且向外部拓展，充分利用得天独厚的社会教育资源，把职业技术院校的师资资源和企业的实践基地为我所用，把校内外教育资源整合，开展普职融通教育，形成了学校科技创新教育的新亮点。

在开设通用技术课程的实践中，学校又进行了重大的课程建设创新——普职融通。通用技术是新课程改革新设的一门课程，目的是提高学生的技术素养，促进学生的全面发展。通用技术又是一门实践性很强的课程，它不仅要有对技术原理和技术知识的学习，更要有技术的应用，与职业技术院校和企业合作，从学校的角度看是课程资源的拓展，从社会的角度看是资源的合理配置，相得益彰。苏州工业园区工业技术学校和服务外包学院为我们学校提供的41个自选菜单中，根据学生的需要选取17个项目学习，充分利用了他们强大的师资力量、完善先进的教学设施设备、充足的训练场地，不仅深受学生欢迎，而且取得了较好的效果。21个合作企业为学生提供了实践基地。

普职融通的创意具有4个特点：第一，科学性。普职融通成为学生学会知识技能、学会动手动脑、学会生存生活、学会做人做事的有效途径。第二，创新性。普职融通是我校发展战略的自觉选择，充分利用区域教育资源优势，拓展了科技创新教育的课程资源。第三，实效性。普职融通体现了学生主体发展、学校主观发展和社会发展的需要，建立在扎实的基础上，具有可操作性，因而效果绝佳。第四，可持续性。当今世界科学技术的发展日新月异，知识经济强劲推进，未来社会需要的人才不仅要有知识，更要有实践能力和创新精神，普职融通是实现培养目标的不二选择，是一种学校发展超前意识的体现，是多元、融合文化价值观的体现，它有广阔的发展空间。

享誉大江南北的科技创新教育特色成为我们学校一张亮丽的名片，学校被授予"中国青少年科学技术普及活动指导纲要实施项目示范学校""江苏省青少年科技教育协会团体会员""江苏省青少年航海模型训练基地""苏州市青少年科技教育特色学校""苏州工业园区科技教育 AA 级特色学校"。《中国教师报》以《杏坛再添佳话》《行走在理想与现实之间》《春风化雨创特色，潜移默化育真人》为题对我校科技创新教育特色进行系列报道，《语言文字报》以《深化学校教育管理制度改革，凸现科学与人文精神融合》《教改大潮涌动，风景这边独好》《明确思路，科学推进，努力提升学校综合竞争力》为题对我校科技创新教育特色进行系列报道，《苏州日报》以《锁定科技特色，推进全人发展》为题对我校科技创新教育特色进行报道。

（该案例由李君岗老师提供）

第九章 适恰教育的成效

自 2008 年以来的 12 年间,学校大张旗鼓地开展适恰教育,大胆改革,勇于创新。把深刻的理论思辨和扎实的实践探索相结合,建构适恰教育的课程体系,打造适恰课堂,开展适恰德育,加强师资队伍建设,进行管理制度的改革,加强学校文化建设,闯出了一条高品位办学的新路子,开辟了一片高品位办学的新天地,取得了辉煌的办学业绩,教育教学质量节节攀升,师资队伍迅速成长,办学特色日益彰显,学校的美誉度声名鹊起,形成了低进高出、高进优出的"二中现象",建构了高质量发展的"二中模式",科技创新教育的学校特色成为学校一张亮丽的名片,飞行员课程基地的创建成为苏州教育的一朵奇葩。

一、教育质量节节攀升

克服应试教育的弊端,开展素质教育,促进学生的全面发展,教学质量还要不要?针对这一问题,学校进行了一次大讨论。经过讨论达成共识,这一成果集中在《"育人"与"育分"的学校发展战略》(发表于省级刊物)一文中:教学质量只能升不能降,因为它是学校生存和发展的生命线,如果教学质量下去了,就会造成生源枯竭的窘境;应试教育的弊端必须克服,因为应试教育培养的学生不符合时代发展、社会进步对人才的需要;素质教育一定要扎实有效地推进,培养全面发展加专长的人才,担当起历史的使命,无愧于人民教师的光荣称号;搞素质教育促进学生素质的全面提升,本身就包括科学文化素质的提高,搞素质教育与提高教学质量并不矛盾,学生的全面素质提高了还能促进教学质量的提高,关键是素质教育怎样搞。学校从适恰教育中找到了突破口,找到了发力点,找到了努力的方向。一石激起千层浪,适恰教育带动学校的全面改革,引发了学校的全面发展,实现了学校从农村学校向城市学校的转变,从传统教育向现代教育的转变,从同质化发展向特色化发展的转变,走上了内涵发展的快车道。

睿智的二中人敢啃硬骨头,在最难做的教育评价上倾注感情,下足功夫。因为评价具有导向的功能和助力的作用,有什么样的评价就有什么样的教育。为此,学校制定了《苏州工业园区第二高级中学学生综合素质评价实施细则》,对学生道德品质、公民素质、学习能力、交流与合作、运动与健康、审美与表现六个方面的素质进行综合评价。这一评价标准把学校真、善、美的办学理念转化为具体的内容和行之有效的操作,把学校的培养目标确定为促进学生的全面发展。学校还建立学生综合素质档案袋制度,动态了解学情,及时调整教育教学工作,形成全面教育、全程教育的新景观,把教育变成学生生命的再造,把学校变成生意盎然的生态系统。同时,学校还制定了《苏州工业园区第二高级中学教师考核细则》,对教师的考核注重对德、能、勤、绩进行全面评价。就"绩"而言,不仅关注教学成绩,还包括班主任工作、教科研工作、校本教材开发工作、团队管理工作。对教师的评价,把教师的工作引向培养和发展学生的全面素质,与对学生评价的价值取向无缝对接,措施的配套产生合力的作用,促进了我校素质教育的有效推进。

在教师的指导下,学生制定生涯规划,不仅憧憬着高中三年毕业后进入理想的大学,还眺望未来的美好生活,展望前景阳光灿烂,回到现实豪情满怀,使理想教育在良田沃土扎根、发芽、茁壮成长。开足体育课,每年举办2次体育运动会,办好体育节,开展阳光体育活动,进行冬季三项比赛:篮球赛、排球赛、羽毛球赛,群众性的体育运动如火如荼地开展,有效地促进了学生的体质健康。在园区运动会上,学校获得团体第一名;学校男子长绳队在苏州市长绳比赛中获得"七连冠",并代表江苏省参加全国中学生运动会，取得团体第三名的好成绩；学校男子篮球队在苏州工业园区篮球比赛中获得"五连冠"；近三年，学生近视率上升的趋势得到有效的遏制，体质健康率在96.5%以上；2019年，在苏州市60所高中学生体质健康测试中，我校获得第5名的好成绩。通过心理健康教育校本课程的开设，"心晴工作室"富有成效的心理咨询活动，校外专家心理健康教育讲座，心理节的举办，学校、年级部、班级三级心理健康教育网络的建设，不仅使心理困惑的学生得到有效的心理疏导，更使全体学生的发展潜能得到大面积地开发。12年来，学校没有出现过心理危机事件，平安校园、和谐校园为学生的发展提供了得天独厚的环境。歌咏比赛活动、诗歌朗诵活动、读书征文比赛活动、演讲比赛活动、辩论会、元旦文艺汇演活动、模拟法庭活动、为落后地区捐款捐物的义卖活动等，不仅丰富了学生的校园生活，还培植了学生的文艺细胞和慈善精神，发展了各方面的专长。社区服务志愿者活动、红色旅游活动、海外游学活动、到企业进行职业体验活动、社会实践活动，把学生带到火热的社会，增长见闻，开阔胸襟，增强了社会责任感，提高了服务社会的意识和能力，提升了人生境界，并获得了愉悦的情感体验，综合素质显著提高。2016届、2017届、2018届毕业生的道德品质、公民素养、交流与合作的合格率均达到100%。

近年来，由于苏州市招生政策的调整，再加上学校所处于园区的边缘地带，生源素质有所下降。学校面对挑战，勇敢应对，采取系列措施，打组合拳培养教师，发扬"陪伴精神""工匠精神"，通过对学生无微不至地呵护，独具匠心地精雕细琢，激发学生崇高的理想信念，树立学生当仁不让的自信，进行科学指导，培养学生的自主学习能力，开展优秀生的拔尖、临界生的转化、学困生的针对性帮扶等行之有效的措施，在不增加学生学业负担的前提下，教学质量稳步提升，在江苏省学业水平测试中，2016届、2017届、2018届的一次性合格率分别达到99.77%、98.06%、99.48%。高考本科上线率达到95%以上，一大批学生进入清华大学、复旦大学、南京大学、浙江大学等国内名校。

二、办学特色日益彰显

按照苏州工业园区教育局"一校一品"的教育发展战略,结合经济社会发展对科技人才的需要,学生终身发展的需要,学校根据自身的资源优势,确立了科技创新教育的学校特色发展目标。依照"特色项目—特色学校—特色品牌"的办学思路,改革创新,以教育科研为动力,以学科渗透、研究性学习为支撑,以具体项目为抓手,以拓展深化普职融通为思路,以模型制作为龙头,以国防科技创客实践室和飞行基地课程班为新亮点,打造学校名片。

学校在原来"三模"(航模、海模、建模)特色项目的基础上,近年来,加大了科技创新教育特色建设的力度,使学校特色更加鲜明,表现在以下两个方面:第一,丰富特色建设内涵,增加车模、机器人、3D 打印、国防科技创客实践室、飞行基地课程班等新项目。飞行基地课程班包括特色班和国际班,与新西兰梅西大学合作,以留学直通车的形式开设飞行课程国际班,进行留学教育;与中国航空器拥有者和驾驶员协会(AOPA)合作,开设江苏省第一家,全国第二家"雏鹰计划"特色飞行班,并经苏州市教育局批准,2019 年 9 月面向苏州大市招收 30 名学生。学校依托该项目建设的航空飞行课程基地已被苏州市教育局批准,正在为创建江苏省飞行课程基地而努力。第二,提高科技创新教育水平,编写系列科技创新教育的校本教材,开发系列科技创新教育的校本课程,进行科技创新教育的课题研究,总结科技创新教育的经验,撰写科技创新教育的论文,并把科技创新教育融入学科教学之中,形成学校的特色品牌。

2013 年以来,学校的科技创新教育取得辉煌的成就。学校海模队获得国家级奖 59 项,省级奖 212 项,市级奖 161 项,占据江苏省海模比赛金奖的半壁江山,为学校科技创新教育特色增添了一抹亮色。学校被授予"中国青少年科学技术普及活动指导纲要实施项目示范学校""江苏省青少年科技教育协会团体会员""江苏省青少年航海模型训练基地""苏州市青少年科技教育特色学校""苏州工业园区科技教育 AA 级特色学校"。

三、师资队伍迅速成长

学校充分认识办好教育教师是关键,首先是发展好教师,只有教师的全面素质提高了才能发展好课程。高质量的课程是教育教学的载体、内容、施工蓝图、教育教学评价的依据,它既是学校办学水平的体现,又是优质教育质量的保障。课程发展好才能促进学生的发展,学生是教育的对象,又是教育的成果,学生发展了,学校的教育质量随之提升。一枝独秀不是春,百花齐放春满园,学校既要有出类拔萃的教师个体,更要建立一支师德高尚、专业精良、技艺精湛、年龄结构合理、充满活力的教师队伍,为学校优质教育提供坚实的师资保障。为此,学校设立湖畔书院,整合教师培养工作,在湖畔书院下设立启蒙部、小成部、大成部,分别实施"青蓝工程"(针对青年教师培养的1358工程)、"攀登工程"、"名师工程",培养合格教师、骨干教师、名优教师,针对不同年龄段和不同发展阶段的教师进行分层培养,阶梯推进。

本着在使用中培养,在培养中使用的原则,学校设有专职副校长负责教师发展工作,设立师资发展处、教科研中心组、名师工作室、学术委员会、教师论坛等机构和平台,为教师引路子、搭台子、造梯子、压担子。改革管理体制,设立督导室,对教师的发展给予指导、检查、督促、评估,用体制改革来促进教师的专业化发展,建立鼓励争先创优的竞争机制,把德、能、勤、绩作为年终考核的指标,把量化考核的优胜者作为评先选优、职称晋级的依据;实行绩效工资制度,把钱用在刀刃上,向一线教师倾斜,向工作量大的教师倾斜,向工作做得好的教师倾斜,把绩效工资作为促进教师专业化发展的激励措施;制定《苏州工业园区第二高级中学教科研奖励条例》,对教师在承担科研课题、撰写论文、开发校本课程方面做出突出贡献的教师进行专门奖励,把"科研兴校"的学校发展战略落实在日常工作中,把学校的激励内化为教师发展的自觉和需要。在促进教师专业化发展方面采取综合措施,打组合拳,运用读书笔记评比、教学研讨、外出交流、学历进修、教育科研、校本课程开发等措施,促进教师的专业化发展。学校还申报市级课题"教是为了不教：教师发展共同体建设实践研究"，探索教师发展共同体建设的策略、方式、方法、路径、激励机制等问题，使教师培养工作更具科学性，极大地促进了学校教师发展共同体建设。

截至 2019 年 6 月，学校拥有专任教师 178 人，100% 拥有本科学历；研究生学历 77 人，占全体教师的 44.9%。高级教师 78 人，一级教师 65 人，中高级教师占全体教师的 80.3%。学校拥有正高级教师兼特级教师 1 人，省骨干教师 3 人，市骨干教师 16 人，区级骨干教师 68 人，共有骨干教师 88 人，占全体教师的 49.4%。有 9 名教师被苏州大学、江苏师范大学、陕西师范大学、商丘师范学院等高校聘为硕士生导师或兼职副教授。强大的师资队伍，优质的教育资源，为学校的持续发提供了坚实的师资保障。

四、学校的美誉度显著提高

学校是小社会，社会是大学校，学校的生存和发展与社会密不可分，学校利用社会资源服务于自身的发展，礼尚往来，学校也利用自己的资源优势广泛服务于社会，做到学校发展与社会发展相协调。学校与唯亭消防中队结成共建单位，为消防中队的官兵提供体育馆、体育场，供官兵们训练之用，消防官兵也为我们传授消防安全知识，使我们掌握了安全的知识，树立了安全的意识，增强了消除安全隐患的能力，学校十几年间没有发生过安全事故。配合街道社会事务办开展应急救护培训，向社会普及急救的相关知识和技能，前提是我们自己首先要掌握急救的知识，具备急救的能力。为此，我校医务室的医生通过广播、晨会向学生讲授急救的知识，通过急救演练培养学生急救的能力，学生之间出现身体的突发情况，都能得到及时救治，争取了有效的救治时间，避免悲剧的发生。学校"心晴工作室"的 22 位教师组成志愿者团队，秉承"用爱心传递温暖，以专业回馈社会"的服务宗旨，深入街道、社区，开展专业、常态的服务，接待来访者 200 余人次，利用自己掌握的专业心理咨询技能，帮助社会人士解答困扰自己的疑惑，疏导心理障碍，指导自我心理调节的方法，为创建和谐社会贡献我们的力量。我们积极服务社会的做法，赢得了广泛的社会赞誉，树立了我校良好的形象。

在自身发展的同时不忘发展中的学校，利用自己的资源优势、特别是师资优势，为兄弟学校的发展提供多渠道的支持。2017年，学校团委与苏州市姑苏区特殊教育学校共建爱心基地，为残疾学生献爱心，不仅为他们提供一些力所能及的服务，更重要的是激励他们身残志不残，向他们讲述残疾人创业的感人故事，帮助他们树立起自尊心和自信心，扬起进取的风帆，做一个生活的强者。当发现他们的进步时，我们在为他们高兴的同时，也增添了我们自身发展的动力，该项目获苏州工业园区教育系统"最佳志愿服务项目"。学校与陕西省榆林市吴堡中学结成帮扶对子，我们不仅为他们捐款捐物，还选派名优教师为他们送教，邀请他们到我们学校挂职锻炼，进行学校层面、处室层面、教研组层面、备课组层面、教师层面的广泛交流，把我们成功的经验和盘托出，帮助他们迅速改变后进面貌。我们学校与陕西省宝鸡市太白县结成帮扶对子，尽我们的所能给予他们无私的支援，学校全方位地向他们开放，对他们的要求有求必应。学校还定期到贵州省铜仁市松桃县民族中学、明德衡民中学支教，为少数民族送去我们的爱心。李君岗老师多次为贵州省铜仁市的老师开设学术讲座，他对教育的执着追求，对教育、教学的深入研究，给他们留下深刻的印象。我们学校还与园区内的星海实验中学、苏大附中、西交附中结成发展共同体，进行交流、互鉴，实现资源共享，把学校行之有效的办学经验提供给兄弟学校。在对兄弟学校的帮扶与交流、互鉴中，我们不仅学到了鲜活的办学经验，促进了自己的发展，也向兄弟学校奉献了宝贵的经验，赢得了兄弟学校的钦佩，他们说："二中了不起，适恰教育搞得扎扎实实，风生水起，值得我们学习。"

学校本着协同育人的认知，通过学校官网、家校路路通、微信等平台，把学校的发展状况、采取的措施、开展的活动及时向家长通报，满足家长的知情权。通过班主任与家长的电话联系，接待家长来访，老师的家访，互通信息，让家长知道学生在学校的表现，同时也有利于我们了解学生在家里的表现，为适恰教育打下了坚实的基础。通过家长委员会，学校与家长共商教育大计，认真听取家长意见和建议，改进我们的工作，为学生提供优质的教育，促进了学校的发展。通过家长会，对家长的家庭教育给予指导，帮助家长改变错误的教育方式和方法，协调家庭教育与学校教育的方向，形成教育的合力。学校与家长的密切合作的做法，赢得了家长的了解、理解、支持、信赖，也赢得了家长的广泛赞誉，他们说："二中的领导亲切，老师实干，学校一年比一年好，自己把孩子送到二中是明智的选择。"

学校办学的辉煌业绩赢得了学生、家长、同行、高校的高度认可，获得了广泛的好评。在苏州工业园区教育局对学校的年终考核中，学校每年都获得 A 级；在学生、家长、社会对学校的满意度测评中，每年的满意度都高达97%以上。区内的星海实验中学、西交附中、苏大附中对我们学校的办学业绩交口称赞。陕西师范大学、苏州大学、苏州科技大学、西交利物浦大学、扬州大学都给我校寄来感谢信，称赞我校培养的学生："德才兼备，素质全面。"

附1：我校围绕适恰教育开展的课题研究

"科学精神与人文精神融合的教育实践与研究"（省级课题）

"农村普通高中课堂文化研究"（省级课题）

"在陶行知创造教育思想引领下的学校科技创新教育的实践研究"（省级课题）

"提高高中生综合实践能力的实践研究"（省级课题）

"课例研究推进适恰课堂的实践研究"（省级课题）

"基于生命教育的学校文化建设的实践研究"（省级课题）

"高中教师课程执行与发展能力培养的实践研究"（市级课题）

"挖掘吴文化教育资源，弘扬民族精神的实践研究"（市级课题）

"文学社团促进学校文化发展的研究"（市级课题）

"提升学校自主文化力的实践研究"（市级课题）

"教是为了不教：学习型学校创建的实践研究"（市级课题）

附2：我校围绕适恰教育出版的专著和发表的论文

《青春的感悟》（中国矿业大学出版社）

《提升学校文化力，打造文化强校》（《上海教育科研》）

《熟念苏州教育"三字经"，探索学校内涵发展新途径》（《中国教育信息化》）

《新课程标准下有效课堂教学不可或缺的几个环节》（《中小学电教》）

《陶行知教育思想在新课程语境下的价值体现》（《语言文字报》）

《"育分"与"育人"的学校发展战略》（《中国教育信息化》）

《常态化、微型化、校本化推进的学校教科研工作》（《语文建设》）

《培养审美情趣，提高鉴赏能力》（《语数外学习》）

《论有效团体辅导指导者的基本要求》（《教育研究与实践》）

《以改革提升学校自主文化力，不断开创学校发展新辉煌》（《新教育》）

《开展课例研究，打造适恰课堂》（《新教育》）

《提升自主文化力，增强核心竞争力》（《中学教学参考》）

《开展以陶行知创造教育引领下的学校科技创新教育》（《文教资料》）

《学习型学校创建的实践探索》（《高考》）

附3：近年来媒体对我校的报道

《大音希声，大爱无痕——园区二中用心呵护每一位学生的梦想》（《城市商报》）

《根深方生巨木，大爱方能育人》（《姑苏晚报》）

《用爱浇灌每一个孩子的梦想——园区二中教育"逆增长"现象解析》（《苏州日报》）

《"三不"文化演绎精彩，"四特"精神成就飞跃》（《扬子晚报》）

《园区二中流行差异教育，我们的学生都是only one》（《姑苏晚报》）

《这里的教育重有效》（《苏州日报》）

《陪伴，不代替行走》（《扬子晚报》）

《工匠精神，大爱于微》（《姑苏晚报》）

《办人民满意教育，塑造科研型学校》（《现代教育报》）

《明确思路，科学推进，努力提升学校综合竞争力》（《语言文字报》）

《深化学校教育管理制度改革，凸显科学与人文精神融合》（《语言文字报》）

《杏坛再添佳话》（《中国教师报》）

《行走在理想与现实之间》（《中国教师报》）

《春风化雨创特色，潜移默化育真人》（《中国教师报》）

《教改大潮涌动，风景这边独好》（《语言文字报》）

《锁定科技特色，推进"全人"发展》（《苏州日报》）

《描绘教师靓丽人生，催生学校跨越式发展》（《语言文字报》）

《千里之约：园区名师送教陕西吴堡》（《姑苏晚报》）

附4：学校获得的荣誉

全国科技体育传统校

全国作文教学先进单位

中国青少年科学技术普及活动指导纲要实施项目示范学校

21世纪中国学校体育发展研究实验学校

江苏省教育工作先进集体

江苏省现代教育技术实验学校

江苏省陶行知研究会实验学校

江苏省优秀行知实验学校

江苏省绿色学校

江苏省平安学校

江苏省健康促进学校铜奖

江苏省青少年科技教育协会团体会员

江苏省高中语文课程教材改革实验工作先进集体

江苏省海模训练基地

苏州市先进集体

苏州市文明单位

苏州市德育先进学校

苏州市德育示范学校

苏州市中小学心理健康教育特色学校

苏州市教育科研先进集体

苏州市教育信息化先进学校

苏州市校务公开先进学校

苏州市青少年科技教育特色学校

苏州市特色项目学校

苏州市依法治校先进学校

苏州市落实学校体育卫生两个条例优秀学校

苏州市历史学科研究基地

附5：苏州市教育局调研报告《工业园区第二高级中学学业质量发展的探索与思考》

普通高中是基础教育的重要组成，在国民教育体系中起着承上启下的关键作用。普通高中学业质量是教育发展的重要核心指标，是人才培养、人民满意的风向标。近年来，苏州工业园区第二高级中学（以下简称"园区二中"）立足自身基础，聚焦学业质量提升，综合推动办学管理改革，初步形成了普高办学的制度性、结构性优势，在全市普通高中办学发展全局中具有典型启示意义。

一、园区二中整体教育质量现状

1. 学业成绩连续多年"低进高出"。园区二中是江苏省四星级高级中学，始建于1956年，坐落在苏州工业园区唯亭街道，是一所全寄宿制普通高中。多年来，园区二中招收四星级高中入学成绩中等偏下的生源群体，贡献出超预期的本一本二上线人数。2019届学生在籍452人，三年前入学时仅13人达市区各普高录取分数中位线（粗略换算等同高考本一线），三年后有93人达高考本一线，有效增长超过700%。本二达线428人，达线率为94.69%，同样实现大幅提升。其中，51名艺术生全部达本二分数线，1名学生被清华大学提前录取，1名学生被伯克利大学提前录取，1名学生确定被中国美术学院录取。

2. 身心健康和学业质量齐头并进。园区二中在提升学业质量过程中，并未牺牲学生身心健康，实现了身心学业两不耽误、互补发展。2019年，学校在全市高中学生体质健康测试中高居第5名，在60所高中校中位比前8%，高三毕业生整体近视率连续三年下降，近20年来未发生一起心理危机事件。学校获苏州市中小学生运动会团体总分第三名、工业园区运动会团体总分第一名及多个单项第一名，获全国排舞联赛一等奖。连续5年获工业园区男子篮球比赛冠军。占江苏省海模比赛金牌总数的半壁江山，是全国科技体育传统校、江苏省海模训练基地。

3. 生涯规划在每个学生身上落实到位。学校有固定的生涯规划教育校本教材，是每个学生进校必修科目，集合校内外生涯教育培训师授课辅导并连续三年指导实施，将自我认知、情绪调节、学习指导等融入生涯教育课程，将生涯规划作为引导三年自我发展的重要抓手，使每个学生发展有目标、前行有方向，成为生活的有心人、成长的自主者。

二、聚焦学业质量科学提升的实践探索

1. "三不四特"办学精神鲜明，坚持从实践中来到实践中去。突出精神引领、思想建校，在唯亭中学老底子"黄牛精神"基础上，与时俱进一年一总结，将教师文化、学生文化、地域文化和时代特征在校园生活中的反映不断凝练提升，初步形成了朴素无华、低调不张扬的"三不四特"精神，即不怀疑、不抱怨、不放弃，特别能吃苦、特别肯钻研、特别善合作、特别讲奉献。"三不四特"办学精神反过来融入办学发展每项工作，指导实践，引领发展。

2. 管理队伍全面下沉靠前冲锋，让听得见枪声的人指挥战斗。淡化领导远端指挥，突出年级组一线指挥，全部22名中层正职、副职下沉重要年级兼课及管理，大部分中层正职担任班主任。教育教学管理重心全部下移，力求及时发现、迅速解决问题。淡化过多非教学研究，突出强调备课组责任，让学科建设责任下移更接地气，及时了解学情，调整教学。在学生中成立校长助理团，每1—2周直接面向校长举行"发现一个亮点，查找一个问题，提出一个对策"的交流例会，让学校领导层倾听学生、接受监督。

3. 突出教学研究的实践导向，就地发现问题解决问题。突破原有教研活动的时空限制，以备课组为单位每天开展微教研工作，总结梳理每天教学一线、校园现场、学生身上的原生态问题，就地开展教研分析，追求短平快解决。教研地点分布在校园各个地方，不拘形式，不重场合。教研结束后，及时固定成果，研究结论以文字资料形式存入教务处供全体教师调阅借鉴。定期以教研组为单位聚焦问题集中的领域开展深入教研工作，集聚力量加以解决，克服教育教学与科研"两张皮"弊端。

4. 紧盯高考各科命题研究，确保教育教学方向对准路心不偏。将研究高考作为教学研究的第一命题。深刻认识高考试题走向的风向标作用，让不同教龄教师群体开展递进式高考命题研究，确保真刀真枪、全员参与，工作3年内的新教师做熟高考试题，40周岁以下的中青年教师研究高考试题走向，40周岁以上的中老年教师研究高考命题风向。教师以教研组为单位每月召开一次高考试题研究、命题策略模拟、教学成果内化交流会，努力把握高考试题从知识立意到能力立意，再到素养立意的发展变化，推动高考研究制度化、常态化。

5. 全力以赴促进教师专业成长，侧重将教师工作绩效转化成学业质量绩效。将教师发展作为办学提升的第一引擎，将带领学生融入学科作为教师的第一能力，将全体教师的辛勤工作引向学生学业的成果提升。设立教师发展实体湖畔书院，下设启蒙部、小成部、大成部，分别实施"青蓝工程""攀登工程""名师工程"，培养合格教师、骨干教师、名优教师，针对不同年龄段和不同发展阶段的教师进行分层培养，重点提升教师带领学生走进学科，内化知识，提升能力和把握高考的综合素养，把抓学业质量化为教师发展的行动自觉。

6. 发展形成高效率晚自习制度，在有限时间获得最大学习收益。深刻认识晚自习时间在学习、吸收、归纳、内化过程中的重要枢纽地位，坚持将晚自习打造成师生互动的主渠道、教师研究分析学生的主阵地、学生自学能力培养的主平台。针对不同学生、不同年级开展分层分类晚自习指导，科学安排课后作业、练习测试、答疑指导等内容。根据学生个人学情制定不同的自主学习目标和要求，一人一案，建立跟踪监测、评估反馈机制，指导每个学生对一天所学知识进行查漏补缺、消化吸收。校领导、值班教师从学生开始自习至回寝室熄灯入睡全过程陪伴，确保井然有序、安全高效。

7. 坚持考核评价奖优罚庸，以精准激励促教学提升。多年坚持将收入分配向一线岗位倾斜、向工作实绩倾斜、向大工作量倾斜，形成"五朵金花"（发奖学金、奖教金、奖勤金、奖研金、奖组金）收入分配格局，让有教学功劳的一线教师收入超过管理干部。将教学实绩作为普通教师评先选优、职称晋级的首要条件，将学业质量管理水平作为学校中层干部推荐培养、选拔任用的首要条件。实行"青年教师自愿岗制度"，激励青年教师敢为人先、攻坚克难，经过历练迅速脱颖而出。

8. 突出校园功能家园化，设计打造全方位校园服务体系。突出做好全寄宿学校集体生活中的学习服务和情感凝聚，设计覆盖24小时学习生活周期的校内服务。严格生活管理，优化宿舍环境，确保每天8小时以上睡眠、1小时以上运动，每周2小时以上社团活动，营造积极健康生活氛围，避免低效无效业余活动。精细配置饮食，根据年级差异、性别差异、考前考后餐饮需求、文理科营养摄入差异做好分段分时的餐饮供给。开展以生活自理为主的劳动教育，以班主任关怀为主的情感教育，以生涯规划为主的自我教育，为学业发展奠定坚实的生活基础。

三、对全市普通高中发展的启示和建议

1. 强化学业绩效的考核导向，将教学业绩作为最核心的评价指标。学业绩效考核是指明学校办学方向的风向标，是衡量教学成效的度量衡，教学业绩是学业绩效考核中的核心指标，是当下全社会衡量一个地区教育教学优劣的重要依据。因此，要加快提升全市普高办学质量，进一步提升苏州教育满意度，对于普高学业绩效的考核则显得尤为重要。具体来说，高品质普高应注重打造标杆性，把培养拔尖学生学业质量作为核心考核标准；普通四星级高中校应注重整体学业质量提升，将本一以上、双一流高校录取作为核心考核指标；三星级及以下普高应注重学业质量兜底，将本科及临界生转化作为核心考核指标。可选择一批具有发展潜力的普通高中，聚合各类政策资源，健全学校教学责权明细，实施学业目标考核试点工作，复制推广后带动全市学校发展方式由规模扩张型向质量效益型的加速转变。

2. 全过程抓好学生作息每个细节，力求在校三年学习效益最大化。学生学习效益的提升，是校内外学习生活各个方面共同作用的结果。学校须从关注学习考试延伸到关注学生日常生活的每一个细节。要关注饮食，科

学搭配确保膳食均衡，严格控制营养摄入，让学生吃得安心舒心；要关注睡眠，确保学生每天睡眠时间和质量，帮助学生消除疲劳、积蓄能量；要关注锻炼，保障学生每天1小时运动时间，促进体质健康发展；要关注心理，建全日常的心理健康服务平台，确保每一个学生在出现心理困扰时，能够想得起、找得到、靠得住。发展学业在于平时用心，在于对学生生活细节的关注，在于加强学校精细化管理，帮助学生提升学习效率，收获最大的学习效益。

3. 敢于严管厚爱教师队伍，营造能上庸下比学赶超的工作氛围。教师是学业质量的基础，提高教育质量既要发展教师、保障教师，又要严管教师、规范教师。当前，全市教育正处在迈向高质量发展的关键时期，教育事业的发展需要大量教育人才，我们要培养优秀教师，更要用好优秀教师。普通高中要大胆完善教师考核评价机制，用制度说话、用机制说话、用实绩说话，谁有本事谁来教，谁教得好给谁舞台，构建起上下通畅、科学合理、灵活务实的用人机制，真正实现能者上、庸者下。同时，在引进教育人才方面扩大学校自主权，不唯学历不唯职称不唯荣誉，引进真正具有贡献力、具备教学实绩输出能力的优秀教师，推动普通高中教师队伍质量再上新台阶。

4. 找准学业提升的战略重心，不惜代价投入人财物各类资源。学业质量发展不能没有外部保障，要的就是人财物用得好、用得巧、投得准。要用好人事权，加大学校人事调配向教学一线倾斜的力度，管理岗位、专技岗位的配置都要从保障教学实绩出发考虑，学校领导要担负起学业质量提升的主体责任，工勤技能岗位要熟悉有关教学一线需求的一切保障工作；要用好财权，充分听取一线教学需求，大胆砍掉非教学类投入，专项预算、公用经费要更加侧重保障教学一线使用，为提高学业质量而增加投入比例，必要时砸锅卖铁、不设上限；要用好物权，加大一线教师对教学设备采购、调配、使用的灵活度，确立一线教师使用教学装备等物资的主体地位。

后　记

　　教育作为传承、传播、创新人类经验的活动，与人类的产生几乎同时出现。学校作为培养人才的专门场所，是伴随着阶级社会的出现而出现的。随着人类社会的发展，教育也从原始教育，逐步发展为现代教育，现代教育成为各个国家的优先发展战略。如果把基础教育作为现代教育基础性、前瞻性的阶段，那么高中教育则是承前启后的重要阶段。在高等教育普及化、大众化的当今，如何克服高中教育单一化、同质化的弊端？如何在优胜劣汰的激烈竞争中立于不败之地？如何以亮丽的特质脱颖而出？我们上下而求索。

　　乘着新课程改革的东风，借力于核心素养的培养，我们学校从2008年起率先举起适恰教育的大旗。在这面大旗的招展下，全校师生群策群力谋发展，聚精会神研学情，集思广益铸智慧，殚精竭虑抓质量。学校全面贯彻党的教育方针，全面落实立德树人根本任务，坚持以人为本，更新办学理念，明确办学思路，调整学校发展战略，改革学校体制机制，加强学校文化建设，强化师资队伍建设，建构适应适恰教育需要的学校自主课程体系，打造适恰课堂，开展适恰德育，在办学实践中创出了一条新路子，实现了学校跨越式发展。

　　2013年，在江苏省四星级高中第一次复审时，我们把学校适恰教育的实践探索进行了初步梳理，形成了清晰的办学思路。2018年，在申报苏州市教学成果奖时，我们把学校适恰教育的实践探索进行初步总结，总结出一些先进的办学经验。2019年，在江苏省四星级高中第二次复审时，我们把学校适恰教育的实践探索进行系统的总结，建构了完善的适恰教育办学模式，撰写本书。

　　在书稿即将完成的时候，2019年高考的捷报传来。本届学生在籍人数为452人，在高一入学时仅有13人达市区各高中录取分数中位线（一本有效人数），如今却有93人达到高考一本分数线，是有效人数的7倍多；二本达线428人，达线率为94.69%。其中，51名艺术生全部达二本分数线，1名学生已经被清华大学提前录取，1名学生已经被美国伯克利大学提前录取，1名学生被中国美院录取。星湖街新校区正式启用，"雏鹰计划"飞行员课程开班，学校适恰教育的实践探索进入新时期，明天更美好。

  本书既是对我们学校办学历史的系统总结，又为我们学校继往开来提供宝贵精神财富。在撰写此书的过程中，得到我们学校全体行政人员和教师的鼎力协助，李君岗、黄燕、冒兵老师做了资料的整理工作，胡溢芙、曹金国、叶梅、戴佳玲老师提供了案例。苏州大学陶洪教授、苏州市教科院朱开群教授、苏州工业园区教发中心孙春福教授给予细心指导，苏州大学出版社对本书的出版给予大力支持。在此一并表示衷心感谢。

  由于个人水平，再加上适恰教育的探索还在路上，书中的缺点错误在所难免，恳请方家不吝赐教！